中国社会科学院创新工程学术出版资助项目

中国社会科学院文库 · 哲学宗教研究系列
The Selected Works of CASS · Philosophy and Religion

世界佛教通史

A GENERAL HISTORY OF THE WORLD BUDDHISM

第十一卷 越南佛教（从佛教传入至公元20世纪）

魏道儒 主编

本卷 [越] 释清决 著

中国社会科学出版社

图书在版编目(CIP)数据

世界佛教通史. 第11卷, 越南佛教: 从佛教传入至公元20世纪 / (越) 释清决著.
—北京: 中国社会科学出版社, 2015.12
ISBN 978 – 7 – 5161 – 7059 – 5

Ⅰ. ①世… Ⅱ. ①释… Ⅲ. ①佛教史—世界 ②佛教史—越南 Ⅳ. ①B949.1

中国版本图书馆 CIP 数据核字(2015)第 268329 号

出 版 人	赵剑英	
责任编辑	黄燕生 孙 萍	
责任校对	石春梅	
责任印制	戴 宽	

出 版	中国社会科学出版社	
社 址	北京鼓楼西大街甲 158 号	
邮 编	100720	
网 址	http://www.csspw.cn	
发 行 部	010 – 84083685	
门 市 部	010 – 84029450	
经 销	新华书店及其他书店	

印刷装订	北京君升印刷有限公司	
版 次	2015 年 12 月第 1 版	
印 次	2015 年 12 月第 1 次印刷	

开 本	710×1000 1/16	
印 张	16.25	
插 页	2	
字 数	303 千字	
定 价	62.00 元	

《中国社会科学院文库》出版说明

　　《中国社会科学院文库》（全称为《中国社会科学院重点研究课题成果文库》）是中国社会科学院组织出版的系列学术丛书。组织出版《中国社会科学院文库》，是我院进一步加强课题成果管理和学术成果出版的规范化、制度化建设的重要举措。

　　建院以来，我院广大科研人员坚持以马克思主义为指导，在中国特色社会主义理论和实践的双重探索中做出了重要贡献，在推进马克思主义理论创新、为建设中国特色社会主义提供智力支持和各学科基础建设方面，推出了大量的研究成果，其中每年完成的专著类成果就有三四百种之多。从现在起，我们经过一定的鉴定、结项、评审程序，逐年从中选出一批通过各类别课题研究工作而完成的具有较高学术水平和一定代表性的著作，编入《中国社会科学院文库》集中出版。我们希望这能够从一个侧面展示我院整体科研状况和学术成就，同时为优秀学术成果的面世创造更好的条件。

　　《中国社会科学院文库》分设马克思主义研究、文学语言研究、历史考古研究、哲学宗教研究、经济研究、法学社会学研究、国际问题研究七个系列，选收范围包括专著、研究报告集、学术资料、古籍整理、译著、工具书等。

中国社会科学院科研局

2006 年 11 月

总　序

魏道儒

　　2006 年底，在制订世界宗教研究所佛教研究室科研项目规划的时候，我想到国内外学术界还没有编写出一部佛教的世界通史类著作，就与几位同事商量，确定申报中国社会科学院重大课题——《世界佛教通史》。该课题于 2007 年 8 月正式立项，2012 年 12 月结项，其后又列选为中国社会科学院创新工程项目进行修改完善。呈现在读者朋友面前的这部书，就是当年同名课题的最终成果。

　　在申报《世界佛教通史》课题的时候，我们按照要求规划设计了相关研究范围、指导思想、撰写原则、主要问题、研究思路、预期目标等。八年多来，我们就是按照这些既定方案开展研究工作的。

　　"佛教"最早被定义为释迦牟尼佛的"说教"，其内容包括被认为是属于释迦牟尼的所有理论和实践。这个古老的、来自佛教信仰群体内部的定义尽管有很大的局限性，但由于强调了佛教起源于古代印度的史实，突出了释迦牟尼作为创教者的权威地位，符合了广大信众的崇拜需求，不仅长期获得公认，而且影响到现代人们对佛教的认识和理解。我们认为，"佛教"是起源于古代印度，在不同国家和地区流行了 2500 多年的一种世界性宗教，包含着不同国家和地区信教群众共同创造的精神产品和物质产品。我们这样理解"佛教"既与古老的定义不矛盾，又更符合这种宗教的历史发展事实，同时，也自然确定了我们这部《世界佛教通史》的研究范围和对象。

　　我们的《世界佛教通史》是一部佛教的世界通史，主要论述佛教从起源到 20 世纪在世界范围内的兴衰演变的主要过程。我们希望以辩证唯物主义和历史唯物主义为指导，坚持历史与逻辑相统一的原则，以史学和哲学方法为主，同时借鉴考古学、文献学、宗教社会学、宗教人类学、宗教心理学、宗教比较学、文化传播学等相关学科的理论和方法，在收集、整理、辨析第一手资料（个别部分除外）的基础上，全方位、多角度对世界范围内的佛教历史进行深入研究。

在考虑具体撰写原则时，我们本着"原始察终，见盛观衰"的史学原则，对每一研究对象既进行梳理脉络的纵向贯通，又进行考察制约该对象变化的多种因素的横向贯通。我们在论述不同国家和地区的佛教时，希望始终联系制约佛教兴衰变化的政治、经济、民族、科学技术和思想文化等因素，始终将宏观把握和微观探索结合起来，系统阐述众多的佛教思潮、派系、典籍、人物、事件、制度等，并且兼及礼俗、典故、圣地、建筑、文学、艺术等。我们强调重视学术的继承和规范，并且力争在思想创新、观点创新和内容创新三方面都取得成果。我们以"叙述史实，说明原因，解决问题"为研究导向和撰写原则，对纷繁复杂的研究对象进行实事求是、客观公正的阐述和评价。

我们在确定本课题的主要研究问题时已经注意到，在不同的国家和地区，在不同的历史阶段，同是佛教，甚至同是佛教中的某一个宗派，往往具有截然不同的内在精神和外在风貌。佛教在不同国家和地区中的政治地位、经济地位、法律地位，在当地思想文化体系中的位置和发挥的作用，在社会民众心目中的形象和价值，都是千差万别的。当我们综观世界范围内的佛教时，看到的不是色调单一而是绚丽多彩，不是停滞僵化而是变动不居。我们在研究不同的国家、地区和民族中的佛教时，一定会遇到特殊的情况、独有的内容和需要侧重解决的问题。对于各卷作者在研究中捕捉到的特殊问题，建议他们独立制订解决方案，提出解决办法。从本部书各卷必定要涉及的一些共同研究内容方面考虑，我们当时要求相关各卷侧重研究如下四个方面的问题。

第一，佛教的和平传播问题。

佛教从地方宗教发展成为亚洲宗教，再发展成为世界宗教，始终以和平的方式传播，始终与政治干预、经济掠夺和文化殖民没有直接联系，始终没有因为传教引发战争。我们可以看到，无论在古代还是在近代，无论在中国还是在外国，成功的、有影响的佛教传教者都不是以武力胁迫人们信教，都是以其道德高尚、佛学精湛、善于劝导和感化人而赢得信众。佛教的和平传播在世界宗教史上是独一无二的，可以说，这为当今世界各种文明之间建立联系提供了可资学习、借鉴的样板。关于佛教的和平传播问题，学术界虽然已经涉及，但是还没有推出结合佛教在不同国家和地区的具体情况进行集中论述的论著。我们希望本部书的相关各卷结合佛教在不同国家和地区的具体情况，比较全面系统地研究佛教和平传播的方式、过程，研究佛教传播与社会、政治、经济、文化等因素以及与自身教义之间的关联，探索佛教和平传播的内在规律。我们当时设想，如果能够对佛教和平传播问题进行更全面、更系统的考察、分析和评论，就会为学术界以后专门探讨佛教在不同文化中传播的方式、途径、过程、特点和规律建立更广泛的参照系统，提供更多的史实依据，确定更多的观察视角，列举更多的分析标本。我们认为，本部书有关各卷加强这方面的研究，对于加深认识今天全球范围内的宗教传播和文化传播具有重要现实意义。毫无疑问，这种研究也将会丰富文化传播学的内容。

第二，佛教的本土化问题。

佛教本土化是指佛教为适应所传地区的社会、民族、政治、经济和文化而发生的一切变化，既包括信仰、教义方面的变化，也包括组织、制度方面的变化。在有佛教流传的国家和地区，佛教本土化过程涉及社会的各个方面，从经济基础到上层建筑都会受到影响。从帝王到庶民的社会各阶层，包括信仰者和非信仰者、支持者和反对者、同情者和厌恶者都会不同程度地参与进来，对佛教本土化进程的深度、广度以及前进方向施加影响、发挥作用。正因为佛教本土化的出现，才使佛教在流传地有可能扎根、生长，才使当今世界各地区的佛教有了鲜明的民族特色。无论在任何国家和地区，佛教本土化的过程都是曲折反复、波谲云诡。如果只有温柔的相拥，没有无情的格斗；如果只有食洋不化的照搬照抄，没有别开生面的推陈出新，佛教要想在任何社会、民族和文化中扎根、生长都是不可想象的。学术界对佛教本土化问题虽有涉及，但研究还不够全面和深入，并且有许多研究空白。例如，对于 19 世纪到 20 世纪东方佛教的西方转型问题，就基本没有涉及。我们要求相关各卷把研究佛教的本土化问题作为一个重点，不同程度地探索各个国家和地区佛教形成本土特色的原因，描述佛教与当地社会、政治、经济和文化相互冲突、相互协调、相互适应的过程，分析导致佛教在特定区域、特定历史阶段或扎根生长、或蓬勃兴旺、或衰败落寞、或灭绝断根的诸多因素，以便准确描述佛教在世界各地呈现

出的多种多样的姿态、色彩。我们相信，本书加强这方面的研究，一定会
填补诸多学术空白，加深对各个国家和地区佛教的认识。

第三，佛教教义体系、礼仪制度和文化艺术的关系问题。

在世界各大宗教中，佛教以典籍最丰富、文化色彩最浓重、思想教义
最庞杂著称。在以佛教典籍为载体的庞大佛教教义体系中，不胜枚举的各
类系统的信仰学说、哲学思想、修行理论等，都是内容极为丰富、特点极
为突出、理论极为精致、影响极为深远的。仅就佛教对生命现象的考察之
系统全面，对人的精神活动分析之细致周密，为消除人生苦难设计的方案
之数量众多，就是其他宗教望尘莫及的。无论在古代还是在近现代，诸如
此类的佛教基本理论对不同阶层信仰者都有强大吸引力和持久影响力。各
国家和地区的历代信仰者往往从佛教的教义体系中寻找到了人生智慧，汲
取了精神营养，感受了心灵慰藉。相对来说，佛教的教义体系历来成为学
术界关注的重点，研究得比较充分。但是，佛教是以共同信仰为纽带、遵
守相同道德规范和生活制度的社会组织，所具有的并不仅仅是教义思想。
除了教义体系之外，佛教赖以发挥宗教作用和社会影响的还有礼仪制度和
文化艺术。相对来说，对于佛教的教义体系、礼仪制度、文化艺术三者之
间的有机联系，各自具有的宗教功能和社会功能，三者在决定佛教兴衰变
化中所起的不同作用等问题，学术界就涉及比较少了。我们希望本部书的
相关各卷把研究佛教教义体系、礼仪制度和文化艺术三者有机结合起来，
不仅重视研究三者各自具有的独特内容，而且重视研究三者之间错综复杂
的相互关系，考察三者在决定佛教兴衰变化中所起的不同作用。这样一
来，我们就有可能纠正只重视某一个方面而忽略其他方面的偏颇，有可能
避免把丰富多彩的通史撰写成色调单一的专门史，从而使本部书对佛教的
观察角度更多样，整体考察更全面，基本分析更客观。

第四，中国佛教在世界佛教中的地位问题。

中国人对佛教文化的贡献是长期的、巨大的和不可替代的。归纳起
来，主要体现在三个方面。其一，中国人保存了佛教资料。从汉代到北宋
末年，中国的佛经翻译事业持续了将近一千年，其间参与人数之多、延续
时间之长、译出典籍之丰富、产生影响之巨大，在整个人类文化交流史上
都是空前的、独一无二的。汉文译籍和中国人写的各类佛教著作保存了大
量佛教历史信息。如果没有这些汗牛充栋的汉文资料，从公元前后大乘佛
教兴起到公元 13 世纪古印度佛教湮灭的历史就根本无法复原，就会留下

很多空白。其二，中国人弘扬了佛教。佛教起源于古印度，而传遍亚洲，走向世界，其策源地则是中国。中国人弘扬佛教的工作包括求法取经和弘法传经两个方面。所谓"求法取经"，指的是中国人把域外佛教文化传到中国。从三国的朱士行到明朝的官僧，中国人的求法取经历史延续了一千多年。历代西行者出于求取真经、解决佛学疑难问题、促进本国佛教健康发展、瞻仰圣地等不同目的，或者自发结伴，或者受官方派遣，怀着虔诚的宗教感情，勇敢踏上九死一生的险途，把域外佛教传播到中国。所谓"弘法传经"，指的是中国人把具有中国特色的佛教文化传到其他国家。从隋唐到明清的千余年间，中国人持续把佛教从中国传播到了日本、韩国、东南亚等地；近代以来，中国人又把佛教弘扬到亚洲之外的各大洲许多国家。中国人向国外弘法传经延续时间之长、参与人数之多、事迹之感人、成效之巨大，几乎可以与西行求法运动相提并论。中国人的弘法传经与求法取经一样，是整个世界佛教文化交流史上光辉灿烂的阶段，可以作为人类文明交流互鉴取得伟大成就的一个典范。其三，中国人直接参与佛教文化的丰富和发展进程。在两千多年的历史中，中国历代信众直接参与佛教思想文化建设，包括提出新思想、倡导新教义、撰写新典籍、建立新宗派、创造新艺术。可以说，没有中国固有文化对佛教文化的熏陶、滋养和丰富，当今世界佛教就不具备现在这样的风貌和精神。本部书旨在加强研究促成中国在唐宋时期成为世界佛教中心的历史背景、社会阶层、科技状况、国际局势等方面的问题，加强研究中国在促成佛教成为一种世界宗教过程中的作用和地位，加强研究中国在保存、丰富和发展佛教文化方面不可替代的作用。我们应该用世界的眼光审视中国佛教，从中国的立场考察世界佛教，对中国佛教在世界佛教中的地位、作用、价值有更全面、更深刻的认识。我们认为，加强这方面的研究，有利于为中国新文化走向世界提供重要的历史借鉴和思路，有利于我们树立对本民族文化的自觉、自信和自尊，有利于深刻认识佛教在当前中国对内构建和谐社会，对外构建和谐世界方面的重要性。

　　在收集、筛选、整理、辨析和运用史料方面，我们当时计划整部书切实做到把资料的权威性、可靠性和多样性结合起来，统一起来，从而为叙述、说明、分析和评论提供坚实的资料基础；计划整部书的所有叙述、所有议论以及所有观点都建立在经过考证、辨析可靠资料的基础上。对于能够运用什么样的第一手资料，我们根据当时课题组成员的研究方向、专业特长和发展潜力，确定本部书所采用的资料文本主要来自汉文、梵文、巴利文、藏文、西夏文、傣文、日文、英文、法文、越南文等语种，同时，也希望有些分卷在运用田野调查资料、实物资料方面做比较多的工作。

关于《世界佛教通史》的章节卷册结构，开始考虑并不成熟，仓促确定了一些基本原则。随着研究工作的深入，中间经过几次变动，最后确定本部书由十四卷十五册构成。第一卷和第二卷叙述佛教在印度的起源、发展、兴盛、衰亡乃至在近现代复兴的全过程。第三卷到第八卷是对中国汉传、藏传和南传佛教的全面论述，其中，作为中国佛教主体部分的汉传佛教分为四卷，藏传佛教为一卷两册，南传佛教独立成卷。第九卷到第十一卷依次是日本、朝鲜和越南的佛教通史。第十二卷是对斯里兰卡和东南亚佛教分国别阐述。第十三卷是对亚洲之外佛教，包括欧洲、北美洲、南美洲、大洋洲、非洲等五大洲主要国家佛教的全景式描述。第十四卷是世界佛教大事年表。对于各卷册的字数规模、所能达到的质量标准等，预先并没有具体规定，只是根据学术界的研究状况和我们课题组成员的具体情况确定了大致原则。当时我们清醒地认识到：本部书涉及范围广、时间跨度大，一方面，国内外学术界在研究不同时段、不同国家和地区佛教方面投入的力量、所取得的成果有很大差异，极不平衡。在这种情况下，有些部分的撰写者由于凭靠的学术研究基础比较薄弱，他们的最终成果难免受到这样或那样的制约和影响。另一方面，课题组主要成员对所负责部分的研究程度不同，有些成员已经在所负责方面出版多部专著，称得上是行家里手；有些成员则对所负责部分刚刚接触，可以说是初来乍到者。对于属于前者的作者，我们当然希望他们致力于捕捉新问题、提出新观点，得出新结论，拿出百尺竿头更进一步的著作；对于属于后者的年轻同事，自然希望他们经过刻苦努力，能够在某些方面有闪光突破，获得具有后来居上性质的成果。鉴于我们的研究工作是在继承、吸收、借鉴以往重要的、高质量的、有代表性的成果的基础上展开的，所以我们既要重视填补学术空白，重视充实薄弱环节，也要强调在重要的内容、问题方面有新发现和新突破。因此，我们要求各卷撰写者在不违背通史体例的情况下，对自己研究深入的内容适当多写一些，对自己研究不够、但作为史书又不能空缺的内容适当少写一些。总之，我们根据学术界的研究状况和课题组成员的能力，尽量争取做到整个《世界佛教通史》的各部分内容比例大体协调、详略基本得当。这里需要说明一下，本书各卷的定名并非完全意义上的现代国家概念，而是根据学术界的惯例来处理的。

当初在考虑《世界佛教通史》的学术价值、理论意义与现实意义方面，我们关注了社会需要、时代需要、理论发展需要、学科发展需要、培养人才需要等方面的问题，并且逐一按要求进行了论证。除此之外，我们也要求各位撰写者叙述尽量客观通俗，注意在可读性方面下些功夫，务使本部书让信教的和不信教的、专业的和非专业的绝大多数读者朋友都能接受，都能获益。

八年多来，课题组每一位成员都认真刻苦工作，为达到预期目标而不懈努力。可以说，每一位撰写者都尽了心、出了力、流了汗、吃了苦。但是，由于我们水平所限，时间所限，《世界佛教通史》不可避免地存在一些缺点、不足和错误，敬请读者朋友批评指正。我们将认真倾听、收集各方面的善意批评和纠错高见，争取本部书再版本错谬减少一些，质量提高一些。

目　　录

绪　　言

在东南亚各国中，越南是受中国文化滋养、熏陶和影响时间最长、程度最深的国家。同样，越南佛教也是直接从中国传入的，可以说是中国佛教在越南的进一步发展演变。越南佛教与东南亚其他国家的佛教不属于一个系统，而是与韩国佛教和日本佛教一样，属于整体汉传佛教的一个重要组成部分。正因为如此，我们把越南佛教独立出来作为一卷。

在唐代之前，越南的核心区域是中国的郡县，那里与中原地区在文化交流互鉴方面，在三教弘扬流传方面，自然有着便利条件。中国佛教的典籍，教义、宗派、制度、仪轨都在不同时期直接影响着越南佛教的演变走向。与中国佛教巨大的、不可替代的影响相比较，印度佛教对越南佛教的直接影响就显得比较小了。

中国佛教为越南佛教提供了典籍文献、思想素材、宗派传承，但是佛教要在越南社会扎根生长，还要经历适应越南社会的诸多变化，也就是经历本土化的过程。这种过程的结果，就形成了越南佛教与中国佛教的多方面差别。由于越南佛教与中国佛教有着直接的源流关系，不认识、不理解中国佛教，也就很难深刻认识、理解越南佛教。本卷的作者释清决是越南著名高僧；乔氏云英是越南社会科学院学者，为本书做了大量核对引文和资料的工作。他们都有在中越两国学习、研究中国佛教和越南佛教的经历，分别在中国社会科学院和中央民族大学获得博士学位。可以说，他们是既懂越南佛教也懂中国佛教。

越南学者对本国佛教自然有其独特看法和理解，在著作中提出不少新观点。例如，他们认为，佛教传入越南后，大致在公元 1 世纪末 2 世纪初，已成为汉地三大佛教中心之一。当时越南思想界相当活跃、繁荣，生机勃勃，儒、佛、道三教并存，大、小二乘佛学皆有。他们认为，初期的越南佛教主要是受印度佛教文化的影响，这一点体现在越南"四法信仰"

中，即"法云"、"法雨"、"法雷"、"法电"。这种信仰既有印度佛教（包括密教因素）的色彩，又有越南本地信仰因素，直接反映越南人民在日常生活上的需要。公元 5 世纪起，越南佛教的一个突出的特点是信奉《法华经》。诸如此类的观点，对我们了解越南佛教、了解越南僧俗学者对本国佛教的看法，都是很有作用、很有价值的。

最后，我由衷感谢释清决法师和乔氏云英女士能欣然接受邀请，克服各种困难，按期完成课题，提交了高质量的成果。在中越两国学者的学术交流方面，他们的确做出了令人敬佩的贡献。

魏道儒

2015 年 11 月

第一章　越南佛教在北属时期

越南自公元前 111 年至公元 939 年为北属时期，这一历史时期分成三个阶段：第一次北属时期（公元前 111—公元 40），第二次北属时期（43—544），第三次北属时期（603—939）。此三阶段，是越南佛教史上的重要时期。第一次北属是佛教开始从印度直接向越南传播的时期；第二次北属是佛教正式在越南站住脚并蓬勃发展的时期，越南从此成为汉地佛教最兴盛的地区之一；第三次北属是越南禅宗蓬勃发展的时期。

第一节　越南佛教在第一次北属时期

公元前 111 年，中国西汉武帝（公元前 140—前 86 年在位）遣路博德和杨仆讨赵氏政权，平南越国，改成交趾部，分为九郡：①南海郡（广东）；②苍梧郡（广西）；③郁林郡（广西）；④合浦郡（广东）；⑤交趾郡；⑥九真郡；⑦日南郡（此三郡在北越和中越北部几省）；⑧珠崖郡（海南岛）；⑨儋耳郡（海南岛）。每郡设太守处理郡内政务，并设刺史以监察各郡，唯在交趾郡中的貉将或貉侯，仍然得世代相传，保持其对部落的统治权，此时府治设在赢楼城（今越南河北顺城县）。

交趾位于中南半岛，处于人类最古老的两大文明古国——印度和中国——之间。这样的地理位置使其受到两大文明古国在政治、经济、文化、宗教、商业、科学技术等诸多方面的影响。

公元前 2—前 1 世纪，印度已经跟南亚和东南亚各国通商。为了满足通商需要，印度商人依靠西南风，坐船到东南亚各国，如马来西亚、扶南（位于今柬埔寨）、越南等，然后转道到中国、日本等国做买卖。要返回印度时，他们又回到交趾，等第二年的东北风坐船回印度。在等风时他们就跟交趾的老百姓一起生活，有的便永远留在了当地，不少人还跟当地人结婚，他们都得到当地政府的保护与重视。由于他们离开印度时间比较长，一般都带来他们本地的文化和风俗习惯，特别是宗教信仰（佛教与婆罗门教）。于是，这些文化、宗教、风俗习惯无形中又影响到当地，并被当地人接受。

由于路途遥远又危险，所以印度商人在路上常念燃灯佛、观音菩萨名号，希望得到佛、菩萨的保佑。他们认为，燃灯佛和观音菩萨可以保佑人在海路上平安顺利，为了更加方便在路上，在当地停留等待的时间里，可以随时烧香、拜佛，他们有的还随身带着佛、菩萨像或佛塔。他们在船上或做买卖的地区事奉，这就不可避免地影响到当地人的信仰。可以说，印度商人首次把佛教信仰传入交趾，但此时只是一些简单的佛教信仰而已。

公元前 2 世纪，阿育王后期"佛教不但已遍及印度全境，而且还影响西达地中海东部沿岸国家，北到克什米尔、白沙瓦，南到斯里兰卡，进入东南亚国家"①。在印商们到交趾、扶南等东南亚国家做生意之后，很可能是印僧随着商船，在帮助商人念经以祈求其平安的同时把佛教传到了新地。当时印僧一般都是社会上博古通今的知识分子，他们不但深明宗教义理，而且对文化知识、天文地理等也很通晓；如果没有他们，印度文化、宗教等方面不会那么深刻地影响东南亚等各国。据说，扶南第一代王朝是印度婆罗门人在公元 1 世纪建立的，朝里的所有重要官职都由印度人掌管。"扶南考古学家已经找到了四块用梵文写的石碑。"②

从公元前 1 世纪起，大乘佛教在南印度出现，至公元一二世纪，印度东南沿海地区成为一个大乘佛教兴盛的区域，把佛教传到遥远的国家与地区去是大乘佛教的意愿。越南和东南亚各国正是在此时接受了大乘佛教。公元 2 世纪末，牟子（170—?）曾在交趾学佛。交趾佛教能够培养出牟子这样的人，说明公元 1—3 世纪越南佛教比较兴盛。在《理惑论》中，牟子批评僧人犯戒律的事件，更加明显地说明了这一点，即公元 1 世纪上半叶佛教已经正式传到越南了。《越南佛教史论》第一卷、《越南佛教史》、《康僧会全集》第一集也都认可了这样一个事实。《佛教史》也说："公元前就有一些僧侣到达东南亚地区是可能的，但似乎没有产生什么大的影响。公元 1 世纪和公元 2 世纪之际，印支半岛北部，属中国交趾（越

---

① 杜继文主编：《佛教史》，中国社会科学出版社 1995 年版，第 48 页。

② ［越］阮才书主编：《越南佛教史》，越南社会科学院出版社 1988 年版，第 19 页。

南河内）的佛教义学已相当活跃，可能是从天竺南部传进的。"① 佛教在交趾达到这样发达、活跃的水平，说明起码 100 多年前，即公元 1 世纪初已经传入交趾了。这里所说的是佛教义学，至于佛教信仰则要更早了。特别到公元 3 世纪初，交趾佛教又培养出著名的康僧会（200—280），更充分说明了这件事。他译出的《小品般若》，是大乘般若思想出现最早的经典；他编译的《六度集经》，属大乘经典。公元 3 世纪中叶，由天竺经海路来交趾的支彊梁接译出《法华三昧》，这些都说明当时交趾佛教义学和大乘佛教思想是相当兴盛的。同时也说明佛教在公元前后，经海道开始向越南传播，到公元 2 世纪才成为一个兴盛而又活跃的佛教中心。《佛教史》还说："交州佛教原是由海路南来，并由此北上中原，成为佛教传入内地的另一渠道。"② 据《禅苑集英》载："交趾一方通天竺，佛法初来，江东未被，而赢楼又重创宝刹二十余所，度僧五百余人，译经十五卷，以其先故也，于时则已有丘陀尼、耆域、康僧会、支彊梁接、牟博（牟子）之属在焉。"对中国佛教的传入来说，越南佛教占有重要的地位。

第二节　越南佛教在第二次北属时期

一　交趾的社会、文化与信仰

（一）社会背景

中国东汉建武十年（公元 34 年），汉武帝拜苏定为交趾太守。苏定是一个暴虐的人，肆行苛政，交趾人对其恨之入骨。公元 40 年，苏定又杀朱莺县（今永安省）人诗索。诗索之妻征侧是麊怜县（今福安省安朗县夏雷村）貉将的女儿，跟她的妹妹征贰起兵攻打苏定，苏定被迫回南海郡。当时，二征军队略定六十五域，乃自称王，建都于其故乡麊怜，史学家把此时期叫作独立时期。

公元 41 年，汉光武帝又派 70 多岁的名将马援为伏波将军，率兵讨征。公元 43 年获全胜，从此越南又进入第二次北属时期。此次时间最长（43—544），又经过中国的四个王朝：东汉（25—220）、三国（220—280）、两晋（265—420）、南北朝（420—589）。此阶段是中国最复杂的

---

① ［越］阮才书主编：《越南佛教史》，越南社会科学院出版社 1988 年版，第 51 页。

② 杜继文主编：《佛教史》，中国社会科学出版社 1995 年版，第 101 页。

一段历史,交趾社会也受到一定的影响,但由于路远,有时中国的动乱影响不到交趾。中国各王朝在忙着争夺权力,所以交趾一般比汉地稳定,特别是三国时士燮任交趾太守时期(187—226):"东汉末年,盗贼蜂起四方,朝廷威权不及于外,天下大乱。当时交趾之地幸赖士燮及兄弟分守诸郡县,因此偏安。"① 《牟子·理惑论序》也记载:"是时灵帝崩(189)后,天下扰乱,独交州差安。"士燮时期(187—226)交趾佛教相当兴盛,牟子、康僧会就是在此时学佛、习禅而成名。

(二)交趾的文化与信仰

在第一次北属时期(公元前 111—公元 40),交趾的太守们逐渐把儒教传到交趾,代表人物有锡光和任延。锡光自西汉平帝年间(公元 1—5)就做了交趾太守,他"致力于开化事业,教民以礼仪,因此,郡内敬服他的人甚多"②。任延自东汉建武年间(25—56)起任九真郡太守,由于"九真郡人常以渔猎为业,不事耕种,任延教民犁耕,垦辟田地……又教民嫁娶礼法,并令郡内长吏名省棒,以贩助贫无聘礼者"③。任延守九真四年,就被召回中国,由于他对交趾实施儒教的仁义政策,又以文化、礼法教民,所以郡人都爱慕他,为他立祠。有人受他的恩惠,生子之后起名为任,以表感恩戴德之情。这说明交趾人对北朝派来的太守们取恩怨分明的态度。

士燮任交趾太守期间,不但大力创设学校传播儒家礼教,而且在传播儒教与汉字方面也多有创造、发明。儒教经典都是用汉字来写的,要讲授和学习儒经都离不开汉字。因此,士燮改革教学方法,取经传翻译音义,以教交趾人。明代严从简的《殊域周咨录》说:士燮初开学校,"取中夏经传翻译音义,教本国人,始知习学之业,然中夏则说喉声,本国话舌声,字与中华同,而音不同"。据《越南通鉴》1961 年版说:"感于越人学习汉音之困难,乃将音韵译为越声,平仄俱有一定方式,音韵不变,而判别显然,其译法颇为技巧,越人之所以能吟诗作对联,皆得力于此。士燮并创字喃,假借汉字片段,演为越字,此种字多半是形声,半是

---

① [越]陈重金:《越南通史》,商务印书馆 1992 年版,第 32 页。
② 同上书,第 29 页。
③ 同上。

会意。"①

士燮的为人，《大越史记全书》说："王体器宽厚，谦虚下士，国人爱之，皆称曰'王'，汉之名士避难往依者以百数。"士燮对交趾的管理方法是："治民有方，循循善诱，国人爱之，皆尊称士王。"② 此中，"名士避难……以百数"的"百数"包括名儒如牟子，佛家如"南阳韩林、颍川皮业、会稽陈慧"③，而尤以道家术士为多，《牟子·理惑论序》中说："是时灵帝崩（189）后，天下扰乱，独交州差安。北方异人，咸来在焉，多为神仙辟谷长生之术，时人多有学者，牟子常以《五经》难之，道家术士莫敢对焉。"这说明交趾当时儒、佛、道三教都相当兴盛。至于佛教信仰在士燮时期，据《三国志·吴书·士燮传》说："燮兄弟并为列郡，雄长一州，偏在万里，威尊无上，出入鸣钟磬，备具威仪，笳箫鼓吹，车骑满道；胡人夹毂焚烧香者常有数十。"这些围绕士燮车骑烧香的"胡人"包括印度和中亚来的佛教徒，这反映了此时印度佛教信仰与仪式在交趾是很盛行的，即交趾文化直接受到印度文化的影响相当大。由此看来，士燮也许是佛教徒。总之，士燮对越南的文化、思想、教育等方面的传播与发展做出了巨大贡献，因而后人尊称他为"南交学祖"。

当时，交趾本地主要信仰老天爷的权能。老天爷在天上能够看透人间造恶做善的事，能帮助善人、惩罚恶人。老天爷的属性跟本地人民在日常生活上的需要有关，如雷神、电神、山神、水神、地神、树神（榕树神）、灶君神等，他们还认为，人死后，人的灵魂不一定是永存的，但能在尸体边存在一段时间，跟亲人一起生活，保佑他们，因此出现屋角鬼、坟屋和巫师等信仰现象。屋角鬼是人死之后，人的灵魂在家里帮亲人看家，保佑亲人；坟屋是在田野或山林中盖一间小屋，把灵柩安置在那里，在一定的时间内，每天用饭菜供养；巫师是能够跟屋角鬼和活人沟通的中间人。佛教传入之后，这些本地信仰又跟一些佛教教义如因果业报说、轮回说、因缘说等结合起来成为新的信仰，既有本地信仰特色又有佛教教义色彩，同时反映出当时交趾人在日常生活中的需要，其中最有代表性的是

---

① 参见何成轩《儒学南传史》，北京大学出版社2000年版，第112页。
② ［越］陈重金：《越南通史》，第32页。
③ 《出三藏记集》卷六《安般守意经序》载，此三人于公元229年之前已到交趾，僧会曾向他们请教。

"四法信仰"。"四法"是法云、法雨、法雷、法电，都与交趾人对农业生产的需要和愿望有关。

公元 1 世纪，交趾民间信仰也很简单，主要还是接受印度佛教信仰的影响，后又受中国民间信仰的影响。在越南民间文学故事中，佛的作用跟神和老天爷的作用是一样的，能千变万化，能劝善惩恶。越南民间故事中很多故事跟释迦佛的前身有关。值得注意的是，在很多民间故事中，他们不把"佛"叫做"fo"，而是叫"Bud"，即从 Buddha 音译来的。这说明，佛教从印度直接传到交趾，比从中国传到交趾这条路线还早，直到现在很多人还把佛道叫做 Bud 道。对于佛法的"法"也被人们认为是"Bud"的法术。"Bud"的法术能够帮助穷人脱离困境。至于"僧"、"慈悲"、"功德"、"轮回"、"业报"等观念都带有神通灵异色彩，如《糟糠传》《金龟传》《一夜泽传》等都体现出法与僧的权威，其中最突出的是《蛮娘传》。

　　汉献帝时（190—220），太守士燮城于西平之地（今天德江），南有佛寺曰福严寺（一云超类县大寺社郑桥），有胡僧自西方来，号曰阇梨。能立独脚之法，人多效慕之，呼为尊师。

　　时有女名曰蛮娘，父母俱亡，贫苦日甚，笃求佛道，讷于言语，住持此寺，不能与徒诵经，常居厨灶，捣米采薪，亲自炊爨，以供一寺之僧及四方之来学者。

　　五月间夜促短，僧徒诵经到鸡鸣，蛮娘供给，僧徒诵经未行食粥，蛮娘假寐闺门中，不意忘饥熟睡。僧徒诵罢，各归寺房。蛮娘当卧，阇梨僧来过娘身，娘欣然心动，胞里受胎。三四月间，娘有惭色而归，阴梨亦羞而去。

　　到三岐路江头寺居之，蛮娘满月生一女，寻僧而还之。夜间，僧将其女至三岐路江头榕树，付曰："我寄此佛子，与尔藏之，各成佛道。"阇梨与蛮娘相辞而去，因与蛮娘一杖，曰："我赐此册与汝，如见岁辰大旱，汝以杖卓地上，出水，农夫赖之，以济生民。"娘敬受而还居本寺。

　　遇岁旱时，卓杖地上，自然出水，民多赖之。时蛮娘年五十岁，适榕树摧倒，流到寺前江津，盘旋不去，民相竞斩为柴，斧斤多为破折，乃相率乡里三百余人曳之上岸，其树不动。会娘于津洗手，戏撑

之，树遂转移。众皆惊恐，使娘曳之上岸，令匠作佛像。其树中乃三
岐所藏女处之树，已化成石，甚坚。匠人斫之，斧斤尽缺口。匠人投
之于渊中，有光芒，顷刻余始沉，匠人皆死。请娘拜礼，令渔人入水
取之，迎入佛寺殿，将贴金，阴婆呼为：法云、法雨、法雷、法电。
四方祈祷，无不灵应，呼蛮娘为佛母。四月初八日，娘无病而没，葬
于寺中。民以为佛母。每年是月日，四方男女常聚此寺，游戏歌舞，
世传为浴佛会云。技乐百端，以成俗，至今犹存焉。①

　　阇梨僧在《报极传》中叫丘陀罗，在《岭南摭怪列传》中叫迦罗阇
梨，在《禅苑集英》中叫丘陀尼，都是一个人。此故事在黎贵惇的《见
闻小录》、安禅的《道教源流》和《古珠法云佛本行语录》等书中都有记
载，这显示出了"四法信仰"在越南民间信仰中的地位，同时也说明公
元二三世纪，交趾佛教不但兴盛，而且还实现了民间化，成为普遍信仰。
《理惑论》中，牟子批判僧徒犯佛法戒律的现象跟此故事僧阇梨和蛮娘犯
戒有关。即公元2世纪，交趾佛教有印度僧、交趾尼姑。交趾有了尼姑，
当然有僧人，可知此时交趾人出家已经成为普遍现象了。据《报极传》
记载：丘陀罗和摩诃耆域从印度一同到交趾，耆域接着到中国弘道，丘陀
罗留在交州。② 据另一本《古珠法云佛本行》记载：东晋明帝（322—324
在位）派军队到交趾赢楼城取法云像带回中国，但法云佛像有神通力，
晋兵取不动。法云佛遂留在交趾，成为越南佛，保佑越南人民的生活。史
书记载，李朝抗宋时期（1075—1077），李朝君臣们迎接法云佛到太原同
军队一起参加抗宋，取得辉煌的胜利。李仁宗时（1072—1128）两次
"淫雨，迎法云佛赴京，祈晴"③。李神宗1137年"帝幸报天寺，礼法云
佛，祈雨，是夜大雨"④。

　　总之，佛教传入交趾后，跟交趾信仰结合起来成为一种新的信仰，既
有本地信仰色彩，又有佛教思想，使越南民族文化愈加丰富多彩，提高了
民族独立自主精神。

---

　　① 《岭南摭怪外传·蛮娘传》。
　　② 公元264年，吴孙皓又以南海、苍吴、郁林之地为广州，以合浦、交趾、九真和门南之
地为交州，设州治于龙编。
　　③ 《大越史记全书·李纪·李仁宗传》。
　　④ 《大越史记全书·李纪·李神宗传》。

二　交州的佛教情况

(一)交州赢楼佛教中心

阮郎在《越南佛教史论》中认为："公元一二世纪,在汉地中有三个佛教中心:洛阳、彭城和赢楼,其中,出现最早的是赢楼中心。"这一说法是有道理的。

洛阳是东汉(25—220)的都城,位于河南省西部,《后汉书·襄楷传》载:汉桓帝(147—167 年在位)"宫中立黄老、浮屠之祠"。《后汉书·桓帝纪》论曰:"设华盖以祠浮屠、老子。"这表明桓帝时佛教仍被看作是一种方术。而佛,也只不过是一种神灵而已,此时安息国的安世高、安玄都到中国,与中国人严浮调在白马寺和许昌寺共译佛经,但其影响不大。

彭城位于长江下游,今属江苏省,据《后汉书·楚王英传》:公元 50 年左右,汉光武帝的儿子楚王刘英移居彭城,常"诵黄老之微言,尚浮屠之仁祠"[1]。"晚节"时,他不仅"更喜黄老",而且还"学为浮屠,斋戒祭祀"。佛教在此时虽然还没有普及,但已经奠定了它在中国的基础。公元 2 世纪末,彭城已经成为一个佛教中心。

赢楼是交趾的治所,此治所历史悠久,在赵氏时(前 207—前 111)就有了。治所位于红河平原的中心,距河内 15 公里,距求江和栋江 5 公里,距红河 5 公里,交通非常便利,今属越南河北省顺城县。有水路、陆路两条路线都直接跟彭城和洛阳相通。公元前 1 世纪,印度商人和中亚商人都经过这两条路线从交趾到中国做生意。后来印僧和中亚僧也通过这两条路线到中国传道,如支彊梁接、摩诃耆域、达摩提婆、康僧会等。同时中国僧人也通过这两条路线到印度求法,如于道邃、于法兰、明远、智弘、义净等。从中国直接到印度的这条陆路,对于中国佛教史来说是至关重要的。虽然这条陆路从公元 4 世纪起已经畅通,但法显(4 世纪末)、玄奘(7 世纪)到印度求法时,路上还是遇到不少困难。公元 7 世纪末明远、义净、昙润、智弘等都经过海路到印度求法,从印度回中国也选择这条海路(普贤、义净等)。这说明,海路虽比陆路远,但既好走又安全,因此交趾成为中印的中转要道。交趾还是中外文化的交会之处。据《后

---

[1]　《资治通鉴》中"祠"作"慈"。

汉书·西域传》，东汉桓帝延熹九年（166）"大秦（古罗马）王安敦遣使自日南徼外献象牙、犀角、玳瑁"。延熹二年（159）、四年（161）天竺"频从日南徼外来献"。一些外国使者和商人也经过海道先到交趾，后到中国朝贡。在交趾停留时，他们的文化也影响到交趾的文化。而且交趾又接近于一些受印度文化影响的国家，如扶南、真腊、占婆等国，所以也受到其文化的影响。交趾又是一个学术相当活跃的地方，不仅汉字、儒教、道教兴盛，而且梵文、佛学也很发展。公元2世纪末3世纪初，牟子和康僧会曾在那里学佛、习禅、学汉语和梵文等，都是具体的证据。

在汉地三个佛教中心中，我们认为，牟子时，交趾佛教已经发生退步的现象。"今沙门耽好酒浆，或畜妻子，取贱卖贵，专行诈绐"①，都是指当时交趾僧人的情况。"今沙门"是这样退步，"昔沙门"如何呢？肯定是守戒律了。这些犯佛律的僧人，有的是印度僧、中亚僧，也有的是交趾僧，《越南佛教史论》中，阮郎认为，主要是交趾僧人，他还认为："赢楼中心的僧团组织是出现最早的。"蛮娘在福严寺给"一寺之僧及四方之来学者"做饭也说明此事。

赢楼中心是最早实施"十人授戒法"的。"十人授戒法"即"三师七证"，是僧人受具足（比丘）戒的仪式，"三师"即和尚师、羯磨师、教授师，"七证"是七位证明师。此仪式，在交趾最晚是在公元220年左右就实行了，即僧会受戒时。《安般守意经序》僧会说："余生末踪，始能负薪，考妣殂落，三师凋丧。"康僧会的"三师"中也许就有交趾僧人。如果牟子所说"今沙门"的"沙门"包括交趾沙门在内，那么此"十人授戒法"在公元2世纪末就在交趾实行了。《梁高僧传·昙柯迦罗传》曰：昙柯迦罗（249—254）到中国"译出《僧祇戒心》，止备朝夕。更请梵僧立羯磨法授戒，中夏戒律，始自于始"。《开元释教录》载："魏代译经沙门四人，其中昙柯迦罗，中印度人，以齐王芳嘉平四年（253）于洛阳白马寺出《僧祇戒心》。集梵僧、立羯磨授戒，中夏戒律始自于此。"可知，公元253年中国才实施"十人授戒法"，比交趾起码晚30多年。

《理惑论》是第一部佛教论说，由牟子在交趾写成，其内容涉及很多方面，其中还提到僧人犯戒的现象和《四十二章经》的内容。据越南佛教史书记载：牟子和僧会时期，交趾的佛经起码有15部，僧人500多位，

---

① 《牟子理惑论》。

佛寺 20 多座。

这些都充分说明，汉地两个佛教中心之中，赢楼中心出现最早，同时也反映出当时交趾佛教的盛况。

（二）外国僧人在交趾

（1）摩诃耆域。据《古珠法云佛本行》耆域和丘陀罗在汉灵帝末期（168—169）从印度到交州。但慧皎在《梁高僧传》中说，晋惠帝末年（290—306）耆域到洛阳。《佛祖历代通载》说："晋惠帝永平四年（294）耆域到洛阳。"中国史料和越南史料关于耆域到越南和中国的时间是有差别的，但路线是一样的："自发天竺，至于扶南，经诸海滨，爰及交广……达襄阳……至于洛阳。"①

慧皎多次写到，在中国期间，耆域"倜傥神奇，任性忽俗，迹行不恒，时人莫之能测"。他到的地方，都留下"灵异"事迹，到襄阳后，想过江，但"船人见梵沙门衣服弊陋，轻而不载，船达北岸，域亦已度。前行见两虎，虎弭耳掉尾，域以手摩其头，虎下道而去，两岸见者随从成群"。在洛阳时，衡阳太守滕永文患病，耆域用咒术给他治好病。有一次"数百人各请域中食，域皆许往，明旦五百舍皆有一域"。这些奇异法术跟本地方术，在越南影响很大，黎朝（980—1009）禅师们用其来进行改朝换代运动，起过重要作用，使朝中政事稳定，给人民带来安居乐业的生活。

（2）支彊梁接，又叫支彊梁楼，汉译真喜，大月支国人，公元 3 世纪到交州和广州，跟越僧道清译出《法华三昧》。此经属大乘禅经。

（3）达摩提婆。公元 5 世纪到交州，《大唐会典录》说：他译出世亲著的《涅槃论》，此论还保存在《大藏经》中。《广弘明集》道宣说："南朝宋时（420—479）先到交州，后达魏地。"

（4）于道邃。东晋时敦煌人，年 16 岁出家，从于法兰为弟子，学业精勤，内外知识，无不综览。善方药，精书法，洞谙殊俗，尤巧谈论。后与法兰过江，为谢庆绪所推崇，性好山水，常游履名山，后随法兰去西域，于交趾遇难而亡。支遁赞曰：英英上人，识通理清，朗质玉莹，德音兰馨。②

---

① 《梁高僧传·耆域传》。
② 《梁高僧传》卷四，《于道邃传》。

（5）于法兰。晋朝高阳（今属河北）人，15 岁出家，研习经典，精诚勤奋。及冠，风神秀逸，道声大振，名流四远，尝怆然叹息道："今大法虽兴，但经道多缺，若一闻圆教，夕死可矣！"于是远奔西域，不料到交州遇疾，终于象林（越南中部）。沙门支遁立像赞曰："于氏超世，综体玄旨，嘉遁山泽，仁感虎兕。"①

（6）慧林。是《白黑论》的作者，时人称"黑衣宰相"，其书内容主张儒佛"殊途同归"、"五常六度并行"。又对佛教的佛身无量寿、无量光、轮回说、建塔造寺、译经等事持反对态度。他得到南朝宋文帝（424—454 年在位）支持。宋文帝崩后，慧林被僧团所逐，他到交州，并在交州去世。《广弘明集》中，道宣称他作刘慧林而不是释慧林，也许道宣也不承认他属僧团人。

（7）释昙弘。《梁高僧传·释昙弘传》载："释昙弘，黄龙人，少修戒行，专精律部，南朝宋永初中（420—422）南游番禺，比台寺，晚又适交趾之仙山寺，诵《无量寿》及《观经》……孝建二年（455）……自烧。"

慧林因反对净土宗的教义而被僧团逐出到交州。昙弘专"诵《无量寿》及《观经》，誓心安养"，说明当时中国和交趾的净土信仰是相当普遍与兴盛的，同时也说明，交州仍然是一个能够容纳所有不同学说、不同思想潮流的地方。

（三）从儒入佛——《牟子理惑论》

牟子是中国东汉末年人，生于公元 165—170 年间，籍贯为苍梧郡（今广西梧州）。《弘明集》中载有他的著名作品《理惑论》，共有 29 篇，其中有序和跋两篇。

据此书的《序传》说：牟子原是儒者，博读经传，亦读神仙家之书，但以为虚诞不可信。公元 189 年，东汉灵帝崩，天下混乱，牟子便跟母亲到交趾避乱。牟子 26 岁回苍梧娶妻，太守请辟为佐吏。州刺史辟召任州吏，其都坚辞不就。他认为"方世扰攘，非显己之秋也"，"于是锐志于佛道，兼研《老子》五千文，含玄妙为酒浆，玩五经为琴簧"。因此"世俗之徒多非之者，以为背五经而向异道"，牟子则撰成此书以为自己答辩。南北朝时，陆澄所撰《法论》始见著录，称为

---

① 《梁高僧传》卷四，《于法兰传》。

《牟子》。由于《牟子理惑论》详细记载了汉明帝遣使求法的传说，反映了东汉佛教在中国的传播情况，以及当时中国与交趾人士对佛教教义的理解，因而一直备受中越两国历代学者的重视，是研究中越早期佛教历史的必读之书。

《牟子理惑论》的"理"是动词，意思是分析与解答时人对自己的非难和对佛教义理产生的疑问，书中以问答体阐述了牟子本人的主张。问者为儒士，答者为作者自己。其主张是佛教、道教与儒教合而为一，与中越传统思想并无根本的对立。

首先，对佛的理解。

他使用了很多儒、道两家的常用词汇与术语，认为佛是一种"谥号"，并以"三皇"、"五帝"相比拟，"佛者，谥号也，犹名三皇神、五帝圣也"，这是用儒教观点来理解和看待佛。至于用道家观点来看待佛，则谓："佛乃道德之元祖，神明之宗绪；佛之言觉，恍惚变化，分身散体，或存或亡，能小能大，能圆能方，能老能少，能隐能彰；蹈火不烧，履刃不伤；在污不染，在祸不殃；欲行则飞，坐则扬光，故号为佛。"

"佛乃道德之元祖，神明之宗绪。"这分明又给佛披上道家的服装。而"蹈火不烧，履刃不伤"，简直是对《庄子·内篇·齐物论》如下文章的模拟："至人神矣！大泽焚而不热，河汉沍而不能寒，疾雷破山、飘风振海而不能惊。"佛家的教主，竟然成为道家的"至人"、"真人"了，但他用儒家的代表人物和传说人物，如周公、伏羲、仲尼、尧、舜、皋陶等对佛的三十二相、八十种好的解释，则又成为把佛"世人"化了。

其次，对"法"的理解。法是佛教的教义，他说："道之言导也，导人至于无为。牵之无前，引之无后，举之无上，抑之无下，视之无形，听之无声，四表为大，蜿蜒其外，毫厘为细，间关其内，故谓之道。"

这完全是把佛的教法给道化了。老子《道德经》说："视之不见名曰夷，听之不闻名曰希，抟之不得名曰微，此三者不可致诘，故混而为一。其上不皦，其下不昧，绳绳兮不可名，复归于无物，是谓无状之状，无物之象，是谓惚恍。迎之不见其首，随之不见其后。执古之道，以御今之有，能知古始，是谓道纪。"两者相较，意思非常相似。

牟子还认为"人道法五常"，"五常"即仁、义、礼、智、信，是儒家基本学说。在牟子看来，佛教与儒教的作用是相同的，都可以用来"事亲"、"治民"、"治身"。这与佛教本来教义相去甚远。

　　佛教基本上是出世之道，主张通过修行摆脱烦恼进入涅槃境界。但在这里，牟子又把佛的教义既加以道化又加以儒化。他说："天道法四时，人道法五常，《老子》曰：'有物混成，先天地生……可以为天下母，吾不知其名，强字之曰道'，道之为物，居家可以事亲，宰国可以治民，独立可以治身，履而行之，充乎天地：废而不用，消而不离。"又说："清躬无为，道之妙也。"

　　最后，牟子为僧人进行辩护，此辩护颇多。在儒家看来，僧人是不孝、不忠、不仁、不义的人。牟子以"见其大不拘于小"来解释："夫讪圣贤不仁，平不中不智也，不仁不智，何以树德？德将不树，顽嚣之俦也，论何容易乎？昔齐人乘船渡江，其父堕水，其子攘臂，梓头颠倒，使水从口出，而父命得苏。夫头颠倒，不孝莫大，而以全父命之身；若拱手修孝子之常，父命绝于水矣。孔子曰：'可与适道，未可与权？所谓时宜施者也。'且《孝经》曰：'先王有至德要道！而泰伯祝发、文身'，自从吴越之俗，违于'身体发肤'之义。然孔子称之'其可谓至德矣'，仲尼不以其祝发毁之也，由是观之，苟有大德，不拘于小。沙门捐家财，弃妻子，不听音，不视色，可谓让之至也，何谓违圣语，不合孝乎？豫让吞炭漆身，聂政披面自刑，伯姬蹈火，高行截容，君子以为勇而有义，不闻讥其毁没也。沙门剃除须发，而比之于四人，不已远乎？"

　　他还认为修行能够成佛，不但是修仁和修孝，而且还是达到最大的仁与孝。另外，对佛教的因果报应说、轮回转生说，牟子用灵魂之说来解释，倡导行善绝恶。儒教主张"节俭"，牟子说"布施"并不违背儒家之原则。他还认为，佛教的戒律与中国"古之典礼无异"。信佛奉教，并不意味着背离儒家。虽然牟子认为佛教等同于儒、道，但它们之间仍有高下之分："道有九十六种，至于尊大，莫尚佛道也。"他把佛经比喻于五谷，儒家五经只是由五谷产生的五味，低于佛经，并说自读佛经后，"如开云见白日"，从此便立志研习佛理。在宣扬佛教教义时，牟子不厌其烦地征引《老子》等道家理论以证明其说，但一涉及神仙、长生、辟谷之术这些道教观点时，他又非常强调佛道两教的不同。看来，对于道家的哲学思想，牟子在很多方面是非常欣赏的，而对道教所宣扬的神学方面的东西，他则进行了批评。他说："且尧舜周孔，各不能百载，而末世愚惑，欲服食辟谷，求无穷之寿，哀哉！"《牟子理惑论》反映了当时人们对佛教的理解，他们是用儒、道的观点来看待佛陀及其教义的。这些解释在现代来看都是很勉强的，不能准确地表达佛教的原义，但在当时无疑起了重要作用，有助于佛教在交趾传播。对此文及其作者，近百年来各国学者如中国、法国、日本、越南等都进行过研究，有些学者还对此文的写作年代有所怀疑，认为"其文不类汉人，疑为六朝所撰"。但多数人认为，此文写成在中国三国初期（238 年前后），一些"不类汉人"的文句也许是后人加上的。此文反映出了当时交趾学术、特别是佛教的情况。"今沙门耽好酒浆，或畜妻子，取贱卖贵，专行诈给"都是指当时越僧犯戒的情况。《理惑论》第十一则，讲到佛教传道缘起时，引用《四十二章经序》关于汉明帝求法之说，并作了印证，增加了建寺中的壁画情节，说明《四十二章经》在交趾流传相当普遍。此书不但反映出当时越南三教的情况，而且还对三教此后的发展提出建议，即"三教一致"精神。越南"三教一致"的思想，也许就是从牟子开始的。在越南，虽然有时儒教对佛教进行打击，但时间不长、程度不深、影响不广，一般都是儒佛同行。至于佛与道，在越南历史上，从来没有发生过任何冲突与矛盾。道教一般都依附于佛教。儒教攻击佛教的同时，也攻击道教。佛教徒虽不一定是道教徒，但道教徒一般都是佛教徒，几乎分不开。到目前为止，越南北方的寺院一般都有一部分空间用来事奉道教，这一点跟中国佛教与道教的关系是不同的。

（四）从交州到建业——康僧会

众所周知，公元二三世纪之际，牟子、康僧会在交趾学佛的事件，不但说明僧人的活动是十分活跃的，而且还反映出佛教居士的活动与信仰情况。但牟子和康僧会跟谁学佛，谁是僧会的"三师七证"，关于这段佛史的资料记载不多。黎孟挞的《康僧会全集》（卷一）认为"牟子是康僧会的老师"，此认定不正确。我们认为，一牟子不是出家僧人，二僧会和牟子的佛学水平相差太大。牟子的佛学属于儒家研究佛学的初步水平，在解释佛学时，他都用儒教和道教的术语、概念、思想来理解，使佛教的原义染上了儒教和道教的色彩。僧会的佛学虽然也受儒和道的影响，但还是很正统的佛学意义，特别是大乘般若和禅学思想，更加正统。而且，两人都是当时著名学者，如果僧会跟牟子学佛的话，他们的作品中一定都会有记载，或有时人记载。因此牟子不能做僧会的老师，更不能做僧会的"三师七证"中之一师。

越南佛教在第二次北属时期，除了上述印僧和中僧之外，还有越僧。道清禅师，据《佛学书目》载，公元255—256年间，道清在交州帮支彊梁接译出《法华三昧》。释慧胜禅师，据《唐高僧传·释慧胜传》，他是交趾人，专诵《法华经》，应彭城刘绩敬慕请到幽栖寺①弘禅，得到"禅学者敬美"。永明五年（487）移住钟山延贤精舍弘禅，在此山去世，寿70岁。道禅禅师，据《唐高僧传·释道禅传》，他是交趾人，南朝齐永明初年（483—489）到中国钟山云居寺弘禅，大通元年（527）示寂。公元5世纪还有道高和法明二位禅师，《全宋文》（卷六十三）载："道高，交州法师。"《弘明集》僧祐载："高、明交州二位法师。"可知，他们之中，很多人都到中国弘禅，其事迹中国史书都有记载，其中最著名的是康僧会。

1. 康僧会其人

康僧会，西域康居人，其先居天竺，其父因商贾之事而移居交趾，十多岁时双亲并亡，至孝服毕出家。修行甚峻，为人大度弘雅，笃志好学，明解三藏，博览六经，天文图纬，无不涉猎，研讨辩论，颇属文翰。此时东吴初传佛法，风化未全，僧会欲兴佛教，建立寺院，乃东游吴地，东吴赤乌十年（247）到建业（今南京），营立茅舍，设像行道。此时吴人初见沙门，不识其道，疑为异端。据传：僧会洁斋静室，铜瓶加几，烧香礼请佛骨舍利，至三七日，果显神迹。孙权嗟服，下令为其建塔，江南从此才有佛寺，叫建初寺，其寺周围，叫佛陀里，于是江南佛法大兴。到孙皓即位时，法令苛虐，废弃淫祠，并及佛寺，皆欲毁坏。孙皓派张笠及大集贤士与僧会话难，都无以折其言，后乃就会受五戒。僧会在吴，极说佛法，译出众经《阿难念弥陀经》《镜面王经》《察微王经》《梵皇王经》《道品》（《小品》）。编译《六度集经》，注有《安般守意经》《法镜经》《道树经》等，并制此三经序，辞趣雅便，义旨微密，流行于世，后人孙绰赞扬曰："会公箫瑟，实惟令质，心无近累，情有余逸，属此幽夜，振彼尤黜，超然远诣，卓矣高出。"

2. 康僧会在交趾

康僧会的父亲何时到交趾的呢？如果僧会于公元200年出生，他父亲起码在公元200年之前就到交趾了。《出三藏记集·康僧会传》《梁高僧

---

① 幽栖寺：位于今中国江苏省上元县牛头山。

传·唐僧会传》都载:"其父因商贾移于交趾。"即到交趾后才结婚生僧会。此两书都未说到他的母亲是哪国人,只说"其父"而不说"其母"。其母很可能是交趾人。众所周知,当时坐船到交趾是很危险的事,没成家的女孩不会这么冒险到交趾。所以他的母亲只能是交趾人,或生长在交趾的人。

《出三藏记集·安般注序三》卷六,释道安(314—385)有一段重要的话:"魏初康僧会为之(《安般守意经》)注义,义或隐而未显者,安窃不自量,敢因前人,为解其下。"这里"魏初"应该是在公元220—230年间,即僧会还在交趾时,所以《安般守意经注解》和序文都是在交趾写的。汤用彤在《汉魏两晋南北朝佛教史》中也同意此观点。《出三藏记集·安般注序》卷六,僧会写:"余生末踪,始能负薪,考妣徂落,三师凋丧,仰瞻日月,悲无质受,眷言顾之,潸然出涕,宿祚未没,会见南阳韩林、颍川皮业、会稽陈慧……余从之请问,规同矩合,义无乖异,陈慧注义,余助斟酌,非师所传,不敢自由",说明韩林、皮业、陈慧三贤当时都在交趾了,所以僧会才"从之请问"。也许此三贤都是到交趾避难的人,所以僧会才能跟他们共译此经。《康僧会全集》卷一,黎孟挞还认为:《六度集经》《小品》《法镜经注解》并序文等都是在交趾翻译、编译和撰写的。此意见都有道理。众所周知,公元247年他才到建业,一到建业后他就忙于说服孙权、孙皓父子,又忙于把江南佛法大兴,所以他的时间大部分都放到这些事上。47岁之前,他在交趾除了学佛、习禅、译经、写序等事之外,几乎没有别的繁杂的事。但只能说是他在交趾就着手进行了,至于完成也许是到建业后。

通过上边所说,我们又知道僧会在交趾的佛学老师是韩林、皮业、陈慧,但他们只善于小乘佛学,至于康僧会的大乘佛学老师和"三师七证"是谁我们还不清楚。

3. 康僧会在建业

康僧会到建业之前,支谦已在吴地译经了,即江南早有佛法了。但由于支谦是居士,又偏于译经,所以没有多大影响:"佛法未行","吴地初染大法,风化未全"①。僧会以沙门的身份出现,又偏于编译与著述(撰述),注重民间佛教,主张养生成神,跟道教相近,所以"江南大

———————

① 《梁高僧传·康僧会传》。

法遂兴"。

到建业后，他说服孙权信佛立寺，又说服孙皓停止"废弃淫祠，乃及佛寺，并欲毁坏"等事，使孙皓"就会受五戒"。这些事不管是真是假，都说明僧会对民间佛教是很重视的。同时也说明当时吴地和交趾民间佛教信仰的情况，以及儒、佛、道之间的关系。

编译、著述、弘禅是僧会在建业弘法事业最重要的事情。据《梁高僧传》、《出三藏记集》载僧会在吴地译出《道品》，又叫《小品般若》《道品般若》。由于此经在吴地译毕因此又称《吴品》（今僧会译本已失）。据《梁高僧传》僧会还译《杂譬喻》即《旧杂譬喻经》二卷（上、下）。《大藏经》也载"《杂譬喻经》二卷，吴康僧会译"。一般学者都怀疑此经是否僧会译，但"根据经中的一些词，如：'神树'即树木的神灵，是越语的语法结构。根据正规的汉字结构应该是'树神'，因此，我们认为此经是由僧会从交趾开始到建业译毕的"。[①]

《六度集经》现题康僧会译，共有 91 经，其中有 82 经是佛本生经。此经按照大乘佛教"六度"而分为六章，前五章都有序言，第六章的序言也许已佚，据其内容，知道此经"决为会所制，非译自胡本"[②]。此经的主要内容是"倡导大乘的菩萨行，因此，他对社会的态度往往采取大乘的立场。小乘的影响可能使他虔诚、严峻、孤独；大乘的立场又往往使他悲天悯人，热心于救拔苦难；加上儒家的教养，又可能使他避免佛教的那种消极褊狭情绪，从而构成了他颇为混杂而又独具风格的思想"[③]。《理惑论》中，牟子提到"须大拿不孝不仁"的故事。此故事在《六度集经》中卷第二，僧会译成《须大拿经》。说明此经僧会在交趾时已译出，并比较流行，牟子已经看到了。可知，僧会的译本或著述大部分都在交趾或已完成，或已着手工作了。因此《出三藏记集·僧会传》说："会于建初寺译出经法……《道品》及《六度集经》"这句话不太正确。僧会的思想涉及很多方面，最明显的是仁道主义、三教一致、养生成神等思想，但僧会的禅思想还是占首位。

---

① 《康僧会全集》集一，万行大学出版社 1975 年版，第 109 页。

② 汤用彤：《汉魏两晋南北朝佛教史》，北京大学出版社 1997 年版，第 96 页。

③ 任继愈主编：《中国佛教史》第二卷，中国社会科学出版社 1997 年版，第 177 页。

4. 康僧会的禅学

众所周知，公元 2 世纪末，《四十二章经》在交趾已经普遍流行了，经中的"行道"、"观天地"、"念无常"等概念都属小乘禅无常观的禅观法。当时《安般守意经》由韩林、皮业、陈慧从中国带来，也许在交趾也普遍流行。他们都是安世高的禅生。当然他们在交趾也传授小乘禅，但影响最大的是康僧会的大乘禅。上边说过，僧会在交趾已经学大乘般若，并开始译出《小品》，撰《六度集经》，写《安般守意经序》等大乘经典。《安般守意经序》载："夫安般者，诸佛之大乘，以济众生的漂流也"，只这句话已足够证明僧会主张大乘化禅，但僧会跟谁学大乘思想呢？肯定不是跟陈慧等"三贤"，也不是跟支谦，因为他在交趾时译出《六度集经》《小品》等，即僧会的大乘思想在交趾已经形成了。这些大乘经典和大乘僧人也许是从海道传过来的。如果说是从中国传过来的，那就用不着说"他译出"了，因为当时有很多印度僧人正在中国译大乘经典。

僧会的禅偏重于心学，他认为"心"为"众法之原"。所以，纷纷万物都不过是"同出"而"异名"。从现象上看，宇宙之间，万物森然；而寻究其本原，就只是"一心"。"心"为万物之本，世界万物都不过是由"心"的差别认识而产生的。心是本体、真如，是第一性的；万物是现象，是第二性的。心与物的关系是本体与现象的关系。《法镜经序》中，僧会说："夫心者，众法之原，臧否之根，同出异名，祸福分流。"

这里"臧否之根"是讲到祸福论问题。世间的是非、善恶、祸福、吉凶等都是从心而有，由心而生，所以"祸福"也是依心而"分流"。心生"众法"，心造"祸福"。即心一产生差别认识就出现"祸福"、"万法"。这正是所谓"心生则种种法生"。《安般守意经序》解释说："其事有六，以治六情，情有内外：眼、耳、鼻、口、身、心，谓之内矣，色、声、香、味、细滑（触）、邪念（法）谓之外也。经曰：诸海十二事，谓内、外六情之受邪行，犹海受流，饿夫梦饭，盖无满足也。……弹指之间，心九百六十转，一日一夕十三亿意，意有一身，心不自知……是以行寂系意著息，数一至十，十数不误，意在定之；小定三日，大定七日，寂无他念，泊然若死。……禅谓弃也，弃十三亿秽念之意。"

僧会讲的是"数息观"。"禅"即禅那，一般译为"静息"、"思维修"，也有"弃恶"的意思。"数息观"是汉译义，梵语云 Anapana，汉译音：阿那波那，旧称"安般"、"安那般那"、"阿那般那"。"数息观"是由数出息入息镇心的观法而得名的。《大乘义章》十二云："安那般那观，自气息系心数之，勿令忘失，名数息观"；《智度论·慧影疏》六曰："阿那般那者，阿那名出息，般那名入息"；《俱舍论》十六曰："若风向身入，名阿那，若风背身出，名波那"；《安般守意经》曰："安名出息，般名入息"，都是同一个意思。"数息观"是五停心观之一，即计呼吸数以停止散乱心的方法。此观法要通过六步，即六妙门。

数息门：善调身息，数息自一至十，以摄乱心，这就是入定的要门。因此，以数息为妙门。

随门：细心依息，知入知出，谓为随门。若强存数，则有起念之失。因此应该放数息而修随息。入时知入，出时知出。长短冷暖，都悉知道，因此，诸禅自发，以随为妙门也。

止门：息心静意叫作止，行者虽依随息而心安明净。但，如果心依于随，则有起想之乱，故宜舍随而修止。凝心寂虑，心无波动，则诸禅定将自开发，是以止为妙门。

观门：行者虽因止而证诸禅定，但解慧未发，所以要观心分明，了知五阴之虚妄，破四颠倒及我等十六知见。颠倒既无，则无漏之方便因此开发，故以观为妙门。

还门：转心返照名为还。行者虽修观照，然若计我能观照，而破颠倒，则为计我之惑，反与外道同，所以要转心而反照能观之心。如果认识到能观之心，本是虚妄不实，即附观执我之倒自亡，即能所双亡，破除认识主体和认识对象之间的差别。这样无漏的方便智，自然明朗，故以还为妙门。

净门：心无所依，妄波不起，名为净。行者修还时，虽能破能发之倒心，但未发真明之无漏智，由住放无能所，即是一个受念，故使心智秽浊，若觉知之己，不住不著，泯然清净，则真明因此开发，即断三界之结，证三乘之道，是以净为妙门。

《安般守意经序》中康僧会对"心"、对"观数息"进一步阐述：

> 心之溢荡，无微不浃，恍惚仿佛，出入无间，视之无形，听之无声，逆之无前，寻之无后，深微细妙，形无丝发，梵释仙圣，所不能照明，默种于此，化生乎彼，非凡所睹，谓之阴也。

　　垢浊消灭，心稍清净……注意鼻头，谓之止也。……若自闲处，心思寂寞，志无邪欲，……行寂止意，悬之鼻头……还观其身，自头至足，反复微察，内体污露，森楚毛竖，犹睹脓涕……其心无想，谓之净也。

此观法，其实是在"数息观"的基础上，进一步修"不净观"，下面僧会描绘禅者得禅的境界：

　　得安般行者，厥心即明，举眼所观，无幽不睹，往无数劫，方来之事，人物所更，现在诸刹，……无远不见，无声不闻，恍惚仿佛，存亡自由。

僧会的禅思想最集中、最重要是在《六度集经》卷第七《禅度无极章第五》中，即僧会对"四禅"的阐述：

　　禅度无极者云何？端其心，一其意，合会众善，内著心中，意诸秽恶，以善消之。

即初修禅时，还要纳众善于心中，并要以此众善来消除意中的诸秽恶，而到了禅的更高境界，则"善恶皆弃，心不念善，亦不存恶；心中明净，犹琉璃珠"。进而还要"在意所由，轻举腾飞，履水而行，分身散体，变化万端，出入无间，存亡自由，摸日月，动天地，洞视彻听，靡不闻见……"

僧会的"四禅"是：

　　一禅之行，去所贪爱五妖邪事。眼睹华色，心为淫狂。去耳声、鼻香、口味、身好，道行之志，必当远彼。又有五盖：贪色盖、恚怒盖、睡眠盖、淫乐盖、悔疑盖。有道无道，有佛无佛，有经无经，心意识念，清净无垢。心明睹真，得无不知，天龙鬼妖，所不能惑。犹人有十怨，脱身离之，独处山间，众所不知，无所复思，人远情欲，内净心寂。

　　第二之禅，如人避怨，虽处深山，惧怨寻之，逾自深藏，行家虽远十情欲怨，犹恐欲贼来坏道志，得第二禅，情欲消远，不能污己。第一之禅，善恶净己，以善消恶，恶退善进；第二之禅，喜心寂止，不复以喜住消彼恶也。喜善二意，悉自消灭，十恶烟绝，外无缘来入心者。譬如高山，其顶有泉，无流入者，亦非龙雨，水自内出，水净泉满。善内心出，恶不复由耳、目、鼻、口入：御心如是，便向三禅。

第三之禅，守意牢固，善恶不入，心安如须弥，诸善不出，外事善恶寂灭不入，心犹莲华根茎在水，华合未发，为水所覆，三禅之行，其净犹华，去离众恶，身意俱安，御心如是，便向四禅。

（第四之禅）善恶皆弃，心不念善，亦不存恶，心中明净，犹琉璃珠，又如士女净自沐浴，名香涂身，内外衣新，鲜明上服，表里香净，菩萨心端，获彼四禅。群邪众垢无能蔽其心，犹若净缯，在作何色，……又犹锻师熟炼名金，百奇千巧，从心所欲。菩萨心净，得彼四禅，在意所由……犹若万物皆因地生，自五通智至于世尊，皆四禅成，犹众生所作，非地不立。

总之，僧会的禅学是从安世高所传的小乘禅提高到大乘禅的地位，即他注重妙心、真如心。把妙心、真如心当作觉悟的本体来看待："心"是"众法之原"。越南禅学自从僧会起就进入大乘禅法。僧会曾翻译和编译大乘经典对当时越中禅学肯定影响很大。因为他曾使"江南大法遂兴"。

一般认为，越南禅学都是从中国传过来的，都是受到中国禅学的深刻影响。如果说越南禅学在公元 7 世纪之后受中国禅的影响是完全正确的，但公元 7 世纪之前，越南禅学主要受印度禅学的影响。僧会把印度禅和越南文化结合起来，又把此禅学传到中国，使整个江南地区的禅法兴盛。这说明中越两国禅学的交流是从僧会开始的。公元 5 世纪，交趾又有一位著名禅师到中国传禅：释慧胜，"交趾人……往幽栖寺（中国），韬明秘彩，常示如愚，久处者重之，禅者敬美"。①

僧会的禅学当时在交趾影响深远，现在虽还没有找到他们一代一代的传承体系，但据《禅苑集英》记载：公元 580 年毗尼多流支到交趾传禅时，在交趾已有 300 多名禅生正在法云寺跟观缘和法贤禅师习禅。他们也

————————

① 《续高僧传·释慧胜传》卷十六。

许是习僧会的禅，并且直到 11—12 世纪还继续传承，如雷荷泽、空露、觉海等禅师，可以说，僧会和释慧胜是越南禅宗初期、同时也是中越初期禅宗交流的代表人物。

第三节　越南佛教在第三次北属时期

一　交州的社会背景

公元 479 年，中国南朝宋亡齐继，历 22 年，齐又被梁所代。交州的社会、政治很不安定。朝廷派来统治交州的官吏，见国内混乱也谋图独立，导致官吏之间相互残杀。梁以萧诸为交州刺史，萧诸是个苛暴的人，百姓都恨他。因此，544 年李贲起事，建立前李朝，立国号万春，自称李南帝。548 年李南帝崩，赵光复乃称赵越王。李天宝（李南帝之兄）跟族人李佛子带兵逃入九真。571 年李佛子打败赵越王，称后李南帝。

589 年，隋文帝（581—605 年在位）平定南北，统一了中国。602年，派将军刘方统精兵 27 营来攻打南越，李佛子为了保护人民的安全，乃请降。从此之后，交州之地又沦为第三次北属时期。自主时期（544—602）交州佛教也很兴盛。现存的资料不多，但通过几件事我们可以知道当时的佛教情况。

上边提过，公元 580 年毗尼多流支到交州传禅时，交州已有观缘和法贤及 300 多名禅生正在法云寺跟他们习禅，其他寺院也许禅师们也正在习禅及教禅。法贤得法于毗尼多流支，从此建成毗尼多流支禅派，此派当时影响最大。

李佛子这个名字也许不是他的真名，他是为了得到广大人民的支持，以此来号召民众，说明当时交州的佛教力量在社会上的影响与地位。

由于前李氏时间比较短，还不算是真正的自主，佛教在此阶段跟第三次北属相差不大。所以，在介绍佛教情况时，我们把这两个阶段放在一起探讨。

第三次北属的时间长达 336 年，在 300 多年间，中国在社会、政治上发生不少动荡，交州也随之而动荡。由于交州地远，人民又想独立，唐王朝又对交州采取苛酷政策，交州人从此多次起义反抗。著名的有公元 722年，梅黑帝跟林邑国和真腊国结好，以为外援，自称皇帝；公元 791 年，冯兴起义，破都护府城，人民爱敬，尊称为布盖大王。

公元 679 年，唐高宗分交州之地为 12 州，59 县，并设置安南都护府，从此称为安南。

公元 865 年，高骈引兵到安南平南诏之乱，并担任安南节度使，他得到人民的信任，被尊称为高王。《越南通史》载："高骈施展法术，呼唤天雷，劈开各江中急流潜石，以利舟楫航行。民间又传：高骈见我交州率多帝王之地，因常放纸鸢魔压，以破坏美丽的山水，害失龙脉。"此大雷也许是高骈使用了炸药？

唐代末期，中国发生变乱。907 年唐朝结束，中国进入五代时期（907—960）。923 年，南汉朝派兵攻打安南。938 年，吴权在白藤江起兵攻打南汉兵，获大胜，成为一位流芳千古的忠义之人，从此南境建立自主政权，开辟了自主时期。

二　佛教情况

此阶段，中越僧人交往比较频繁。不但中僧到越、越僧到中，而且他们还一起到西竺求法，或在印度相识结伴。据《大唐求法高僧传》：公元七八世纪，唐僧明远到越南，跟越僧一起往西域求法。明远，益州清城人，振锡南游，到达交趾，然后由交趾乘舶往诃陵国（今印度尼西亚爪哇）。又到狮子国（今斯里兰卡），更往大觉寺（印度摩诃菩提寺）。僧伽跋摩，康国人，唐显庆年间（655—660）奉令往交趾采药。他在交趾正值灾荒，每天营办饮食，救济孤苦，悲心涕泣，时人号为常啼菩萨。昙润，洛阳人，在交州居住一年多，声望颇隆。随后他泛舶南行欲往印度，行到诃陵北渤盆国（今婆罗洲）遇疾而终。慧命，荆州江陵人，至占婆（越南中部）后，遭逢大风，不能西行，折而归唐。智弘，洛印人，与荆州无行同往印度，至合浦登舶，漂到匕景（越南中部），又回到交州，居住一夏，冬末复随舶南行，到室利佛逝国（今印度尼西亚苏门答腊），更到狮子国，往中印度。

同时和唐僧同往西域求法的越僧有运期、窥冲、大乘灯、解脱天、慧焰等。运期，交州人，与昙润同行，后为中国益州会宁的弟子。随师至诃陵国，从诃陵国高僧智贤受戒。窥冲，交州人，是明远的弟子，与师同舶航行南海，到狮子国，赴中印度。大乘灯，爱州人（越南北部），幼随父母往杜和罗钵底国（今泰国境内）出家，后随唐使郊绪到达长安，在慈恩寺玄奘法师处受具足戒，居长安几年，阅览经书，后来曾随义净往中印度。大乘灯通梵语，曾用梵语注解《缘生论》和其他经典。解脱天，交州人，跟义净经海道往印度，拜偈菩提道场，25 岁示寂。慧焰，交州人，是中国无行的弟子，跟无行一同到锡兰。这些都是中越两国佛教徒之间的交流史实。①

据《全唐诗》载：公元八九世纪交州还有无碍、惟鉴、奉定等禅师，都很精通佛法，其中惟鉴和奉定得到唐王朝请入宫中为他们演讲佛经。惟鉴在"春殿里"讲经毕，将要起程回安南时，贾岛②（779—843）写了一首《送安南惟鉴法师》诗：

> 讲经春殿里，花绕御床飞。
> 南海几回渡，旧山临老归。
> 潮摇蛮草落，月湿岛松微。
> 空水既如彼，往来消息稀。③

"南海几回渡"，也许他多次为唐朝讲经说法。奉定将要回安南时，杨巨源④（755—?）写《供奉定法师归安南》诗送他：

> 故乡南越外，万里白云峰。
> 经论辞天去，香花入海逢。
> 鹭涛清梵彻，蜃阁化城重。
> 心到长安陌，交州后夜钟。⑤

沈佺期（约 656—715），字云卿，相州内黄（今河南）人，675 年进士及第，中宗即位（705—707）被流放到驩州（越南中部）。在骆州时，先后写了 12 首吟咏安南风土人情的诗，其中《九真山净居寺偈无碍上人》云：

---

① 中国佛教协会编：《中国佛教》第一集，东方出版中心 1996 年版，第 210—211 页。
② 贾岛，字浪山，唐朝涿州范阳人，早年出家为僧，号无本，后还俗，举进士。
③ 《全唐诗》第 572 卷，第 6638—6639 页。
④ 杨巨源，字景山，后改为巨济，唐贞元五年（789）举进士。
⑤ 《全唐诗》第 333 卷，第 3722 页。

大士生天竺，分身化日南。
人中出烦恼，山下即伽蓝。
小涧香为刹，危峰石作龛。
候禅青鸽乳，窥讲白猿参。
藤爱云间壁，花怜石下潭。
泉行幽供好，林桂浴衣堪。
弟子哀无识，医王惜未谈。
机疑闻不二，蒙昧即朝三。
欲究因缘理，聊宽放弃惭。
超然虎溪夕，双树下虚岚。①

他自称"弟子"，尊称无碍为天竺菩萨的化身。张籍（约767—830），字文温。799年进士及第，曾写《山中赠日南僧》，但不知日南僧具体的名字：

独向双峰老，松门闭两崖。
翻经上蕉叶，挂衲落藤花。
瓷石新开井，穿林自种茶。
时逢海南客，蛮语问谁家？②

贯休（832—912），唐代诗人，俗姓姜，字德隐，婺州兰溪（今浙江）人，7岁出家，号禅月大师，作品有《禅月集》12卷、《补遗》1卷，曾写《送僧之安南》，此僧也没有写具体的名字，也许是他的朋友：

安南千万里，师去趣何长？
鬂有炎州雪，心为异国香。
退牙山象恶，过海布帆荒。
早作归吴计，无忘父母乡。③

---

① 《全唐诗》第97卷，第1047—1048页。
② 《全唐诗》第384卷，第4308页。
③ 《全唐诗》第823卷，第9393页。

赖有《全唐诗》《大唐求法高僧传》等书，才能知道这些中越僧人在当时的交流与活动。此交流与活动也许还有很多。黎贵惇在《见闻小录》① 中说："北属时期越僧肯定很多，也许都有记载，但或漏洞，或失散。"第三次北属时期，佛教中最突出的是禅宗的传播与发展。

三　中越禅宗交流

到 939 年为止，佛教传入越南的时间已长达 900 多年。公元 2—3 世纪，出现了两位著名佛子：牟子和康僧会。到公元 5 世纪又有释慧胜（交趾人）得到中国佛教界的称赞。其中，康僧会和释慧胜都是禅师，他们都对中越两国禅宗的发展做出了巨大贡献，特别是康僧会，曾使江南大法兴盛。公元 6 世纪末出现著名禅派毗尼多流支禅派。9 世纪初又出现无言通禅派。11 世纪李圣宗创立草堂禅派。13 世纪陈仁宗创建竹林禅派。17、18 世纪又出现临济莲宗派（竹林禅派的后身）和曹洞派。自第二次北属，越南从接受印度佛教的倾向转到接受中国禅宗的倾向。因此，可以说，越南禅宗的发展离不开中国禅宗的发展。

毗尼多流支是南天竺国（南印度）人。其在印度出家，574 年到中国跟三祖僧璨习禅得旨，僧璨劝"汝速南行交接，不宜久住于此"，他先到广州译出《象头精舍》和《总持》二经，公元 580 年到交州法云寺② 传禅。他的得法弟子有法贤（？—626），法贤的弟子清辩专以《金刚经》为眼目。从此以下各代更接近中国南宗所传的顿悟禅法，此派传到 19 代，到 1213 年结束，时间长达 640 年左右。此派在越南影响很大，成为越南禅宗中期三大禅派之一。到 9 世纪此派又跟密教和越南民间信仰结合，成为当时社会上的巨大力量。该派僧人参与政治斗争，曾把残酷的前黎末期统治推翻，建新的朝代李朝（1009—1225）。此次改朝换代，僧人发挥了重大的作用。著名禅僧有法贤、清辩（？—686）、法顺（？—990）、万行（？—1018）、惠生（？—1063）、圆通（1080—1151）和依山（？—1213）等，其中法顺帮助黎大行，接见宋朝使者李觉。万行曾直接培训李公蕴（974—1028）成为一位"才德双全"的好皇帝，亦直接帮助他安安稳稳地登上皇位，他对越南人民和佛教做出了巨大贡献。后人称此派为

---

① ［越］黎贵惇：《见闻小录》，载《黎贵惇选集》（第四集），河内教育出版社 2008 年版。
② 今越南北宁省顺城县。

毗尼多流支派。

无言通（？—826），俗姓郑，广州人，性沉厚，寡言默识，了达事理，时人称其无言通，《景德传灯录》中又称其为不语通。无言通跟百丈怀海（720—814）习禅得旨。820 年到交州住建初寺弘顿悟禅，得法弟子有感诚（？—860），从此开创无言通禅派。此派在越南递相传持，绵延不断。中国禅宗的现成公案和体验方法，在此禅派中也盛行传承，传得16 世，得法 74 人，得载 39 人，其中有李太宗皇帝和五个中国人。此派是两大禅派中影响最大的一派，它是陈朝竹林禅派的前身，最著名的僧人有感诚（？—560）、匡越 （933—1011）、圆照（999—1090）、通辨（？—1134）、满觉（1052—1096）、常照（？—1203）、现光（？—1221）等。其中匡越被丁、前黎、李三朝封为国师，他曾跟法顺帮助黎大行接见宋朝使者李觉，又曾跟万行帮助李公蕴即位。通辨对《禅苑集英》的收集资料做出巨大贡献。常照对越南禅宗，特别是陈朝禅宗起了重要作用，他教出三位著名弟子：现光、通禅、神仪，他们都对竹林禅派的创立起过重要作用。

总之，第三次北属是禅宗形成与发展的时期。由于此时越南在社会、文化、政治等方面基本上一直接受中国文化、政治的影响，禅宗也不例外。而且，隋唐时期是中国佛教最兴盛的时代，佛教宗派都是在此时期形成与发展的，如天台宗、三论宗、华严宗、慈恩宗、密宗、禅宗等。其中禅宗是最兴盛、发展时间最长的佛教宗派。禅宗特别是南宗禅主要是在中国南方地区活动的，因此，它直接影响到越南禅宗，是越南禅宗发展的最主要原因之一。可以说，此时是越南佛教转换方向与传承内容的时期。

小 结

越南自公元前后开始直接接受从印度传来的佛教，到公元二三世纪形成赢楼佛教中心，是汉传佛教中最兴盛的佛教中心之一。此中心曾培训出两位著名佛子：牟子居士和康僧会禅师。他们的作品都是研究中越早期佛教必读之书。他们的思想对越中佛教影响深远，两人都重视儒、佛、道三教一致思想。其思想在越南思想史和越南禅宗发展史上影响广泛而深远。但他们的作品又偏重于编译、撰述，这是当时越中两国佛教的差别点，特别是康僧会对中越初期禅宗交流与发展起过重要作用，影响很大。可以说，牟子和康僧会都是越中初期佛教交流的一个重要纽带。

　　从 6 世纪末至 10 世纪初，即第三次北属时期，是越南禅宗形成和发展的时期。此时从中国来的两位著名禅师后建成两派：毗尼多流支派和无言通派，是越南禅宗中期三大禅派中的两派。当时，此两派对越南佛教影响最大，对社会也起到重要作用。到陈朝，在王朝的支持之下，越南禅宗又与从中国传来的临济禅和越南文化结合起来创建竹林禅派。可以说，毗尼多流支和无言通都是越中中期禅宗交流的一个重要纽带。竹林禅派是中越两国禅宗在漫长的时间内酝酿、交流发展而产生的必然结果。下面我们继续深入研究三大禅派的传承、思想及其影响。

第二章　越南三大禅派

第一节　社会背景与佛教情况

一　社会背景

唐朝灭亡（907）后，中国社会陷于分裂状态。唐朝灭亡前一年，朝廷派到越南统治的节度使和官吏们都逃跑回中国，军队也撤了回去。这种形势对越南民族的政权巩固来说是十分有利的。此时，他们推举一名封建主——曲承裕（越南人）来做节度使。曲承裕做了一年节度使便去世了（907），他的儿子曲颢继承父业，仍然自称节度使。几年后，五代后梁又派人来统治越南，一直到939年，吴权发动农民起义胜利而称帝后，越南的独立才开始奠定起来。944年吴权去世，越南内地当时有十二个大封建主割据称雄，互相争夺皇位，史称"十二使君之乱"。968年，丁部领统一全国，并且建立了大瞿越国，称王号为丁先皇皇帝。978年，丁先皇、丁链父子二人都被一名随从官员杜释杀死，朝廷发生内乱。中国宋朝利用这个机会派将侯仁宝率三万精兵分四路进攻大瞿越。981年，黎桓打败宋军，称为黎大行皇帝。但黎朝统治的政策不得民心，人民的反抗情绪甚为高涨。当时佛教僧侣的社会地位和影响都很高，朝中的军事集团掌握了最高权力，但基层的各个村庄却操纵在僧侣手中。1009年，黎中宗去世，出身于僧侣家庭的李公蕴①（974—1028），受以万行禅师为首的朝廷官员拥戴为王，②创建李朝（1009—1225）。

在李朝的统治下，越南进入了一个新的阶段，即民族封建制度巩固阶段。李朝采取了有计划、有步骤地建设国家的政策，在经济、政治、军

---

①　李公蕴三岁时在建初寺由李庆文禅师抚养。万行禅师是李公蕴的老师。

②　参见［越］明峥《越南史略》，生活·读书·新知三联书店1958年版，第39—40页。

事、文化、宗教（主要是佛教）等方面都焕然一新，农业、工业、商业
比过去发展了，文化和宗教特别受到重视。

二 佛教情况

吴、丁、黎三朝时期，佛、道、儒都很发展，其中佛教是最兴盛的。
当时有些僧人直接参政，丁先皇把爵位封给他们。吴真流禅师得封为僧
统，赐号"匡越太师"。到黎朝时，佛教又得到更加广泛的传播。黎大行
请占城僧人摩诃①父子译佛经。1007 年，黎卧朝派遣使者到中国请《大藏
经》。法顺禅师②（？—990）和吴真流禅师③（933—1011）以外交家的
身份来接待宋朝使者。黎大行命吴真流禅师写一首词送宋朝使者：

> 祥光风好锦帆张，
> 遥望神仙复帝乡。
> 万重山水涉沧浪，
> 九天归路长。
> 情惨切，对离筋，
> 攀恋使星郎。
> 愿将深意为边疆，
> 分明奏我皇。④

宋朝使者非常钦佩吴真流禅师的才华。此词是越南成文文学出现最早
的一首。当时最有名的是万行禅师（？—1018），佛教能够在民间广泛传
播，给寺庙带来声势，同时也构成李朝统治的基础，都有他的贡献。

北属时期，佛教已经向全国传播，但最发达的还是红河北岸地区。除
了本来有名的历史悠久的赢楼⑤佛教中心之外，还有嘉林建初⑥寺、花林

---

① 毗尼多流支禅派的第十代。
② 同上。
③ 属无言通禅派的第五代。
④ 《李陈诗文》第 1 集，越南社会科学院出版社 1977 年版，第 208 页。
⑤ 今越南北宁省顺城县。
⑥ 无言通禅师住的地方，河内嘉林县。

乡的建阳寺、绎榜乡①的众善寺和六祖寺、扶宁乡的双林寺、仙山的感应寺、升龙的开国寺（今镇国寺）。10世纪中叶无言通禅派的第四代云峰禅师（？—959）来此寺住持，他把开国寺扩大成为当时最有名的佛学院。很多僧人来此寺学佛，其中有多宝禅师②。1069年，草堂从中国到越南，也在开国寺住持并创立草堂禅派。花炉（今宁平省）曾是丁、黎两朝的京师，已经成为当时的佛教中心。据考古学家发现，995年间，建一柱寺，石柱有八面，高三米，在每一面刻满《楞严经咒》和其他的偈。其余还有黄龙江左岸的塔寺、婆吴寺等，都是在丁、黎两朝之间建的。

李公蕴做了皇帝后，多次下诏度民为僧，建很多新寺庙，多次派使者到中国请《大藏经》。李朝佛教的发展不只是因为朝廷的维护，还因为此发展从丁、黎两朝以来就有了基础。

李朝皇帝们都崇敬佛教。李太宗（1000—1054）是无言通禅派的第八代传承人，李圣宗（1023—1072）属草堂禅派的第二代传人。属于此派的得传心印者还有李英宗（1135—1175）和李高宗（1173—1210）。李惠宗（1194—1226）把王位让给李昭皇（1218—？）之后，就到真教寺出家，号为惠光禅师。这都是皇帝崇佛和修佛的具体例子。至于贵族官僚，在灵称寺碑文（1126年建）中，法宝禅师（生卒年不详）写道：太尉（指李常杰）"身构俗谛，而心遂爨乘。盖上与母后崇浮屠之教。公遵承二圣之征旨。可夫持大器焉"③。他们竞相厚待出家人。定香禅师（？—1051）得到"都将城隍使阮邹钦其名德，延就此寺（指感应寺，今北宁省）居焉。学徒云集教人演化，功为不少"。④ 究旨禅师（生卒年不详）得到"李太宗皇帝累征不就。凡三幸其寺，以慰问焉。太尉梁文任亦加敬礼。龙瑞太平年间，宰相杨道嘉以其寺（龙坠山寺，今河南省）请师住持"⑤。惠生禅师（？—1063）得到"当时王公如奉轧大王、威武、喜慈、善惠、昭庆、显明太子、上将王公在、太师梁文任、太保陶处忠、参政乔公蓬等皆往来问道，执师资礼"⑥。

① 李公蕴的家乡，今越南北宁省。
② 无言通派的第六代。
③ 《李陈诗文》第1集，第355页。
④ 《禅苑集英·定香传》。
⑤ 《禅苑集英·究旨传》。
⑥ 《禅苑集英·惠生传》。

出身贵族官僚家庭的禅师也很多：圆照禅师（999—1090）是灵感太后的孙子，广智禅师（？—1092）是昭奉皇妃的哥哥，满觉禅师（1052—？）是中一阵处郎李怀素的儿子，智宝禅师（？—1190）是太尉苏献成的舅舅，妙仁尼师（1042—1113）是李太宗的女儿。

李朝的寺塔大部分是由皇帝或贵族官僚来建的。灵称寺碑记载："自佛教以来，逮今一千余载，而敬奉益新。凡有名山胜景，莫不启拓以建觉场。然非下公大人弘护匡维则莫能成焉。"①

朝廷和贵族对佛教的维护，使佛教在社会上占重要位置，从此佛教的影响扩大到全国。1010 年，李太祖刚即位，把京城移到升龙（今河内）来，就马上下诏建大量寺庙，全国趁此机会建自己的寺庙，钱多盖大的，钱少盖小的。太尉李常杰、大臣李日光（李太祖的第八个儿子）到乂安省任职，都在那里盖了很多寺庙。应该注意的是此时有些寺庙是在少数民族地区盖的，如河宣省的崇福寺，系尚书李承恩所建。这也许是李朝想和少数民族搞好关系吧。

寺多僧也多起来。1010 年，李太祖下诏度民为僧。1016 年，在升龙万岁寺组织戒坛，给 1000 多人授出家戒。1019 年，李太祖又下诏度民为僧。出家人越来越多，有的寺庙达到一百多人甚至一千多人。据《禅苑集英》载：建初寺多宝禅师住持处，僧人共有一百多名。千福山重明寺禅老禅师住持处"学者千数，郁为丛林之盛"②。道惠禅师（？—1172）住持光明寺，智宝禅师（？—1190）住持青雀寺，寺内僧人都达到一千多名。

为了养活这大量出家人，李朝寺庙自有土地，有的由国家赐给，有的由贵族官僚供养。据《万福寺碑文》（今越南河北省佛迹寺），龙瑞太平四年（1057）李圣宗皇帝赐一百多亩地。《报恩寺碑文》1209 年立，有一人姓阮，"供一百二十六亩，供为事田养僧，三亩守寺，余赐民防修寺斋撰清谨，孤魂会例"③。据《神光寺④钟文》载：李朝一共供 1371 亩土地。其余李朝的寺庙还有由信徒们供养的土地与其他财产。据《大越史

---

① 《李陈诗文》第 1 集，第 355 页。

② 《禅苑集英·禅老传》。

③ 《李陈诗文》第 1 集，第 540 页。

④ 在今越南太平省。

记全书》和《禅苑集英》载：开国寺净空禅师（？—1170）得到"四方财施者山积，或来伺盗"等。

总之，李朝佛教的寺庙经济势力很强，说明当时佛教在社会、政治、文化上占据重要的地位。

李朝禅师们的威望很高，有的被朝廷封为国师，如通辨、圆通。有的还兼僧统如圆通国师；有的只是僧统而不是国师，如庆喜禅师；也有的只是国师而不是僧统，如明空禅师。

李朝初期，一些禅师曾参加帮助李公蕴当上皇帝，如万行禅师、多宝禅师、匡越大师等，他们都对当时的政治社会起了重要作用。《禅苑集英·多宝传》载："及帝即位（指李太祖）屡召师（指多宝）……访禅旨，恩礼厚隆。至朝廷政事，咸预决焉。"但后来朝廷统治机构越来越得到巩固和稳定，儒教也得到重视与发展，禅师们虽然在社会上的威望还很高，但不再直接参政了。"国师"这个称号的意思，在这里只是人民的精神老师而不是政治上的顾问。为什么丁、黎、李朝佛教界能直接参政呢？我们认为：其一，当时禅师们都有学问、有知识，属于当时的知识分子，他们意识到国家和民族的命运，不但有自己的主见，而且还懂得人民的痛苦和需要。其二，禅师们没有和皇帝争皇位的企图。其三，禅师们对儒教的"忠君"学说不执着，谁是好皇帝，能为人民服务，为人民带来幸福，他们就维护谁。其四，皇帝也需要他们的学历、知识和威望。因为吴、丁、黎三朝的皇帝们都从战争中掌握政权，到李朝初时，虽然李公蕴也有学问，但朝廷的官吏有学问的人还是很少的。后来，虽然禅师不再直接参政了，但他们的威望仍然影响到全国人民，有时皇帝也要向他们请教关于治国的策略。圆通国师①（1080—1151）在回答李神宗（1128—1138 在位）关于治国的咨询时，讲了一番道理：

　　帝问天下治乱兴亡之理。师对云："天下犹如器也。置诸安则安，置诸危则危，顾在人主所行何如耳。好生之德，合于民心，故民爱之如父母，仰之如日月，是置天下得之安者也。又云治乱在庶官，得人则治，失人则乱。历观前世帝王，未尝不以用君子而兴，不以用小人而亡者也。原其至此非一朝一夕之故，所由来者渐矣。天下不能

---

①　毗尼多流支派的第十八代传人。

顿为寒暑，必渐龄春秋。人君不能顿为兴亡，必渐于善恶。古之圣王，知其若此，故则天不息其德以修己，法地不息其德以安人。修己者慎于中也，栗然如履薄冰。安人者敬其下也，懊乎若驭朽索。若是国不兴，反是国不亡。其兴亡之渐在于此也。"①

李高宗（1173—1210）无度行乐，不管国家政事，儒臣们不敢劝谏，但阮常禅师（生卒年不详）劝说："吴见诗序云：'乱国之音怨，以怒其政乖。亡国之音哀，以思其民困。'今主上巡游无度，政教乖离，下民愁困，至此愈甚，而日闻哀怨之音。无乃乱亡之兆乎？"② 可知，佛教在李朝末年对社会的影响还是很大的。

崇佛的精神还表现在佛教的庙会中，这也成为李朝文化发展的特点。盖好寺庙之后，人们就举行落成典礼，一般是开庙会，有的还由皇帝出面组织。如 1118 年，为了举行胜严圣寿寺的落成典礼，李仁宗开千佛庙会。1119 年，在净虑寺举行落成典礼时也开庙会。1121 年，在报恩寺举行落成典礼时亦开庙会。下面这段文字记载了在崇善延龄塔举行落成典礼时（1121）的情景：

> 及庆成也，敕奉常以整驾，感风伯以清尘。沈檀雾织于溪山，幢幡霞烂于街道。鼓钟喧沸，铙磬匄訇。前道三宝云车，后展一人金辂……会方袍之洁行，演觉帝之真诠。英圣凝旒，伫偈终而翘诚稽颡。仙姬敛袂……听轴尽而献舞供酥。颂雪粒之香斋，饮充饥旅；散泉流之圆宝，周赈穷氓，幽显咸臻。③

吴、丁、黎三朝时期只流行在北属时期已流行的经典。如《金刚经》《百论》《法华经》等。1007 年，黎卧朝派自己的弟弟明倡和黄成雅到中国请《大藏经》④，1009 年才带回越南。1011 年，李太祖建镇福藏经阁。1018 年，李太祖又派阮道清和范鹤到宋朝请《大藏经》，1020 年带回越

① 《李陈诗文》第 1 集，第 461 页。
② 同上书，第 527 页。
③ 同上书，第 393 页。
④ 此部藏经于宋开宝年间年刻印。

南。1021 年，李太祖建八角藏经阁。1023 年，李太祖派人抄写另一部《大藏经》保存在大兴藏经阁中。1027 年，太祖再次派人抄写《大藏经》。1034 年，仙游山重光寺建重兴藏经阁存焉。同年太宗派菏树、杜宽使者到中国，宋帝赠一部《大藏经》。1081 年和 1098 年李仁宗派两位使者梁用律和阮文信到宋朝请《大藏经》。《大藏经》成为中越两国友好交流的宝物。

据《禅苑集英》，丁、黎、李三朝最流行的佛经是《法华经》《圆觉经》《华严经》《金刚经》等。其余还很流行的是中国的《雪窦语录》。除了习禅、研究佛典之外，禅师们还勤于创作：惠生著《法事斋仪》《诸道场庆散经》；圆照著《散圆觉经》《十二菩萨修证道场》《参徒显快》；辨才编修《照对录》；圆通著《僧伽杂录》（五十章）和《诸佛迹缘事》（十三章）；常照著《南宗嗣法图》等。可惜这些作品已经佚失了，只剩下一些诗、偈和师弟问答之话，因此研究他们的思想是很困难的。在北属时期从中国传来的毗尼多流支禅派和无言通禅派，到李朝继续发展并且达到鼎盛。李朝又出现从中国传来的新禅派——草堂禅派（1069）。此派虽然传播时间不长，范围也不广，可是其影响却很大。下面我们依次研究从中国传来的三大禅派。

第二节　中国毗尼多流支禅派传入越南

一　毗尼多流支行状及其传承体系

毗尼多流支（？—594），梵语 Pinitaruci 的音译，意译灭喜，得法于中国禅宗二祖僧璨（？—606）。公元 580 年[①]到越南法云寺（今越南北宁省顺城县）传禅，创建越南第一禅派，史称毗尼多流支禅派。

据《古珠法云佛本行语录》载："东晋之间（317—489）南天竺国人到法云寺住持，从此佛法盛行。"

《禅苑集英》摘引通辨国师[②]（即智空禅师）跟符圣感灵仁皇太后（？—1117）的话，说："今又有法贤上士得法放毗尼多流支，传三祖宗

---

①　《禅苑集英》载 580 年。《释民通鉴》"释本觉"载 582 年。本书按《禅苑集英》。

②　属无言通禅派的第八世（？—1134）。

派，为菩萨中人，于众善寺授徒演化，会下不减三百余人与中国无异。"①
关于毗尼多流支的具体情况，《禅苑集英》有如下详细记载："龙编古州
乡法云寺，毗尼多流支禅师，南天竺人，婆罗门种也。少负迈俗之态，遍
游西天竺求佛心印，法缘未契，携锡而东南。陈朝太建六年壬午年
（562）初至长安。会周武帝堕灭佛法（574—577），欲往于邺。时三祖僧
璨以避难故挈其衣钵，隐司空山，师与之遇，见其举止非凡，心中起敬。
乃向前叉手立者三反，祖皆瞑坐无语，师于伫思次，豁然若有所得，展拜
三下，祖三点头而已，师退三步云：'弟子向来也是不著便，和尚大慈悲
故，愿乞奉侍左右。'祖曰：'汝速南行交接，不宜久住于此。'师辞去，
卓锡广州制旨寺。大抵六年，译得《象头精舍经》《报业差别经》等。迨
周大祥二年庚子（580）三月来于我土，此寺居焉，复译出《总持经》
一卷。"

关于毗尼多流支禅师，我们应该注意宋朝释本觉撰的《释氏通鉴》
也载毗尼多流支传。但有些细节与《禅苑集英》所载不完全符合。《释氏
通鉴》载：隋文帝壬寅年（582）召法智（天竺人，梵文 Dharmajnana）
到京都译经。此时毗尼多支流从印度来，皇帝也召来译经。当年二月，其
译出《象头精舍经》，三月法智译出《业报差别经》，七月其译出《总持
经》。这样，据《释氏通鉴》：一是，《业报差别经》（《禅苑集英》错写
成《报业差别经》）由法智译而不是《禅苑集英》所说的毗尼多流支译，
这一点可能正确，因为《大藏经》中的《业报差别经》的译者是法智。
二是，毗尼多流支在中国广州译出《总持经》而不是《禅苑集英》所说
的在越南法云寺译出。三是，毗尼多流支 582 年到越南而不是 580 年到越
南的。这点《释氏通鉴》所载不一定准确。第一，对于毗尼多流支来说，
《禅苑集英》比《释氏通鉴》所载还是切近正确，因为他直接关系到自己
的禅派。第二，《禅苑集英》和《释氏通鉴》记载的时间都离毗尼多流支
到越南的时间四五百年，但《禅苑集英》是一代一代的师弟传承下来，
是由他的徒弟们记载的。第三，《禅苑集英》所记载比较详细（从时间到
地点到事件）。毗尼多流支是中国三祖僧璨的得法弟子。这样可以把他看
成中国禅宗四祖向越南传禅并创立越南禅宗的第一禅派，即毗尼多流支禅
派。四祖道信是僧璨的另一位得法者，在中国传禅。毗尼多流支和道信是

① 此话是由隋朝县迁法师对隋高祖说的（详见通辩传）。

同一行的，是道信的法兄（毗尼多流支 574 年得法，道信 601 年得法）。他的传法偈中最后一段很明确地指出他是三祖僧璨的得法弟子，"且吾璨公，印吾此心时，谓吾速南行交接，不宜久住，旷历于兹……"①

据《禅苑集英》载：毗尼多流支在越南传禅一共十四年。他到法云寺时，此寺有观缘师正在教三百多名禅生习禅，他选中了观缘禅师的禅生法贤，法贤成为毗尼多流支的得法者。此禅派在越南传共有十九代，第一世包括毗尼多流支在内，下面我们介绍此派的传承体系。

第二代：一人得法。法贤禅师（？—626），俗姓杜，朱莺人（今河内嘉林县），先跟观缘习禅，后得法于毗尼多流支，得到时人的敬重和隋文帝（581—605 年在位）的赞赏。

第三代：一人得法。惠严禅师（生卒年不详），《禅苑集英》不载其传，但根据《清辨传》，我们知道他是清辨的师父。曾用《金刚经》来传禅。

第四代：一人得法。清辨禅师（？—686），专持《金刚经》为业，后从《金刚经》得悟。

第五代：一人得法，缺录。

第六代：一人得法，缺录。

第七代：一人得法，龙泉禅师（生卒年不详），住持南阳寺。

第八代：三人得法，二人缺录。定空禅师（？—808），开始重视预言、谶纬、风水等法术。

第九代：三人得法，都缺录（其中也许扶持禅师是法顺的传法师父）。

第十代：四人得法，一人缺录（也许无碍禅师是崇范的师父）。

罗贵安（？—936）和摩诃摩耶（生卒年不详，占城人），两人都偏重于符谶、咒术、预言等民间方术，同时开始受密教的影响。第十代最著名的是法顺禅师。法顺禅师（？—990）俗姓杜，少年出家，嗣法于龙树寺扶持禅师。他"博学工诗，负王佐之才，明当时之务……出语必合符，当黎朝创业之始，运算定策，预有力焉"②。黎大行即位后，他不肯接受

① 《禅苑集英·毗尼多流支传》。
② 《禅苑集英·法顺传》。

朝廷的封赏，大行更加敬重。他还跟匡越禅师①接待宋朝使者李觉，得到李觉的敬佩与高度赞赏。法顺著有《菩萨号忏悔文》一卷，行于世（今已佚）。法顺是一位积极入世的禅师，他对国家、民族与佛教做出了巨大贡献。

第十一代：四人得法，二人缺录（可能智玄是徐道行的老师，法宝是纯真的老师）。禅翁禅师（902—979），俗语姓吕，古法人，少时学儒，后从罗贵安出家得法。崇范神师（1004—1087），"状貌瑰伟，耳垂至肩"②，曾到印度留过九年的学。后回法云寺"僧俗学者如归"。李仁宗（1066—1128）曾有诗追赞。

第十二代：七人得法，二人缺录。

余王者为定惠禅师（生卒年不详）、纯真禅师（？—1101）、持钵禅师（1049—1117）、道行禅师（？—1117）、万行禅师（？—1018）。后三位偏重于密教，其中万行是当时最著名的禅师，同时也是毗尼多流支禅派最著名的禅师。《禅苑集英·万行传》《越史略》《大越史记全书》等书都载其少时超异，贯通二学，研究《百论》。他说话必为天卜符谶，黎大行非常敬重，在改朝换代的运动中，他坚持维护李公蕴登上皇位。他虚造了很多符谶语、预言与神奇故事，目的在于提高李公蕴的威信。他对黎、李两朝做出了巨大的贡献，他的思想是入世思想，得到人民的敬重。

第十三代：六人得法，三人缺录（可能法通禅师和鹤林禅师都是惠生的同学，辨才是庆喜的传法师父）。

惠生禅师（？—1063），俗姓林，时人叫"肉身大士"，李太宗非常尊重，拜为僧统。曾奉诏撰《法事斋仪》、《诸道场庆赞文》行于世（今已佚）。

禅岩禅师（1093—1163），俗姓姜，专习总持陀罗尼，曾参加《法华经》《般若经》御试，中甲科，帝常诏师诣纲，"祈雨立验，拜为名僧，赐以上服，凡国家祈祷，师皆主之"。

本寂禅师（？—1140），俗姓阮，主张"不滞有无，兼明顿渐"。

第十四代：四人得法，三人缺录（也许是性眼、性如、广福）。庆喜僧统（1067—1142），古交趾人，俗姓阮。主张学道人不应该执着色空、

---

① ［越］匡越（933—1011），无言派第五代传承人。
② 《禅苑集英·崇范传》。

生死、凡圣等，不要向外求佛、求解脱。著有《悟道歌诗集》（今已佚）。

第十五代：三人得法，一人缺录（也许草一），余二者为戒空禅师（生卒年不详）和法融禅师（？—1174）。

第十六代：三人得法。智禅禅师（生卒年不详）、真空禅师（生卒年不详）和道林禅师（？—1203）。

第十七代：四人得法，一人缺录。

妙仁尼师（生卒年不详），俗姓李，是娇奉轧王的长女，"杰为尼中宗匠"，她主张"顿渐均可"。圆学禅师（生卒年不详）。净禅禅师（1121—1193）。

第十八代：二人得法，一人缺录。

圆通国师，俗姓阮，讳元亿，古贤乡人，曾参加李朝组织的三教考试，考中甲科，仁宗封为僧录，神宗曾召赴阁，帝问关于"治乱兴亡之理"，他答后，帝大悦，封为国师，奉诏撰《诸佛迹缘事》三十余卷，《洪钟文记》和《僧家杂录》五十余卷。诗赋千余首，流行当世（今已佚）。

第十九代：二人得旨，一人缺录。

依山禅师（？—1213），俗姓阮，锦乡人（今又安省），30岁从圆通出家习禅得旨，是毗尼多流支派的最后一位传人，他主张"诸法平等，无有疑惑，无心，无相，无行，无量，无际，远离二处，住放中道，出过一切文字言说……"① 此思想和毗尼多流支所传的思想仍是一脉相承的。他又跟石头希迁（700—790）所提出的思想接近。他说："如来成正觉，一切量等身，回互不回互，眼睛童子神。"② "回互不回互"即既互相关涉交融，又各自依位独立，是毫无执着的禅师境界。《五灯会元》卷五，石头希迁《参同契》载："灵源明皎洁，枝派暗流诠，执事元是迷，契理亦非悟，门门一切境，回互不回互，回而不相涉，不尔依位住。"③

"灵源"即禅宗所传的那个"心"本体，"枝派"指由心本体派生的现实事物。"心"造万物，"心性"或"性空"即为万物的共性，名之为

① 《禅苑集英·依山传》。
② 同上。
③ 依位住：是小乘说一切有部的术语，指"有（物种，概念，自性）在特定位次的实现而成为现实的具体事物，如麦种在一定水土温度下生产成为某一麦粒，它就是麦种的依位住"。

"理"。若就事论事,不见其"理"曰迷;若只契其"理"不识事相差别,也不是"悟",据此考察一切对象,都有两种关系:一是"回互",即由理的同一性体现的相互联系;二是"不回互",即表现为个性的自住于己性,因此参禅人必须从理事及其互相关系上取得认识,才能真正得悟。①

依山的禅学涉及事理的关系,或一般与个别、本质与现象的关系。他的《示寂偈》很明显地体现出此关系:

> 真身成万象,万象成真身。
> 月殿荣丹桂,丹桂在一轮。

总之,毗尼多流支从中国广州到越南传禅,建立第一禅派,该派活动时间近 650 年(580—1213),其传有 19 代,52 人得法,《禅苑集英》只载 29 人,其余有些人可以根据他们的后一代提到而判断出来,此派越来越受无言通派的深刻影响,特别是受到密教、风水说、预言、谶纬等说的影响。下面我们考察此派的思想。

二　毗尼多流支的禅学思想来源

有一天,毗尼多流支禅师跟法贤说:"夫诸佛心印,必不相赚。圆同太虚,无欠无余,无去无来,非得非失,非一非异,非常非断,本无生处,亦无灭处,亦非远离,非不远离,为对妄缘,假立名尔。所以二世诸佛,亦以如是得。历代祖师,亦以如是得。我亦以如是得。以至有情,无情皆以如是得。且吾祖璨公,印吾此心时,谓吾速南行交接,不宜久住,旷历于兹,今与汝遇。果符悬记,汝善持之,吾去时至矣。"②

偈的开头毗尼多流支谈道:"诸佛心印"即禅的本意,不立文字,不依言语,直以心为印,心即佛心,印即印可、印定的意思。此即能印可印定佛法的实义,即诸佛的真心。觉悟是觉悟此真心,禅师把心印传给禅生是传给此真心。但此真心如何呢?毗尼多流支用大量否定句来描写:"圆同太虚,无欠无余,无去无来,无得无失,非一非异,非常非断……"

---

①　杜继文、魏道儒:《中国禅宗通史》,江苏古籍出版社 1995 年版,第 284 页。
②　《禅苑集英·毗尼多流支传》。

这里他很明确地指出：此真心是实有的，但不能全靠或执着于语言、文字、概念等来把握、认识它，而只能通过禅定才能体会、证悟它。这段和僧璨的《信心铭》意思相同：

> 至道无难，唯嫌拣择。但莫憎爱，洞然明白。毫厘相差，大地悬隔。欲得现前，莫存顺逆。逆顺相争，是为心病。不识玄旨，徒劳念静。圆同太虚，无欠无余。良由取舍，所以不如。莫逐有缘，忽住空忍……多言多虑，转不相应。绝言绝虑，无处不通……不用求真，唯须息见。二见不住，慎莫追寻。才有是非，纷然失心……放之自然，体无去住。任性合道，逍遥绝恼……六尘不恶，还同止觉。智者无为，愚人自缚。法无异法，妄自爱著……一即一切，一切即一。信心不二，不二信心。言语道断，非去来今。①

《信心铭》大纲是：道是一个洞然明白，一点不容拟议，在佛而无余，在众生而无缺，一切二见，总荡尽了则万法一如、真妄无别，欲与此相应，无如作不二观，不二之真宗包容一切，一即一切，一切即一，大小圆融，古今泯绝，此妙境，是任何语言思量不可达到的。换句话说，《信心铭》的内容歌颂信心不二、不二信心的境界，强调远离一切对立差别、得失是非的妄念，平等自在，同时还提倡一即一切、相互融通的华严思想。

> 所谓"至道无难，唯嫌拣择"者，意即道乃离一切限量分别者也，是以离一切虚妄分别之拣择心，即是无心合道，任运逍遥，莫非物我一如也。若也心上起心，念上起念即与道乖隔而不得自在矣。②

这样，僧璨的禅法也不外达摩所传二入四行即理入与行入，是菩提达摩所论领悟禅法的两种途径，强调除尽区别圣凡的妄心，不必拘泥经典教说的禅法，他又以真如法界不二为宗，极言一切法即是一法，一法即一切法，所以万法一如。修行者如果能够万法齐观，即回归本然的本质，取消

---

① 《信心铭》录自《中国禅宗大全》，第5页。
② 何国铨：《中国禅学思想研究》，文津出版社1987年版，第92页。

边见，即是真心的全体现前。总之，僧璨的禅学思想大抵仍就凝住壁观，以悟入无自无他，无凡无圣，是心即佛，是心即法，佛法为无二元理，他跟达摩禅法仍然一脉相承。

毗尼多流支到中国几年后，恰遭北周武帝镇压佛教（574—577），也在此时他遇到正在司空山避难的三祖僧璨。此会晤无疑是受到僧璨的深刻影响，这一点在他的示寂偈中体现得特别明显："圆同太虚，无欠无余。良由取舍，所以不如。"从这次会晤之后，毗尼多流支按照僧璨指导到南方广州制旨寺传禅，并选译《象头精舍经》。他也许从印度带来很多他喜欢的梵文经典，其中有《象头精舍经》和《总持经》两部。

为什么他选译《象头精舍经》呢？

《象头精舍经》属般若系统思想，带有禅学色彩。此经说明觉悟的本质即菩提："夫菩提者，超出三界，越于言说，无有住处。复次文殊师利，菩萨摩诃萨住无所住是住菩提。住无执著是住菩提。住于空法①是住菩提。住于法性是住菩提。住于一切无有体相是住菩提。住无量信是住菩提。住无增减是住菩提。住无异念是住菩提。住如镜子像，如空谷响，如水中月，如热明焰。文殊师利，住如是等法是住菩提。"②

《象头精舍经》认为，修行者欲达到真理，证悟真如，不但不执着语言文字，而且还不执着形相、声色、彼此等分别认识……既不能用自身来领会，又不能用一般的心来体会，因为"是身无知犹如草木砂砾墙壁，无所觉知，四大和合，父母所生……终归败坏，是磨灭法"③。"是心无定，犹如幻化，皆因过去妄想业生，无形无执，犹如虚空。"④

至于菩提，《象头精舍经》认为，它没有什么具体形相，超出一切形相，超出一切时空。但又不能离开一切法、离开时空而证得，只不过在一切时空而不被它们所约束而已："菩提者，但有空名，而无实相，无声、无色、无成、无见、无入、无知、无去、无来，如是等法亦无系缚。能过诸法，超出三界……菩提者无有处所，非过去，非未来，非现在，一切空……非过去得，非未来得，非现在得，亦不离三世得。"⑤ 即在一切法、

---

① 观我空，法空，有为空，无空等空理之法。
② 《象头精舍经》，《大正藏》第 19 册，第 466 页。
③ 同上。
④ 同上。
⑤ 同上。

一切时空中而不受它们所约束，所束缚即认识到万法的真性是无分别性，那就是"住菩提"。

但应该如何把握诸法实相呢？《象头精舍经》明确指出："复次智者，以禅为体。禅智平等无有分别，以方便故。观阴入界十二因缘生死流转，善恶之相，犹如幻化，非有非无。"① 这里强调禅是诸法的实相，因为"禅智平等无有分别"至于"阴入界十二因缘"等只是诸法的现象，"犹如幻化"而已。

《象头精舍经》以十种内外观法不起执著来把握诸法实相："一者，观身内界悉是空，不起执著。二者，观身外界亦悉是空，不起执著。三者，观内外诸法皆悉是空，不起执著。四者，于一切智，不起执著。五者，所修行道，不起执著。六者，观诸贤圣地，不起执著。七者，久修清净，不起执著。八者，住于般若波罗蜜，不起执著。九者，于讲论法，教化众生，不起执著。十者，观诸众生，起大方便，慈悲怜愍，不起执著。"②

无住，超越有无，超越时空、常断、生死等，是般若中观的思想。《中论》中，龙树提出著名的"八不"思想："不生亦不灭，不常亦不断，不一亦不异，不来亦不去。"③ 生、灭、常、断、一、异、来、去这些概念都用来说明事物的特征不具有完全的正确性。在认识事物的绝对性时，这些概念中，每一个"都不能肯定，亦不能肯定其相反概念。而是要无一例外地在这些概念前加上'不'字"④。所以"八不"学说"被作为总破一切法的方法论"⑤，是"打开般若的钥匙"⑥。这无疑是毗尼多流支受到般若中观学说的深刻影响。《禅苑集英·毗尼多流支传》载："圆同太虚，无欠无余，无去无来，无得无失，非一非异，非常非断，本无生处，亦无灭处，亦非远离，非不远离，为对妄缘，假立名尔。"这明显地跟"八不中道"思想是相同的。

毗尼多流支译出密教的《总持经》（《大乘方广总持经》的略名）。

---

① 《象头精舍经》，《大正藏》第19册，第466页。

② 同上。

③ 龙树撰，青目释，鸠摩罗什译：《中论》卷一，第3页。

④ 姚卫群：《佛教般若思想发展源流》，北京大学出版社1955年版，第209页。

⑤ 任继愈主编：《中国佛教史》第二卷，中国社会科学出版社1997年版，第348页。

⑥ 同上。

"总持"梵语陀罗尼，Dhamni 是持善不失、持恶不生的意思，以念与定、慧为体。菩萨所修之念、定、慧具有这样的功德。《注维摩经》卷一曰："总持，谓持善不失，持恶不生，尤所漏忌，谓之持。"总持有四种：法、义、咒、忍。其中"咒总持"是密教所称谓的，也是指密教总体叫作总持。"咒总持"是菩萨依定起咒，持咒神验，除众生之灾患的意思。这里显明持咒与禅定的关系是很密切的："依定起咒"。毗尼多流支译出《总持经》，说明他也受到密教思想的影响。阮郎的《越南佛教史论》认为："毗尼多流支是在禅史上使用'心印'这个词最早的人之一。"此词不但是禅宗中的根本意义，即不立文字，不依言语，直以心印心，而且还出现于密教最根本的经典《大日经》中："于种种圣言无不统其精要。若能持是心印广开一切法门，是名通达三乘也。"此"心印"是《大日经》的密意。此后，在这个意义上毗尼多流支禅派和密教有密切的关系。

禅门中"心印"是禅师授予禅生的直接对象，禅生接受心印之后得到觉悟。但此觉悟的精要是用真心来实现的。此传授是"以心印心"而不需要任何中介。三祖僧璨把"诸佛心印"传给他，即僧璨是帮助他觉悟的人，证明他是觉悟人。

《象头精舍经》在交州当时可能是普遍流传的。此经可以说是毗尼多流支派的根本经典之一。[①] 法贤和法贤的三百禅生当然也用此经来禅习研究。《象头精舍经》带有般若思想的破执精神，又很注重禅观。约一百年之后，中国六祖慧能（638—713）开始用《金刚般若经》来传禅，当然此前是《楞伽经》在禅门中得到了最大的重视。毗尼多流支在交州用《象头精舍经》来传禅，说明在交州禅学和般若学说的关系比较早，菩提达摩把《楞伽经》传给惠可，此后祖祖相传，到六祖慧能用《金刚经》的般若思想来给《楞伽经》作补充。但在交州毗尼多流支早已用《象头精舍经》来作补充了。

毗尼多流支在交州把《象头精舍经》和三祖僧璨所传的思想传给法贤，法贤成为毗尼多流支禅派的第二世，对当时来说其影响是最大的。中国隋朝昙迁法师称他为"活菩萨"。隋文帝打算派一个代表团到交州传播佛教，昙迁法师劝阻，因为"今又有法贤上士得法于毗尼多流支，传三祖宗派"。

---

① 还有《楞伽经》《金刚经》《华严经》《法华经》等。

　　法贤是什么样的人，能得到中国隋朝著名禅师昙迁用"上士"、"菩萨中人"等尊号来称赞他呢？据《禅苑集英》载：法贤禅师，朱莺人，姓杜氏，住仙游天福山众善寺，先到法云寺跟观缘禅师学禅，受具足戒，每天跟徒众讲习禅要。后来，毗尼多流支到法云寺时，看中了法贤，并把心印传给他。毗尼多流支圆寂后，法贤入天福山习禅定："形如桥木，物我俱忘，飞鸟就驯，野兽相狎，时人闻风来学者，不可胜数。因建寺授徒，居僧常三百余人，南方禅宗趁此为盛。"此时交州的刺史刘方向隋文帝察报说："此方钦崇佛教，且复高师德誉。"隋文帝派使者把五函佛舍利和文牒责交州"师建塔供养"，法贤在威楼法云寺和峰州、欢州、一长州、爱州等，每一州都建塔供养。

　　总之，毗尼多流支禅师虽已接受《象头精舍经》的般若思想，但很重视参禅、修定，即他既受到印度般若思想的影响，又受到中国禅宗的影响。这一点可以说他与中国禅宗从达摩到僧璨是一脉相承的。

三　毗尼多流支禅派的禅学思想

（一）超越语言文字

　　《象头精舍经》说明觉悟的本质即菩提，又称真如、真心、佛心等，即绝对真理。此真心不能执着于语言、文字、概念："夫菩提者超出三界，越赞言说，离诸文字，无有住处。"[1] 因为"菩提无处所不可见，离相如虚空现寂静。无声、无响、无文、无字、亦无言说"[2]。此观点跟密教《大日经》的"心印"观点是相似的，认为经典是圣教，圣教的精要是"心印"，因此"心印"也超越圣教与经典。根据此观点，菩提达摩刚从印度到魏时就宣布："心印者，达摩西来，不立文字，单传心印，直指人心，见性成佛。"[3] 虽如此，但他身边还带着《楞伽经》，后来把《楞伽经》传给惠可，惠可传僧璨。毗尼多流支到交州用《象头精舍经》来作为他行禅的根本典籍。一般来说禅宗不受文字、语言、概念所束缚，经典是帮助禅者行禅的最好的方便，禅的目的是觉悟佛心而不是积累知识。毗尼多流支和法贤会晤交谈时，已说明诸法实相是超越语言、文字、概念

①　《象头精舍经》，《大正藏》第 19 册，第 466 页。

②　同上。

③　《祖庭事苑》卷八。

等思想的："时毗尼多流支由广州而来，住于此寺（法云寺）见师（法贤）熟视谓曰：汝何姓？师云：和尚甚姓？又云：汝无姓耶？师云：姓即不无，和尚作么生会？支呵之曰：用会作么？师忽然自省，便礼拜遂得旨焉。"[1]

起初，毗尼多流支只想问法贤的具体姓氏，但法贤却想把两人的问答提到哲学层面上。法贤问"和尚甚姓"即谈到心的体性（姓和性两字同音异形异义），但毗尼多流支一味拒绝不想谈到心的体性方面，他又简单地问："汝无姓耶？"法贤仍然站在哲学层面上，他说："姓即不无，和尚作么生会？"到这地步，毗尼多流支给法贤一个带有决定性的回答："用会作么？"意思是说，他正在执着于语言、概念来寻找心的"体性"，对于觉悟道路来说不但一点都没起什么作用，反而还障碍觉悟的道路。至于自心的证悟，并不意味着带有执着知识的认识。证悟真理，不但不要执著任何中介，而且还超越所有中介，不受任何一个思想所约束。跟这个觉悟故事相似，中国四祖道信（580—651）和五祖弘忍（602—675）也有一个相似的交谈。

道信在破头山开法数十年，门徒众多。有一天到黄梅县去，路上碰到一个小孩子，小孩子骨相奇秀，了无俗气。四祖一见便起了兴致，问小孩子："你姓什么？"小孩子答："姓倒是有，不是常姓。"

小孩子一言出口，就把四祖抓住了。四祖又问："那是什么姓呢？""是佛性。"小孩子回答。

"那你没有姓氏？"四祖问。"性空，没姓。"小孩子简练地说道。道信深深地喜欢上这个孩子，便让身边的侍者去孩子家找他的大人，请求让小孩出家。这个小孩子就是后来的五祖弘忍。

据《禅苑集英·清辨传》，第二世惠严（生卒年不详）和第四世清辨（？—686）也有超越语言文字的交谈：清辨从普光法灯受业。灯将示寂，师问云："和尚去后弟子将何依记？"灯曰："汝但崇业而已。"师茫然不会。灯灭后，师乃专持《金刚经》为业。一日有禅客来见，且问："此经是三世诸佛母，如何是佛母义句？"师云："从持诵以来，未晓经意。"客云："持来多少时？"师云："八载。"客云："与么持经八个载，一个经意也不会。纵经百载功亦何为？"师遂作礼，且叩其所进益。客令就崇业惠

---

[1]　《禅苑集英·法贤传》。

严决焉。师释然谓曰："晋今乃知法灯之语果符矣。"遂从之，才到此寺，严问云："汝为什么事来?"师云："某甲心头有所未稳。"严云："汝未稳个什么?"师举前话似之。严欢曰："汝自忘去了也，不记经言'二世诸佛，及诸佛阿褥多罗三藐三菩提法，皆从此经出'，不是佛母义句耶?"师云："是，是某甲自昧也。"严又云："此经是什么人说的?"师云："非如来所说耶?"严云："经中言：若言如来有所说法，即为谤佛，是人不能解我所说义。汝善思惟。若言此经不是佛说即谤经，若言佛说即为谤佛，汝作么生。速道，速道。"师拟开口，严以拂子蓦打师，师俨然有悟，便礼拜。

超越语言、文字，并非意味着没有语言、文字，而是处在语言、文字的环境中，不执着语言、文字而已。上边一段话又说明：到惠严和清辨时期在越南禅宗中，禅师们使用《金刚经》来传禅已经是很普遍的事了。这个思想到第十三代本寂禅师、十四代庆喜禅师、十九代依山禅师等都有提到。《禅苑集英》载，有一天本寂禅师说：你们在我这儿学禅时间已经久了，为什么不呈见解，让我观看你们的修道如何进益? 那时净眼和净如打算开口。庆喜喝："一翳在目，空花乱坠。"本寂问："庆喜阇梨争奈船何打破库斗?"庆喜说："用船作么?"意思是说：船用来帮人过江到彼岸，到彼岸之后赶快上岸去。如果还喜欢船而不上岸的话，那就永远不能到彼岸了。经典是用来帮人达到觉悟的最好方便，如果执着以为是目的，那就永远达不到觉悟了。

按毗尼多流支禅派的思想，禅生在习禅时不能执着任何对象，连"佛"、"祖"、"禅"这些概念都不能执着，不能起分别妄心。禅定的境界是超越所有分别对象，要通过习禅才能达到最后目的——觉悟。所以依山尝示门徒云："汝等应知，如来成等正觉，于一切事无所不察，于法平等无有疑惑，无心，无相，无行，无量，无际，远离二边，出过一切文字言说……"[1]

（二）超越"有无"问题

僧璨的《信心铭》受《华严经》和《三论宗》思想的深刻影响。对于"有无"问题来说，从《华严经》的缘生理到重重缘起理，最后提出"一即一切，一切即一"的命题。意思是万事万物本非真实存在，并无差

---

[1]　《禅苑集英·依山禅师传》。

别和对立，此即是彼，彼即是此，整体与部分，一般与个别，都没有本质区别。《宛陵录》："万类之中，个个是佛，譬如一团水银，分散诸处，颗颗皆圆。若不分时，只是一块。"这就是"一即一切，一切即一"的意思。《三论宗》是般若思想在公元 2 世纪，由龙树和提婆阐扬的系统化结果，包括《中论》《百论》《十二论》，带有辩证法的色彩。推翻所有生、灭、有、无等一般世俗观念和认识，给非概念智慧开一条新路，即无分别智或慧觉菩提："极小同大，忘绝境界。极大同小，不见边表。有即是无，无即是有，若不如是，必不须守。一即一切，一切即一，但能如是，何虑不毕。信心不二，不二信心。言语道断，非去来今。"① 《象头精舍经》是大乘禅经。此经的超越"有无"思想是很明显的："智者以禅为体，禅智平等，无有分别，……非有非无。"② 此段话既强调无分别智慧是用来体会诸法实相的唯一工具，又强调万法缘生如幻如化、非有非无的本质。毗尼多流支是此大乘禅学的代表人物之一。他的示寂偈证明此理："圆同太虚，无欠无余，无去无来，无得无失，非一非异，非常非断，本无生处，亦无灭处，亦非远离，非不远离，为对妄缘，假立名尔。"③

　　这果然是纯粹般若学说的"八不"思想。此思想超越"有无"、"一异"、"来去"、"生灭"等时空问题。不受任何言说概念所约束。最后连"空"这个概念也不受它的约束。

　　惠生禅师属毗尼多流支的十三世。当时"世人谓之肉身菩萨"。有一天，李太宗在大内设斋僧时，皇帝说："朕惟佛祖心源，学者互相诋訾。要与诸方硕德各述所见，以观其用心何如耳。"④ 此时大家还在考虑，李太宗念自己所作的一首偈：

　　　　般若真无宗，人空我亦空。
　　　　过现未来佛，法性本相同。⑤

　　此偈"虽说明般若思想中'人我'的性空，但还是一种在《般若经》

---

① 《信心铭》，录自《中国禅宗大全》，第 5 页。
② 《象头精舍经》，《大正藏》第 19 册，第 466 页。
③ 《禅苑集英·毗尼多流支传》。
④ 《禅苑集英·惠生传》。
⑤ 同上。

中搜集起来的知识"。① 惠生不满意遂马上呈他的偈：

> 法本如无法，非有亦非空。
> 若人知此法，众生与佛同。
> 寂寂楞伽月，空空渡海舟。
> 知空空觉有，三昧任通周。②

此偈不但在般若思想方面显得很出色，而且在文学方面也很特别：一只空空的船在寂静的楞伽月影中，静悄悄地渡过海（烦恼海）。这个形象是很奇妙的。惠生从"法"这个概念开始和般若学说是很符合的：如果"法"本身是由很多条件（因缘）组成的合体，他本身任何一个自性都没有"无自性"，那"法"等于"无法"了。因此不能把"有"、"无"等属性强压给"法"（法本如无法，非有亦非空）。如果用实证认识到这个真理（实相），那众生与佛在本质上就没有什么差别了。达到诸法的实相，那所有的语言、文字、概念都是被无效化的。楞伽月的沉静光线象征般若智慧。一只船渡过海，船里什么东西、什么人都不带，连船也"无自性"。到这里，佛与众生是一。没有迷人，没有悟人，没有度人，也没有得到度的人，没有彼岸，也没有此岸。

惠生的最后两句偈是反对李太宗把"有"和"无"对立起来的倾向，给太宗解脱他在《般若经》中所学到的"空"的执着。惠生说：体会"空"也是"空"之后，才真正知道"有"是怎么回事（知空空觉有）。因为对于"空"的执着来说也等于对加"有"的执着。如果从"空"解脱出来，了解"空"也是"空"，那自己对梵"有"不会受到它的约束了。这样禅定的功夫才不会被卡住，"三昧任通周"。

"空有"问题是佛教哲学理论中最重要的问题之一（现在是"存在"与"不存在"问题），也是毗尼多流支禅派最重要的思想之一。语言、文字、概念在世俗世界、在日常生活当中是应该有的，但在认识绝对真理方面应该持"勿着有空空"③的态度。道行属毗尼多流支的第十三世，虽然

---

① ［越］阮郎：《越南佛教史论》第一集，越南文学出版社 2000 年版，第 135 页。
② 《禅苑集英·惠生传》。
③ 《禅苑集英·道行传》。

他受密教的深刻影响，但在禅学理论上仍然体现出独特的认识。对于"空有"问题来说，他深刻地写道：

> 作有尘沙有，为空一切空。
> 有空如水月，勿着有空空。①

头两句真实地反映了《华严经》的思想。如果执着是有的，那就在一粒尘、一粒沙中都有。要是执着是空的，那连这个宇宙也是空。第三句："有""空"相互对待，相互依赖，像月影和河流似的。第四句对着防止"有""空"的束缚："勿着有空空。"正如《象头精舍经》说："住如镜像，如空谷响，如水中月，如热时焰，是住菩提。"②

"有无"这对范畴还演绎成"色空"，意思不变。色是"妄念"的产物，因而"无自性代所以说是空"。黎氏倚兰（？—1117）是李圣宗的妃子，被时人称为"观音女"，对于"色空"问题她认为："色是空，空即色。空是色，色即全。色空俱不管，方得契真心。"③ 显明的"色"与"空"在认识绝对真理上是不可执着的。有一大法融（？—1174）问庆喜禅师（1067—1142）："了达色空，色是凡是圣？"庆喜以偈答：

> 劳生休问色兼空，学道无过访祖宗。
> 天外觅心难定体，人间植桂岂成丛。
> 乾坤尽是毛头上，日月包含芥子中。
> 大用现前拳在手，谁知凡圣与西东。④

（三）超越生死问题

从"有无"的佛教哲学问题到"生死"的人生观问题，佛教认为有情众生都处在生死轮回苦海里，禅家将彻底摆脱这种生死轮回看作修习的目的，并称之为"超越生死"。《五灯会元》卷十八载，禾山慧方禅师曰：

---

① 《禅苑集英·道行传》。
② 《象头精舍经》，《大正藏》第19册，第466页。
③ 《李陈诗文》第1集，第353页。
④ 《禅苑集英·庆喜传》。

"然五家宗派，门庭施设则不无，直饶辨得倜傥分明去，犹是光影边事。若要抵敌生死，则霄壤有隔，且超越生死一句作么生道?"属毗尼多流支禅派的禅师们对生死问题都很关心。他们认为，在一个无穷无尽的东西中，生死既是对立又是统一，所以要认识生死的真相，连生带死都得超出，如果还有"生"的念头出现，必有"死"的念头同时出现。

持钵禅师（1049—1117）属第十二世。他虽然受到密教的深刻影响，但在他的《示寂偈》中既反映出"生死"对俗谛的认识，又反映出"超越生死"对真谛的认识：

　　　有死必有生，有生必有死。

　　　死为世所悲，生为世所喜。

　　　悲喜两无穷，互然成彼此。

　　　于诸生死不关怀，唵，苏噜，苏噜，悉哩（梵文：Om suru suru sri）。①

在认识上，如果还有"生"与"死"、"色"与"空"等，即世俗认识。

偈的第七句"于诸生死不关怀"是偈中的转折句，表明达到超越生死的境界时，不能用任何东西来描写，此时"言语道断，非去今来"。②跟黎氏倚兰的"色空俱不管"的意思相同。

纯真禅师（？—1101）和持钵禅师都属第十二世，认为生死只是人的身体，是万法的现象（属有为法）。至于法性，真性（无为法）来说，从来没有过生和灭的对立性，在他的《示寂偈》中说：

　　　真性常无性，何曾有生灭。

　　　身是生灭法，法性未曾灭。③

---

① 《禅苑集英·持钵传》。

② 《信心铭》，录自《中国禅宗大全》，第5页。

③ 《禅苑集英·纯真传》。

戒空禅师（生卒年不详）属第十五世。劝"后学门人"不要执着生死，不要"亲生恶死"：

> 我有一事奇特，非青黄赤白黑。
>
> 天下在家出家，亲生恶死为贼。
>
> 不知生死异路，生死只是得失。
>
> 若言生死异途，赚却释迦弥勒。
>
> 若知生死生死，方会老僧处匿。
>
> 汝等后学门人，莫认盘星轨则。

关于生死问题，第十七世妙仁尼师（1042—1113）说偈云：

> 生老病死，自古常然。
>
> 欲求出离，解缚添缠。
>
> 迷之求佛，惑之求禅。
>
> 禅佛不求，杜口无言。①

妙仁尼师在越南佛教史上是唯一的一位女禅师得道者。她不但提到色空、语言的超越问题，而且还特别提到超越生死问题。她认为生老病死自古以来是自然而然的道理，是人生必然的规律，它们属有为法、生灭法。如果想脱离这个世间永恒规律，那就不但不能脱离，反而还增添脱离生死的烦恼。修行到最后，不但不允许任何分别执着的念头存在，而且连佛、禅、祖等概念都得脱离。如果还有脱离烦恼，追求佛、禅的念头，那就是迷人惑人的了。达到绝对的境界，最好是"杜口无言"，或"绝言绝虑"②，才能"无处不通"。③

（四）毗尼多流支禅派的密教因素

上边已经说过，禅宗和密宗在理论上有密切的关系。据《禅苑集英》载，毗尼多流支在交州法云寺译出密教的《总持经》，所以密教因素在毗

---

① 《禅苑集英·妙仁传》。

② 《信心铭》，录自《中国禅宗大全》，第 5 页。

③ 同上。

尼多流支禅派中的出现是此派的一个重要特点。

密教是印度大乘佛教思想发展的第三阶段（第一阶段是般若思想，第二阶段是唯识思想）。密教从4世纪开始形成，6世纪初叶兴盛，到8世纪中叶达到系统化。密教源于般若学说的思想，同时也源于印度民间信仰。在这个方面，密教接受民间侍奉的神灵，因此使佛教跟群众的日常生活关系日益密切。此发展倾向很符合中国和交州的民间信仰与风俗习惯。因此密教已经成为交州禅门中的重要因素。

从思想方面来说，密教反对当时过分强调知识和研究的倾向（虽然密教源于般若思想）。密教认为宇宙中隐藏着超然势力，如果在修习方面能利用此超然势力，可以在刹那间达到觉悟目标，不需要一步一步地修习。使用神咒、印诀、曼陀罗等势力和方法对于禅观来说是有效的帮助。正因为此密教倾向，当时交州佛教容纳所有民间信仰。

"总持"，梵语 dharaṇi，音译陀罗尼，有维持、防止、拦阻等意思。龙树（Nagarjuna）的《大智度论》卷五十道："陀罗尼者，秦言能持，或言能遮。能持集种种善法，能持令不散失，譬如完器盛水，水不漏散。能遮者，恶不善心生，能遮不令生。若欲作恶罪，持令不作，是名陀罗尼。"陀罗尼有四种总持。一是法陀罗尼，对于佛的教法闻持而不忘。二是义陀罗尼，维持诸法的要义，不令忘却。三是咒陀罗尼，依靠禅定发出秘密语，此语有不测的神验，叫作咒。陀罗尼者是对于神咒要维持不令忘却。四是忍陀罗尼，安住在诸法的实相不令散失。

如此，总持和禅定有密切的关系。6世纪下半叶，毗尼多流支离开印度，先到中国，然后到交州，肯定他的思想已经继承印度的密教精神，他身边还带着至少一本梵语密教经典即《总持经》。8世纪中国密宗成立。"开元三大士及其门徒是中国密宗的建立者，一般推为'开元三大师'即善无畏（637—735）、金刚智（669—741）和不空（705—774）。其实，他们的弟子一行（？—727）和惠果（752—805）起了很大作用。"① 杜继文主编《佛教史》还说："密教经典传入内地的时间很早，多属真言咒语性质。三国时，竺律炎译出《摩登伽经》，支谦译出《无量门微密持经》。东晋孝武帝时（373—396）昙无兰译出《陀罗尼钵经》……都很有名。"也许此时交州佛教已经接受了密教经典。

---

① 杜继文主编：《佛教史》，中国社会科学出版社1995年版，第324页。

在越南，"1963 年在长安花炉①，考古学家们进行挖掘，发现很多石碑，碑面上都刻满陀罗尼咒和其他关于密教的偈，丁朝 973 年所立。是有八面的柱碑。每一面上边都写'佛顶最胜伽句灵验陀罗尼'。还写由'性海君节制南越王丁琏②造'。还有一块黎大行时（995）立的石碑。碑面上写：'诸天常闻佛语声，闻念佛顶陀罗尼则得具足斋戒……'③，这说明丁、黎两朝时期（968—1009），在越南密教已经很普遍了。与中国相似，密教传入越南的时间也很早，通过印度人、占城人、中国人传过来，也有越南人到印度或到中国学习回来传播的。3 世纪末印僧摩诃耆域先到交州，后到中国洛阳。他到处实行法术，人们把他叫"神僧"。6 世纪末毗尼多流支在交州译出《总持经》。越南僧人崇范禅师（1004—1087）曾到印度留学九年。回国后，他在法云寺开办学校，弟子很多，直接受他密教的影响有道行、万行等禅师。李仁宗（1066—1128）写诗追赞他：

> 崇范居南国，心空及第归。
> 耳长回瑞质，法法尽离微。④

此派受密教的影响，代表人物有持钵、摩诃摩耶、道行等禅师。

持钵禅师（1049—1117）在法云寺跟崇范学佛。他的禅学思想也浸润密教的色彩。他在《示寂偈》中，虽说明生死道理，但最后还是用"唵，苏噜，苏噜，悉哩"⑤ 密语一句做结论。占城人在交州学佛，得法有摩诃摩耶禅师（Mahamaya）（生卒年不详），属第十世，是受密教深刻影响的禅师。关于他的身世，《禅苑集英》载：

> 摩诃摩耶禅师，其先占城种人。父贝陀明于贝书。仕黎朝为贝长。师为人识鉴了达，学该唐梵。出家后从杜法师受教，专务忏悔，及诵大悲心咒。三载未尝少息，感得观音人士，以净水杨枝，灌顶洒

---

① 丁、黎两朝的故都，今越南宁平省。
② 丁琏是丁先皇的儿子。
③ ［越］何文晋，载《历史研究》，越南河内 1965 年 7 月。
④ 关于崇范，《禅苑集英·崇范传》载："黎大行累如赴朗咨究玄旨"，笔者认为这点《禅苑集英》有误。因为黎大行 1005 年去世，而崇范 1004 年才出生。
⑤ 《禅苑集英·持钵传》。

面目。豁然明心加清净。顺大五年（1014），迁止长安京师大云峰。日勤修习，得总持三昧，及诸幻法术。人莫之测，黎大行皇帝三召至阙咨问。师合掌低头而已。至再三扣，乃对云："观爱①狂僧。"帝大怒。命留大内万岁寺，使人关门守之。适旦见师在僧房外。门锁如故。帝甚异之。咱从所适。南游爱州，抵沙荡镇。其俗好事鬼神，率以杀生为业。师劝之斋素。咸曰："吾之大神，祸福不敢违也。"师云："汝等苟能弃恶从善，设有畜害，老僧自当之。"乡人曰：此间有久病癫死者，医巫束手，汝能愈之，吾必从劝。师乃咒水喷之。病者立愈。彼虽感服，而藉染已深，未能遽化。乡豪吴氏，因饮酬，把酒肉，前逼师曰："和尚能从此乐，则吾等当从教矣。"师曰："所不敢辞，但恐腹病尔。"吴氏喜曰："痛则吴自代之。"师肯从，俄而佯为腹胀，腹中雷吼喘息，大叫云："吴君代我。"吴苍黄罔措，师自合掌称念南无佛，南无法，南无僧，救我有顷，乃吐肉成兽走，鱼成鱼跃，酒成铜汁，众大惊异。师云："汝身病者，从我立愈，我腹痛，汝不代我，汝今服从我教否？"乡人皆拜诺。天成二年（1029）都尉阮公光利，请居太平府，开天寺，六年（1033）辞去欢州（今义安省），后不知所终。②

摩诃在交州实行的法术、符咒很多，从皇帝到老百姓都觉得特别惊异。他的行踪也是莫测的，连最后他去了哪里也无人知晓。

关于密教的法术问题，不能不提到道行禅师（？—1117），属毗尼多流支派的第十二世。他姓徐，父亲叫徐荣，在朝廷当僧官都按。因以邪术得罪了延成侯，侯请大颠法师用法术杀死徐荣，把徐荣尸体投到苏历江。死尸流到决桥（侯家所居住的地方）忽然站立起来，用手向侯家指着，终日不流去。侯害怕，去请大颠法师来念一句偈："僧恨不隔宿。"之后，死尸自然流去。

道行想方设法要为父亲报仇。有一天路上遇到大颠，正欲动手之际，但忽然听到在空中有人大声地说"止、止"，道行大惊，抛弃了杖子跑出去。道行想到印度求学灵异法术以抵抗大颠，走到了缅甸却因为道路险阻

---

① 摩诃住观爱寺。
② 《禅苑集英·摩诃传》。

而折回，便到佛迹山岩内隐居，每日专持大悲心陀罗尼咒，诵满十万八千遍。有一天见一位神人来到他的面前说："弟子即四镇天王，感师持经功德，所以来侍候，请师随时使唤。"道行知道自己的法术已经成就了，父仇可以报，便到决桥，把杖子投到急流中，杖子便逆水而流，像一条龙，流到西杨桥（大颠的家）才停止。大颠出来查看，杖子就把大颠击死了。从此道行"夙冤雪尽，俗虑灰寒，遍广丛林，访求心印"。得知乔智玄于太平化导，道行来参谒，并呈问真心偈：

> 久混凡尘未识金，不知何处是真心。
> 愿垂指的开方便，了见如如断可寻。

乔智玄以偈答：

> 王裹秘声演妙音，个中满目露禅心，
> 河沙境是菩提道，拟向菩提隔万寻。

道行茫然不知领悟，便到法云寺问崇范禅师："如何是真心？"崇范回答："什么东西不是真心？"道行豁然洞开。并问："如何保持？"崇范说："饥食渴饮。"从此道行的法力增加，禅缘愈熟，可以派使"山蛇野兽，燃指祷霖，咒水治病，无不灵验"。①

（五）毗尼多流支禅派在社会上的影响

一般来说，禅师们对于儒教、道教的、谶纬、风水及其他民间信仰、法术都是很精通的。越南毗尼多流支禅派的著名禅师们都能把预言、谶纬和风水学灵活地运用，在当时社会上起了重要作用。其中有代表性的有定空禅师（730—808）、罗贵安禅师（852—936）、万行禅师（？—1018）、法顺禅师（？—990）等。

定空属第八世，他预测了他的家乡将来一定有一位姓李之人当上皇帝。② 定空是古法人，俗姓阮，"其为人深明世数"，时人尊崇，称为长老。唐贞元（785—805）间，为了在本乡建琼林寺，定空挖土得到一枚

---

① 《禅苑集英·道行传》。
② 定空是古法乡人，李公蕴也是古法乡人。

香炉和十口铜磬，派人带到湖边去洗，一口落下水去，沉到了底，定空便解曰："十口成古字，水去成法字，土者我所居，出本土也。"因此改其乡为"古法"乡（旧名延蕴），并写出一首带有谶纬、预言色彩的偈：

> 地呈法器，一品精铜。
> 置佛法之兴隆，立乡名之古法。
> 法器出现，十口钟铜。
> 李兴王三品①成功。②

此偈当时在民间广泛地流传。

罗贵安属第十世，他的《示寂偈》也带有浓厚的谶纬、预言色彩：

> 大山龙头起，蛇尾隐明珠。
> 十八子③定成，绵树现龙形。
> 兔鸡鼠月内，定见日出清。

后来果然是这样，在 1009 年 11 月卯日李公蕴登基做了上皇帝（鸡年，子月，兔日）。

法顺禅师属第十一世，万行属第十二世，是当时此派最有名的两位禅师。据《禅苑集英》载：法顺姓杜，少年出家，跟龙树寺扶持禅师习禅，得法后"出口必合度谶"，他又"博学工诗，负王佐之才，明当世之务"。善运筹策略和符诚帮黎大行（？—1005）创帝业。986 年，宋朝李觉到交州，黎大行派他以外交官的身份去迎接。渡江时，李觉看见两只鹅在江面上游泳，便吟："鹅鹅两鹅鹅，仰面向天涯。"杜法顺接着吟："白毛铺绿水，红爪摆清波。"李觉特别钦佩。有一天黎大行以国祚之长短问他，他说：

> 国祚如藤络，南天裹太平。
> 无为居殿阁，处处息刀兵。

---

① 李公蕴在黎朝当三品官。
② 《禅苑集英·定空传》。
③ "十八子"三个字加起来成"李"字。

意思是如果皇帝和朝廷官员们相互团结，相互依赖，对老百姓实行佛教的慈悲精神，那国家的和平与稳定就一定会长久。他曾撰《菩萨号忏悔文》一卷，行于世（今已佚）。

万行禅师属第十二世，他运用谶纬和预言特别奇妙，得到国王和朝廷的重视，以及老百姓的敬重。为了国家的稳定，他不管佛教的戒律，如"不杀戒"，他劝黎大行去讨伐占城。关于他的事迹，《禅苑集英》载：万行"幼时超异，该二学（戒、定、慧），研究《百论》"。万行 21 岁出家，跟六祖寺禅翁学佛习禅，禅翁圆寂后，万行专习"总持三摩地"，时或发言"必为天下符徵"。黎大行非常敬重。980 年，宋朝派侯仁宝率领军队到了浪山省，黎大行问：事情如何？万行答："三七日中贼必退。"果然如此。黎大行想讨伐占城，但还在犹豫，万行奏曰："请速行无失机会。"此次黎大行大胜。1005 年，黎卧朝即位，但采取暴虐政策，对佛教采取残酷政策，民众很不满。在此情况下，人民想改朝换代。万行以符咒、谶纬、预言有效地组织群众的舆论，其目的在于推翻黎卧朝，建立新的王朝。《禅苑集英》记载很多关于万行的偈语和预言，下面我们看这样一件事。有一天雷打木棉树，万行发现一首偈：

> 树根杳杳，木表青青
> 禾刀木落，十八子成。
> 东阿入地，异木再生。
> 震宫见日，兑宫隐星。
> 六七年间，天下太平。①

《大越史记全书》上记载道："僧万行私自评曰：树根杳杳，根者本也，本犹君也，杳禾同音，杳当作禾。木表青青，表者末也，末犹臣也，青著声相近，青当作著，盛也。禾刀木，黎字也。十八子，李字也。东阿者，陈字也。入地者，北人入寇也。异木再生者，黎氏（后黎朝）再生也。震宫见日者，震东方也，见出也，日犹天子也。兑宫隐星者，兑西方也，隐犹没也，星犹庶人也。此言君禾臣盛，黎落李成，东方出天子，西

---

① ［越］吴仁连撰：《大越史记全书·李纪》，吴德寿译，越南社会科学院出版社 1998 年版，第 109 页。

方没庶人，经六七年间，而天下太平。"

这首偈当时广泛流传，实际上是万行自己创作的，然后自己分析，目的在于给李公蕴作皇帝制造舆论。李公蕴在宫中被拥戴为皇帝之前的几天，万行便在六祖寺①跟周围的人说，大家都急忙跑去京都，果然如万行所说。

为了国家和民族长久的独立与发展，万行劝李公蕴把京都迁到异龙（今河内）。据《迁都诏》载，花炉（故都，今宁平省）是"世代弗长，算数短促，百姓耗损，万物失宜"。至于异龙则"宅天地区域之中，得龙盘虎踞之势，正南北东西之位，便江山向背之宜。其地广而坦平，厥地高而爽恺。民居蔑昏垫之困，万物极繁阜之丰"。通过这段诏文，我们可以相信：万行既是一位帮助李公蕴草拟《迁都诏》的人，又是给异龙设计画图的人。因为如果对风水学、地理学不了解，就不能写出这样的文章来。并且，万行是当时最著名的禅师，同时也是最著名的知识分子之一。

万行是人民的心灵导师，是人民的精神和行动的领导者，他的知识面很广，对儒学、道学、佛学的知识都能够运用自如，不论儒还是道，只要能给道法和民族带来独立和幸福他就运用。这种观点体现出他的大乘精神即破执精神。万行的行动思想，可以概括为他临死时对徒弟们说的偈语："汝等要往何处，我不以所住而住，不依无住而住。"这体现出一种无住精神。此话是毗尼多流支禅派的基本思想，是般若学说的思想："菩萨摩诃萨住无所住，是住菩提……"②或"应无所住而生其心"③。李仁宗（1072—1127）作一首诗追赞他：

> 万行融三际，真符古谶诗。
> 乡关名古法，拄锡镇王畿。④

总之，毗尼多流支禅派思想源于"般若学"、"三论学"、"华严学"等思想。他们常用《金刚经》《百论》《法华经》《象头精舍经》《华严

① 六祖寺离京都 130 公里。
② 《象头精舍经》，《大正藏》第 19 册，第 466 页。
③ 《金刚经》。
④ 《李陈诗文》第 1 集，第 432 页。

经》《总持经》等来当作自己禅的指导思想。毗尼多流支曾在中国译出
《象头精舍经》，此经属"般若思想"。他在越南居住了十四年时间，肯定
也将此经传给自己的禅生们。有学者认为，毗尼多流支用《象头精舍经》
取代当时常用的《楞伽经》，这不是没有道理的。不过取代的是《楞伽
经》还是其他经典，这不敢肯定。毗尼多流支到法云寺时，法云寺已有
三百多名禅生跟法贤和观缘习禅，不知观缘用什么经典来指导禅生，史无
记载。众所周知，3 世纪越南曾有康僧会（200—280），其父康居人，他
在越南出生、出家、习禅，后到中国传禅，这说明当时越南禅学比较繁
盛。据《禅苑集英》载，康僧会禅在越南已经成为一个派别了。通辨国
师称其为"康僧会支派"，此支派到通辨时期还有雷荷泽禅师："康僧会
支派，即今雷荷泽是也。"所以前述《象头精舍经》不一定只取代《楞伽
经》。《禅苑集英》载：清辨"专持《金刚般若经》为业"。他的传法师
父惠严以《金刚经》思想传给清辨，这也说明当时此派很早地普及"金
刚般若思想"了，可能比中国禅宗使用《金刚经》还早一些。到公元 9
世纪初，无言通从中国广州到越南传南宗禅，此派又受到中国南宗禅的影
响。到 11 世纪，草堂把云门禅派思想传到越南建立草堂禅派，此派又受
到草堂派思想的影响。所以，此派自公元 9 世纪起受中国南宗顿悟禅思想
的影响。

由于此派的很多禅师都出身于当时贵族官僚家庭中，他们受到良好的
教育，所以都精通儒学和道学，对深入研究佛学来说这是十分有利的，如
纯真（？—1101）、惠生（？—1063）、禅岩（1093—1163）、本寂（？—
1140）、法融（？—1174）、智禅（生卒年不详）、真空（1046—1100）、
妙因（1042—1113）、圆学（1073—1136）、圆通（1080—1151）。有的还
参加由朝廷组织的三教考试，并且考中了进士、甲科，如禅智考中了进
士；禅岩参加由李神宗（1092—1101）组织的《法华经》《般若经》考
试；圆通参加三教考试，都考中了甲科等。有的只听讲《金刚经》《法华
经》而悟道出家，如智禅、真空等。因此在禅学思想上，或者在表达方
式上，他们受到儒教和道教的深刻影响。

毗尼多流支派还有一个比其他派别更加明显的特点，即其受到密教和
预言、符谶、风水等民间信仰的影响，但只集中在第八世到第十二世禅师
（即从 9 世纪初到 12 世纪初之间），其余的基本没有，或者非常淡薄。这
是为什么呢？我们认为这也是当时社会的需要。

从历史角度看，当时（9世纪）唐王朝进入晚期了，他们对交趾的统治更加苛刻，人民生活动荡，在心理上也很不安定，农民起义不断地发生。到唐朝瓦解（907）后，中国又进入五代时期，内战不断发生。唐王朝瓦解前后几十年，他们对交趾的统治却很松弛，有时唐朝派来的节度使和军队都撤回了中国。一些交趾贵族趁此机会起义建立独立的国家。农民起义的领袖们为了有效提高自己的名声来聚集民众，就利用佛教特别是这些受密教、预言、风水说影响的禅师们（当时人民的文化水平很低，又爱好灵异的东西），因此密教和风水说得到重视。

从佛教本身来看，禅师们也希望交趾独立，希望老百姓安居乐业。据《禅苑集英·定空传》和《禅苑集英·罗贵安传》载，他们很早就有这个愿望了。定空善于预言、风水说，住大德府骚榜乡众善寺，他很早就断定，他住的地方后必有王者出现，"李兴王二品成功"。罗贵安也住在众善寺，示寂之前跟其弟子禅翁（902—979）说："初高骄于苏历筑城，知我古法之地（骚榜乡）有王者气乃凿断甜江，及扶轮池等十九处以掩之，吾今已劝曲览填复如故，又于明珠寺种棉木一树，以镇断处，知后世必有王者出，以扶植吾正法……"这说明当时越南还属唐朝的统治，但禅师们已有一个独立的愿望了。这些禅师为了能够建立起独立的国家，维护新王朝的长治久安，帮助人民解决困难并扶植佛法的发展，他们不管禅宗还是密宗，不管内道还是外教，能够达到这些目的他们都采用。实际上，受密教、预言、风水说影响的这些禅师都很积极入世，如定空、罗贵安、摩诃，特别是法顺和万行。越南佛教从康僧会开始，就具有入世精神，到此时，此精神已高度地发挥作用。

法顺在"黎朝创业之始，运筹定策，预有力焉"[1]。万行极力维护黎大行，但知道黎卧朝对人民残暴不仁之后，他又进行改朝换代的革命，用多种预言、符谶来提高李公蕴的威信，让他安安稳稳地登上皇位，还继续帮助他在经济、文化、外交、宗教等方面达到前所未有的辉煌。可以说当时密教、预言、风水说和入世精神是离不开的。其余还有一些禅师为朝廷、为人民进行祈雨、祈晴、咒水治病等，看来偏于迷信，但在一定的场合对人民也有一定的帮助。此派开始受弥陀信仰的影响，但很淡薄。后随着李朝的灭之，此派也就消失了。

---

① 《禅苑集英·法顺传》。

第三节　中国无言通禅派传入越南

一　无言通行状及其传承

无言通，俗姓郑，是中国广州人。少时喜欢空学，不治家产，到婺州（今浙江省）双林寺受业。据《禅苑集英·无言通传》（以下简称《集英》）载：他"性沉厚，寡言默识，了达事体"。所以时人称之"无言通"。《五灯会元》《景德传灯录》和《宋高僧传》都称其"不语通"。有一天他在大殿礼佛，一位禅者问："座主礼什么？"他答："礼佛。"禅者指着佛像问："这个是什么？"他无答。那天晚上"具威仪"到禅者处礼拜。问："向之所问，未审意旨如何？"禅者却问："座主出家以来，经逾几夏？"他答："十夏。"禅者又问："这样曾算是出家了吗？"他却茫然无知，禅者便说："这么简单的问题如果不懂，那就连出家到百夏也无益。"禅者便带他去拜谒马祖道一（709—788），到江西便得知马祖道一刚圆寂，无言通便拜谒百丈怀海（720—814）。此时有一位禅僧问百丈："如何是大乘顿悟法门？"百丈答："心地若空，慧日自照。"无言通"于言下有所得"，回到一州和安寺①住持，后到韶州华南寺（今广东）居住，曾经在此寺教仰山习话头禅（807—883）。当然这只是无言通对仰山初期习禅的考验，至于仰山悟道却是以后他跟耽原道真和沩山灵佑（771—853）学的。《宋高僧传》卷十二《仰山慧寂传》载："仰山依南华寺通禅师下削染……"这位"通禅师"就是无言通禅师，由此可知他跟沩山灵佑和黄檗希运（？—850）的关系是同辈的，都是怀海的嗣法弟子。他在越南创开的另一个禅派，史称无言通禅派，此派在越南传承的时间起码有 450 年左右（820—1125），以后在陈朝（1226—1400）还继续发展。

无言通在和安寺时，有人问："师是禅师否？"他答："贫僧不曾学禅。"一会儿他又叫，那个人应"诺"，他指着棕榈树，其人无对。这段对答话跟唐代赵州从谂禅师（778—897）的"庭前柏树子"的意思是相同的。"棕榈树"和"庭前柏树子"等禅公案都锋芒所在，启示学人切勿寻言逐句，不可陷于知识见解，情念意想，应该摆脱一切，当下悟入。

唐元和十五年（820）秋天，九月，无言通从广州到越南，住在仙游

---

① 《景德传灯录》载安和寺，《禅苑集英》《五灯会元》载和安寺。

山扶董乡建初寺（今北宁省仙游县），此寺本有立德[①]（？—860）住持。无言通在建初寺驻锡时，除了饭粥之外，主要以禅悦为乐，"凡坐面壁，未尝言说"，多年没有人知道，只有寺僧感诚特别礼敬"奉侍左右，密扣玄机，尽得其要"。有一天，他无疾而叫感诚来说："昔吾祖南岳怀让禅师（676—744）归寂时有偈云，一切诸法，皆从心生，心无所生，法无所住。若达心地，所作无碍。非遇善根，慎勿轻许。"偈毕"合掌而逝"。感诚荼毗收舍利，在仙游山建塔。此时是唐宝历二年（827）。《越南佛教史》的作者何文晋说："无言通寿98岁。"不知他所据为何，其他的书都没有记载他的出生年代。我们认为《禅苑集英》是研究无言通最可靠的材料，此书也没有具体记载。《宋高僧传》《五灯会元》《景德传灯录》等中国史书都未记载。而且如果他98岁示寂的话，那么他92岁才到越南传禅。92岁这个年龄现在也属于罕见，怎么能还去这么远的地方传禅呢？因此这点是不可靠的。

《集英·无言通传》最后一句写："我越禅学自师（指无言通）之始。"众所周知，公元580年毗尼多流支已经到越南传禅了，到此时已传到第十代了。再早的还有康僧会，应该算是从他和他的师父辈开始而不是无言通，但为什么史书这么记载呢？我们认为有如下几个原因。第一，康僧会禅学出现很早，其影响的时间也很长，到公元12世纪还有人传承。《集英·通辨传》载："流支派者即今惠生（？—1063）、真空（1046—1100）是也。无言通派者，即今梅圆照（999—1090）、颜广智（生卒年不详）是也。康僧会支派即今雷荷泽是也。其余旁出浩不悉举。"[①] 这样看来当时越南禅宗很发达，支派也很多，通辨只举当时几个代表禅派：毗尼多流支派、无言通派和康僧会派，其实当时还有一个很大的禅派即草堂派，在1069年传到了越南。李圣宗（1023—1072）已经成为草堂派第二代传承了。但他不提此派说明当时康僧会支派比草堂派的影响还大。可是此派除了康僧会之外，其他的传承世系、行状等到现在都无可考证。至于雷荷泽之后更加杳无音信，虽然觉海（生卒年不详）和空路（？—1741）先跟雷荷泽学禅，但后来却得法于其他派别的禅师（他们都既属无言通派又属草堂派的得法者）。第二，毗尼多流支派从公元6世纪末开始传禅，到通辨时已传播约500年，虽然其传承世系很多，但它的禅学思想越

---

① 即感诚。

来越接近于无言通派和草堂派的思想。到陈朝已经没有多大影响了。第三，《禅苑集英》的作者主要属无言通派的人，他有偏见：把无言通禅派排在前头部分，这对历史事件来说是不顺的。他对毗尼多流支派记载比较简略，特别是草堂派。第四，也许是印刷问题。但不管怎么说，无言通派的思想一直到陈朝还在继续发展。不过在陈朝和陈朝之后，它又受到中国临济宗的影响。从这一点我们知道，百丈怀海的法子法孙们，除在中国开创临济宗和沩仰宗之外，在越南还创立了无言通禅派，此派传得十六世（包括无言通在内）。下面是此派的传承。①

第二代：感诚禅师（？—860），号立德。

第三代：善会禅师（？—901），典冷人，号祖风。

第四代：二人得旨，一人缺录。云峰禅师（？—957）。

第五代：一人得旨，一人缺录。

匡越大师（933—1011）俗姓吴，名真流，是吉利乡人，吴顺帝②的后裔。40岁时，名声震于朝野。丁先皇（968—978年在位）拜为僧统。他是越南佛教第一位僧统，并赐号匡越太师。黎大行（981—1005年在位）"尤加礼敬，凡朝廷军国之事，师皆与焉"。公元986年宋朝使者阮觉（李觉）到越南，黎大行派匡越和法顺"变服为江令，迎于江面"，回到朝廷，他们又接待李觉，李觉非常佩服，便写诗相赠，诗中有"天外有天应远照"一句，黎大行命匡越看，说："此尊陛下与其主不异。"后告老，归本乡，创佛陀寺任住持。

有一天，其弟子多宝问："如何是学道始终？"匡越答："始终无物妙虚空，会得真如体自同。"多宝又问："如何保任？"③匡越答："无汝下手处。"多宝又说："和尚道了也。"匡越问："汝作么生会？"多宝便喝。匡越主张：反对任何执著、分别等思维方式，他认为法身即心本体，虽不可知，但"如木中之火，如钟鼓之声。因缘未俱时，不可言其无"④。示寂前，他会众说偈曰：

---

① 1096年通辨回答符圣感灵仁皇太后关于佛祖和禅宗传到越南的来源与时间。
② 吴顺帝即吴权（939—944年在位）。
③ 保任：悟禅之后，须加保持、维护。
④ 《五灯会元》卷三《怀海传》。

木中元有火，有火复还生。

若谓木无火，钻燧何由萌。

匡越在丁、黎、李三朝都起了重要作用，他跟多宝、万行共同拥护李公蕴登上皇位，开创了越南史上最辉煌的一个朝代——李朝（1009—1225）。

第六代：二人得法，一人缺录。

多宝禅师（生卒年不详），得到匡越赞许，曾帮李公蕴即位，李公蕴多次请他赴阁，咨访禅旨，至于"朝廷政事，咸预决焉"。

第七代：三人得法，一人缺录。

余二人为定香长老（？—1081）和禅老禅师（生卒年不详）。

第八代：七人得法，一人缺录。

余六人为究旨禅师（？—1067）、宝性禅师（？—1034）、明心禅师（？—1034）、广智禅师（？—1090）、圆照禅师（999—1090）、李太宗（1000—1054）。

李太宗即李佛玛，讳德政，是李太祖的长子，曾跟禅老禅师参问禅旨得悟。

最著名的是圆照禅师。圆照禅师，俗姓梅，讳直，福堂龙潭人（今河内清池县），是李朝灵感太后①的哥哥的儿子。少年时聪敏好学。据《集英·圆照传》听说本郡密严寺有长老善于看相，他便来看，长老说："汝转佛法有缘，若出家必为善菩萨中人，不然，则寿夭难保。"圆照感悟，便辞亲投定香长老出家，他在定香处"执侍余年，研究禅学，常持《圆觉经》明三观法，② 一夕定中……深得言语三昧"。著有《药师十二愿文》《赞圆觉经》《十二菩萨修行证道场》，这些作品都已佚，只有《参图显诀》还在。李仁宗（1066—1128）派使者把《药师十二愿文》赠宋哲宗（1086—1101），宋哲宗便召请中国高座法师们到相国寺看此书，大家都合掌礼曰："南方有肉身大士出世，善说经法，贫道岂能敢增损。"《参图显诀》对研究当时越南的哲学、文学、佛学、禅学都有很大的帮助。

---

① 灵感太后，姓梅，李圣宗的母后。

② 圆觉三观法即《圆觉经》说三种观法：奢摩他观、三摩钵底观、禅那观。

第九代：六人得旨，三缺录。

余三者为满觉大师（1052—1096）、悟印禅师（1020—1088）、通辨国师（？—1134）。

第十代：八人得法，三人缺人录。

余五人为道惠禅师（？—1073）、宝鉴禅师（？—1173）、辨才禅师（生卒年不详）、空路禅师（？—1119）和本净禅师（1100—1176）。其中辨才是中国广州人，李圣宗时（1054—1074）到越南跟通辨习禅得旨，奉敕编修《对照录》。

第十一代：十二人得旨，二人缺录。

余十人为明智禅师（？—1196）、信学禅师（？—1196）、大舍禅师（1120—1180）、净力禅师（1112—1175）、智宝禅师（？—1190）、长原禅师（1110—1165）、净戒禅师（？—1207）、觉海禅师（生卒年不详）、愿学禅师（？—1181）和净空禅师（1091—1170）。净空是中国福州①人，先在中国福州崇福院出家受具，20 岁行脚南方，得到李朝皇帝敬重，跟道惠习禅得法。

第十二代：九人得法，八人缺录。

余者为广严禅师（1122—1190），俗姓阮，丹凤人（今河西省丹凤县），先跟宝岳禅师出家，后跟禅智禅师习禅得旨。

第十三代：七人得法，六人缺录。

余者为常照禅师（？—1203），俗姓范，扶宁人（今河内市嘉林县），李高宗时做官到广慈宫令都曹。后辞官，跟广严出家，得旨。他又到绛榜乡六祖寺（原属毗尼多流支派的大寺院）住持。他门下有三位著名弟子：现光、神仪、通师。这三位对陈朝竹林禅派的成立与发展起了重要作用。他对越南"帝王禅"提出最基本理论，著有《南宗嗣法图》一卷。据黎贵惇的《大越通史》说，常照还撰《释道科教》一卷。可惜，这些作品都已失传。

第十四代：五人得法，三人缺录。

余二者为通师大士（？—1228）和神仪禅师（？—1216）。

第十五代：五人得法，三人缺录（其中可能有隐空禅师）。

余二者为息虑禅师（生卒年不详）和现光禅师（？—1221）。

---

① 今中国福建省福州市。

第十六代：七人得旨，六人缺录。

余者为应王居士（生卒年不详），升龙郡画市坊（今河内市）人，俗姓杜，讳文，性豪放，不争世务，在昭陵①朝做官到中品奉御。一有时间就"笃志禅学，手不释卷，搜穷祖意，了达心宗"。他跟息虑习禅得旨，从此禅风不滞，道眼愈高。门下得法弟子有逍遥禅师、一宗国师、戒明禅师、戒圆禅师等，其中逍遥禅师是中国人，是陈朝慧忠的师父。他对陈朝竹禅派的成立起过重要作用。

总之无言通禅派传到应王（李末陈初）共有十六代。其余还有一些如逍遥、一宗、戒明、戒圆等禅师，到陈朝还继续发展、传承。《集英》只记到十六代，《越南佛教史论》阮郎把逍遥、一宗等排成第十七代，这做法是有道理的，但对于他们的行状，《集英》只提他们的名字。陈朝佛教史书对他们的事迹记得很散漫，对有的人则毫无记载，如戒圆、戒明等，所以研究他们是很困难的。

其中有三人是中国禅师（包括无言通在内），此外，严翁是人舍的弟子，逍遥是应王的嗣法弟子。他们大部分都先在中国出家受具，后到越南得传心印，能记载在《集英》中的中国禅师，只是得法者或代表人物，这意味着未被记在《集英》中的到越南的中国禅师肯定还有很多，他们之间相互交流、相互学习、相互传承、相互影响。

无言通派几代失录特别多，如第十二代得法九人，失录八人。第十三代得法七人，失录六人。第十六代得法七人，失录六人。这三代，每代只得载一人，而得载的人几乎都是纯粹的无言通思想（南宗禅），不受密教和其他因素影响。

无言通派也受密教的影响，如空路、觉海、愿学等，但人数不多，时间也不长。前面八代和最后二代几乎没有受到密教影响，但此派开始受净土信仰的影响，不过还很少，下面我们略举此派思想。

二　无言通禅派的思想来源

唐元和十五年（820），无言通从中国广州到越南仙游山建初寺卓锡。据《集英·无言通传》载：他是百丈怀海的嗣法弟子。众所周知，百丈是马祖道一的嗣法弟子，道一是南岳怀让的嗣法弟子，怀让是六祖慧能

---

① 昭陵即陈太宗（1218—1277）。

（638—713）的高足弟子，这样无言通的确是南宗禅派的传承人。据陈文甲的 *Le Bou Cisme En Annam* 排序：

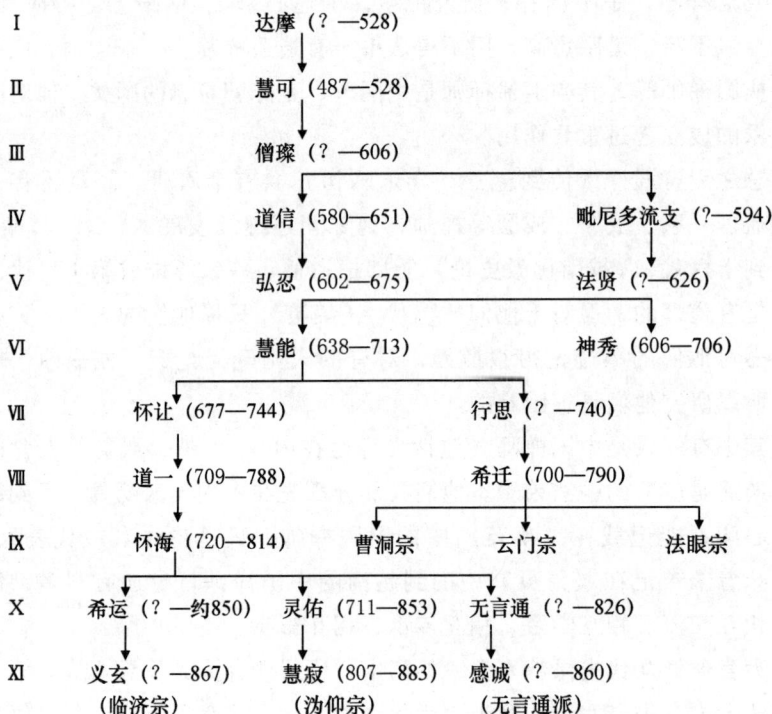

I	达摩（？—528）		
II	慧可（487—528）		
III	僧璨（？—606）		
IV	道信（580—651）	毗尼多流支（？—594）	
V	弘忍（602—675）	法贤（？—626）	
VI	慧能（638—713）	神秀（606—706）	
VII	怀让（677—744）	行思（？—740）	
VIII	道一（709—788）	希迁（700—790）	
IX	怀海（720—814）	曹洞宗　云门宗	法眼宗
X	希运（？—约850）　灵佑（711—853）	无言通（？—826）	
XI	义玄（？—867）　慧寂（807—883）	感诚（？—860）	
	（临济宗）　　（沩仰宗）	（无言通派）	

　　这里说明了两个问题。第一，三祖僧璨的嗣法弟子，除了道信之外，还有毗尼多流支，大象①二年（580）到越南创立毗尼多流支禅派。第二，百丈的弟子，除了希运、灵佑的弟子创立临济宗和沩仰宗之外，还有无言通在越南很早就创立无言通禅派了，此派 13 世纪初之前在越南三大禅派当中影响最大，所以想了解此派的思想，必须先研究百丈怀海的思想。

　　百丈怀海，俗姓王，福州长乐县人。据《宋高僧传》卷十、《景德传灯录》卷六载：其远祖避乱移到闽地。早年依西山之慧照落发，受具于衡山之法朝，后到洪州师事道一，"尽得心印"，初居止石门重宣上法。后檀越请他住洪州新吴界大雄山，此山"水清山灵，几立千尺许，故有

---

① 《禅苑集英》记载为大祥，可能是"象"字，因为陈朝只有大象而没有大祥年号。

百丈之名"。宪宗帝元和九年（814）去世，寿95岁。其制定《禅门规式》，后称《百丈清规》，为寺院广泛采用。平生苦节高行，凡日常作务必先于众，丛林中有"一日不作，一日不食"的佳话。至晚年犹勤劳不息，卒谥"大智禅师"。著有《百丈怀海禅师语录》《百丈怀海禅师广录》各一卷行世，其弟子有灵佑、希运、无言通等人。

怀海之前，由于禅宗还没有独立的禅寺，所以禅师多住律寺。至怀海开始别构禅宇，并撰《清规》使禅僧按禅规一起在一个禅寺修习与生活。《五灯会元》卷二《怀海传》载，师凡是做事执行勤务，一定跑在其他人前面，主管的人不忍心，就暗中把用具藏起来，并请他休息，禅师说："我无德无能，怎敢有劳于别人呢？"因为到处都找不到工具，结果连吃饭也忘了。因而有"一日不作，一日不食"的话流传天下，这口号的思想在越南禅宗中影响很大，到现在一些大禅寺还在采用《古清规序》和元代德辉奉元世祖之命改编的《救修清规》。①

怀海的机用很像马祖道一。《五灯会元》卷三《怀海传》载，禅师陪伴侍候马祖出行中，看到一群鸭子飞过去。马祖问："这是什么？"禅师说："是野鸭子。"马祖又问："到什么地方去了？"怀海说："飞过去了。"马祖于是扭禅师的鼻子，痛得禅师喊叫起来，马祖说："又说飞过去了。"禅师听马祖一说，心里有所省悟，回到侍者住处，悲伤地大哭起来，同事问他说："你想父母了？"禅师回答说："没有。"又问："被人骂了？"禅师说："没有。"又问："那你哭什么呢？"禅师说："我的鼻子被大师扭得痛得不得了。"同事又问："有什么因缘不契合？"禅师答："你问和尚去吧。"于是同事去问大师说："海侍者有啥因缘不契合？在僧舍里哭，请和尚告诉我们。"大师说："是他知道的，你自己去问他吧。"同事回到住处说："和尚说你是知道的，叫我自己来问你。"禅师听说就呵呵大笑。同事感到迷惑不解。所以人们认为他得道一的大机。

对于佛性论来说，怀海认为：佛性不可说有，不可说无，亦不可说非有非无，同样属于名言概念假立，但若不说，"众生无解脱之期，如欲说之，众生又随语生解，益少损多"。重要的是，通过佛性的议论除去众生的"情执"，因此他提出"有情无佛性，无情有佛性"之说。他解释说：

---

①　《百丈清规》（已佚）。

　　从人至佛，是圣情执。从人至地狱，是凡情执。只如今但于凡圣二境有染爱心，是名有情无佛性；只如今但于凡圣二境及一切有无诸法皆无取舍心，亦无无取舍知解，是名无情有佛性。只是无其情系，故名无情，不同木石、太虚、黄花、翠竹之无情将为有佛性。

　　关于翠竹、黄花有没有佛性的争论问题，怀海解释：心无情系即是"无情"，与木石等的"无情"不是同一个概念，"只如今鉴觉，但不被有情改变，喻如翠竹；无不应机，无不应时，喻如黄花"。就是说：翠竹、黄花仅仅是对"鉴觉"（心）不被情爱系缚的一种譬喻，同给予无情之物以佛性者大相径庭。由此可以清楚，怀海提倡的"心如木石"，只是形容不受情爱染污的意思，而不是完全麻木不仁。①

　　按《古尊宿语录》卷一所收怀海《广录》说："海以不著为宗，以无求为心要。"怀海用"心如木石"和"佛不住佛"之类来代替"无受"、"无心"等概念，其意思类似。《五灯会元》卷二《怀海传》曰："灵光独耀，迥脱根尘。体露真常，不拘文字。心性无染，本自圆成。但离妄缘，即如如佛。"这就是怀海上堂时与众开示的话。有人问："什么是大乘入道顿悟法门？"怀海答：

　　　　汝等先歇诸缘，休息万事：善与不善，世出世间一切诸法，莫记忆，莫缘念；放舍身心，令其自在：心如木石，无所辨别，心无所行，心地若空，慧日自照，如云开日出，但歇一切攀缘，贪嗔爱取，垢净情尽，对五欲八风不动，不被见闻觉知所阂，不被诸法所惑，自然具足一切功德，具足一切神通妙用，是解脱人，对一切法心无译乱，不摄不散，透一切声色，无有滞阂，名为道人。善恶是非俱不运用，亦不爱一法，亦不舍一法，名为大乘人。不被一切善恶，空有垢净，有为无为，世出世间，福德智慧之所拘系，名为佛慧。是非好丑，是理非理，诸智解情，尽不能系缚，处处自在，名为初发心菩萨，便登佛地。

　　可以说，怀海的思想没有特别的特色，只是开创禅刹整顿禅规矩成就

①　杜继文、魏道儒：《中国禅宗通史》，江苏古籍出版社 1995 年版，第 255 页。

祖门独立之功，将永不可没。怀海之禅以不为物所拘为宗。

据《集英·无言通传》载无言通谒见怀海时，"有一僧问：'如何是大乘顿悟门？'丈云：'心地①若空，慧日自照②'。师（指无言通）于言下有所得"。这是说他听到百丈所讲上边这一段话就觉悟了。无言通在越南共有六年，唐宝历二年（827），无疾叫感诚曰：

> 昔吾南岳怀让禅师，归寂时有偈云："一切诸法，皆从心生。心无所生，法无所住。若达心地，所作无碍。非遇上根，慎勿轻许。"

此偈是怀让的偈，载在《五灯会元·怀让传》及诸书中。前四句说明宇宙中的一切现象事物（万法）虽是现有但都依靠人的心识活动即分别认识来维持。如果心不生万法即不起任何分别念头，或不受任何分别念头所系缚约束，那万法就没有根据，没有地方产生、存在了，换句话说，只有分别心才能产生万法。方法是"先歇诸缘，休息万事，善与不善，世出世间，一切诸法，莫记忆，莫缘念"。如果通达"心地"即心能产生万法的可能性不再产生了，那么其所作所为就会不受任何障碍，自由自在。修行者使"心地"不产生万法就达到"无念"境界。"无念"这个概念源于《大乘起信论》，《起信论》梁本解释："念"就是"心动"，"心动"就是"无明"，"不觉"是人生流转世间的根本原因。真心的本性是"无念"，"无念"就是心静，心静就是"智慧"、是"觉"，这就是出离世间的根本原因。慧能的《坛经》常用"无念"这个概念来说明无妄念即正念。神会对"无念"的解释更加直率："无者无有二法，念者唯念真知……所言念者，是真如之用；真如者，即是念之体，以是义故，立无念为宗"③。神会把"无念"解释为"专念"，与梁本《起信论》的"无念"完全不同，"无念"不是"万物不思"而是不受万法的系缚，即"法缚"。《坛经》解释："无念法者，见一切法，不着一切法。"因而不是不思不念，只是不执著而已。"无念"即无妄念，即正念的异名。《宗镜录》卷八曰："正念者，无念而知，若总无知，何成正念？"《顿悟入道

---

① 　心地：是禅门常用的概念，最早见于《坛经》。
② 　《五灯会元》卷三《怀海传》及诸书写成"现"字。
③ 　《神会语录》。

要门论》卷上曰："问：此顿悟门，以何为宗？以何为旨？以何为体？以何为用？……答：无念为宗，妄念不起为旨，以清净为体，以智为用……""无念"这个概念，即令人在认识中不能产生妄念即分别念。"心地若空"的"空"即没有善恶、邪正、生灭、有无等分别概念在思想中，那就达到了解脱，自由自在，怀海说："佛只是人，人只是佛。佛只是去住自由，不同众生。"有人问怀海："什么是心解脱以及一切都解脱？"他答："不求佛法僧，甚至不求福智知解，等等，垢净情尽，也不恪守这种无求，因此也不住尽处，也不欣羡天堂，也不畏惧地狱，缚脱无所滞碍，是身心及一切处均叫解脱……"①

偈的最后两句是说，不遇到上等禀赋的人，说话、传授要谨慎。即嘱咐词，本是怀让用来嘱咐他的弟子们，到无言通也用来吩咐感诚禅师。意思是说：此大乘法门与成佛的可能性人人都有，但不一定都能顿时觉悟，因为每人的根机是不同的，如果把大乘顿法传给中根以下的人，不但不能成佛，反而对正法生起诽谤之心。

据《集英·感诚传》载，无言通跟感诚说：昔世尊为一大事因缘②出现于世，化缘周毕，示入涅槃，如此妙心③，名正法眼藏④，实相无相⑤，三昧法门，亲付弟子摩诃迦叶尊者为初祖，世世相传，至达摩大师，自西而来，跋涉险危，为传此法，递至六祖曹溪，得于五祖所，于达摩初至，人未知信，故以传衣以明得法，今信已熟，衣乃争端，正于汝身，不复传也，于是以心传心，不授衣钵。时南岳让首得其传，让授马祖，马祖授百丈海，吾于百丈，得其心法，久响北方，慕大乘者众，是以南来，求善知识，今与汝遇，善宿缘也，听吾偈曰：

诸方浩浩，妄自喧传。

谓吾始祖，亲自西来。

传法眼藏，曰谓之禅。

一花五叶，种子绵绵。

---

① 《五灯会元》卷三《怀海传》。
② 一大事因缘，即《法华经·方便品》的开示悟入佛知见：转迷开悟。
③ 妙心：心体不可思议。
④ 正法眼藏：济净法眼，禅宗以为教外别传的心印。
⑤ 实相无相：真实不虚，指万有的本体。

潜符密语，千万有缘。

咸谓心宗，清净本然。

西方此土，此土西方。

古今日月，古今山川。

触涂成滞，佛祖成冤。

差之毫厘，失之百千。

汝善观察，莫赚儿孙。

直铙问我，我本无言。

上边这段话说明这样几个意思。第一，无言通承认南宗禅从印度第一祖迦叶到第十八代达摩祖师的传承历史，同时达摩也是中国禅宗第一祖，传到第六祖慧能"一花五叶"。慧能之后"种子绵绵"。他也把禅宗叫作"心宗"，其目的在于使心达到"清净本然"。第二，他解释心宗的宗旨，在认识方面不能分别时空："西方此土，此土西方，古今日月，古念山川。"又不能执著，停滞于佛、祖、众生、禅、涅槃、地狱等："触涂成滞，佛祖成冤。"如果起丝毫分别执滞的念头就永远不能达到真正的认识道（不能解脱）："差之毫厘，失之千里。"有人问怀海："依经解义，三世佛冤。离经一字，如同魔说时如何？"怀海答："固守动静，二世佛冤，此外别求，即同魔鬼。"① 跟无言通上边所说是同一个意思。但也不能离开心而求道，求解脱，感诚对善会（？—901）说："离心求佛者外道，执心求佛者为魔。"这句话本是大珠慧海对其弟子说的，目的在于反对人们对"即心是佛"产生执著、分别的认识。总之，无言通禅派的思想，基本上还是继承中国南宗禅思想，具体是怀海的"佛不住佛"、"有情无佛性，无情有佛性"、"心如木石"、"劳动禅"等思想，在禅门生活中采用"一日不作，一日不食"② 的口号。这些思想支配了整个无言通派的思想，到南朝陈又跟中国临济宗相结合起来开创有越南禅宗特色——竹林禅派。只不过自从传入越南（820）到 12 世纪中叶，无言通派几乎没有创新的思想。这说明越南禅宗的中国化程度比较深。

---

① 《五灯会元》卷三《怀海传》。

② 参见杜继文、魏道儒《中国禅宗通史》，江苏古籍出版社 1995 年版，第 253、254、255 页。

三　无言通禅派的思想

（一）顿悟问题

顿悟是南宗禅的特殊思想，它是与北宗禅分派的最主要原因。无言通禅派也强调南宗的顿悟精神。顿悟与渐悟是相对而言的，顿悟是指不要通过任何中介而速疾证悟妙果。顿悟不是时间问题，而是体会方法问题，《顿悟入道要门论》上曰："云何为顿悟？答：'顿者顿除妄念，悟者悟无所得。'又云：'顿悟者，不离此生，即得解脱。'"此"妄念"即虚妄分别的心念。"无所得"即体无相的真理，心中无所执著、无所分别，即空慧（观空理的智慧），即无分别的智慧。无言通听到百丈讲"心地若空，慧日自照"的话后就领会真理，意思是说：在认识真理的道路上，如果没有任何执著、分别境界的念头所控制、约束那就是顿悟成佛。关于顿悟，感诚（？—860）对其弟子解释：善会问："教中道：释迦如来，因地修行，成道之位，历三阿僧祇劫，始得成佛，今大德每言'即心即佛'，某甲未明，愿一开示？""即心即佛"同"即心是佛"，意思是说：心就是佛，这是南宗顿悟禅的基本含义，也是禅宗核心理论，诸如顿悟、平常心、不立文字、心心相印等禅宗主张都与这个密切联系，共同构成禅宗特色。无业禅师（760—821）初见道一便问："常闻禅门'即心是佛'，实未能了？"大寂①曰："只未了底心即是别物更无，不了时即是迷。若了即是悟。迷即众生，悟即是佛，道不离众生，岂别更有佛。"无业言下豁然顿悟，说："本谓佛道长远，勤苦旷劫，方始得成，今日始知法身实相本自具足。一切万法，从心所生，只有名字，无有实者。"②《集英》中感诚质问善会曰："教中是什么人说？"善会答："岂不是佛说耶？"感诚说："若是佛说，为什么《文殊经》云：'吾住世四十九年，未尝说一字与人'，且古德道：'寻文取证者益滞，苦行求佛者俱迷。离心求佛者外道，执心求佛者为魔。'"善会问："如是则此心，哪个是佛，哪个为魔？"感诚知道善会心里还存着魔、佛等分别执著概念，这些执著对于顿悟道来说是很大的障碍，感诚便引用马祖的话，说："昔有人于马祖问：'即心是佛，哪个是佛？'马祖答：'汝疑哪个不是佛，指出看？'其人无对，马祖

---

① 即马祖道一。

② 《宋高僧传》卷十一《无业传》。

云：'达时遍境是，不悟永乖疏，只这话头，汝还会么？'善会言下顿悟。

《圆觉经》得到无言通派的禅师们普遍使用，如圆照、信学、净力等禅师，此经教禅者关于顿悟的方法。《圆觉经》说："是经名为顿教大乘，顿机①众生从此开悟。"《集英》载：圆照（？—1090）和悟印（？—1090）都很了解"圆觉三观法"。信学（？—1190）、净力（？—1173）都从"圆觉三观"而得悟。"圆觉三观"包括："奢摩他观"，即专静止心念而入于涅槃；三摩钵底观，即现如幻之相而证幻化之净行；禅那观，即不取净相及幻化，思维而证中道之实相，这都是修证顿悟禅的方法。

无言通认为顿悟能够实现，应该依赖"心地"，即心为万法之本，能生一切法，在身口意业中，心为最胜。《心地观经》曰："三界之中以心为主，能观心者，究竟解脱，不能观者，究竟沉沦。众生之心，犹如大地，五谷五果，从大地生，如是心法，生世出世，善恶五趣，有学无学，独觉菩萨，及于如来，以此因缘，三界唯心，心名为地。"《五灯会元》卷三《怀让传》载，怀让也主张："学心地法门，犹如下种子，我说法的要旨，好比那天泽，你的心识分别思虑与事物本身相合，应当看得出其中的道。"道一问："道不是色相，怎么说能看得见？"怀让说："心地法眼能看见道，无相三昧也是这样。"道一又问："有成败吧？"怀让说："如果凭成败聚散而见道，那不是见道。听我偈曰：'心地含诸相，遇泽悉皆萌。三昧花无相，何坏复何成！'"道一言下顿悟。心地本是万法的本源，所以百丈说："心地若空，慧日自现。"无言通将示寂，把南岳的话告诉感诚："一切诸法，皆从心生。心无所生，法无所住，若达心地，所欲无碍。"通师大士（？—1228）属此派第十三代，他说："但了心地，故号总持，悟法无生，名为妙觉。"现光禅师（？—1221）是陈朝竹林禅派的开山祖师，听"智通一言"他就"顿明心地"这些就是顿悟"即心是佛"的意思。但顿悟法门都离不开"无所得"道理。"无所得"是三论宗吉藏（624—699）提倡的最高境界，也是多数禅师的理想心态。神会（686—760）就给他以"无住"与"无相"的规定，并使它上升到"无念"的本体论高度。"无住"、"无相"可以概括起来叫"无住于相"，即于一切境界，不爱恋、不执著、不分别，虽然心能知见一切，身能遭遇一切，身心遍行于一切，而精神总是处于超然状态，不受主客观因素的支

---

① 顿机，即顿悟大乘的根机。

配，不为是非、得失所左右，无系无缚。

上边所引"悟者悟无所得"，马祖道一说："得无所得亦谓为究竟无得"①。即"无所得"和"无得"意思相同。"无所得"是觉悟的对象，此对象是没有具体对象的。实现此觉悟，不是由别人来实现而是自己本身实现的，即心中无所执著、无所分别。《仁王良贵疏》中曰："有所得心者，取相之心也。无所得心者，无分别智也。"《维摩慧远疏》曰："无所得者，理中无情可得，此诸菩萨破除情相，到无得处，名无所得。"或可以解释"无所得"是通过实现"八不"学说之后的结果，即否定所有分别执著相的结果，也就是怀海提出的"破除情执"的主张。愿学（？—1174）明确指出：

> 道无形影，触目非遥。
> 自反推求，莫求他得。
> 纵饶求得，得即不真。
> 设使得真，真是何物。②

愿学在他的示寂偈中说明，达到无得的精神状态，即没有主体和客体的区别：

> 了悟身心开慧眼，变化灵通现实相。
> 行住坐卧独卓然，应现化身不可量。
> 虽然充塞遍虚空，观来不见如有相。
> 世间无物可比况，长现灵光明朗朗。
> 尝时演说不思议，无得一言以为当。③

无言通所说的"无所得"，即无执着于时空，最后达到认识主体、认识客体、认识对象都被否认：

---

① 《古尊宿语录》卷一《马祖传》。
② 《禅苑集英·愿学传》。
③ 同上。

西天此度，此度西天。

古今日月，古今山川。

触涂成滞，佛祖成冤。

差之毫厘，失之百千。[①]

道惠（？—1172）告诉净力（1112—1175）说："诸佛心印，汝自有之，匪从人得。"达到"无所得"要求行者放弃（取消）所有追求对象，如果还有丝毫分别、追求的念头，即还有"所得"的东西，那"顿悟""无所得"就永远不能实现："得即不真"。关于超越语言、文字、概念等，即不为文字、概念等所约束。禅老禅师跟李太宗（1028—1054）说"词多无后益"之后，太宗"言下便得"成为无言通禅派的第八代传承人。至于净戒（？—1207）则对语言持否定的态度："堪笑禅家痴钝客，为何将语以传心。"

11世纪之后，毗尼多流支派也受到顿悟思想的深刻影响，但他们能灵活运用，本寂（？—1140）主张"兼明顿渐"。妙因尼师（1041—1113）说"顿渐均可"。释法宝撰的《严延圣寺碑铭》载："虽教分于顿渐，承机悟有浅深。"[①]其实毗尼多流支禅派很早就有这些思想了，如超越语言、超越有无、超越生死等，此观点到陈朝还在继续发展。"兼明顿渐"的主张也是越南禅宗的特点。

（二）无言通禅派的认识论问题

此派认为，万法即一切世界现象都是虚幻不实的，他们的体质是空的，此思想源于般若中道学说，换句话说，因缘所生的万法，究竟是无实体、无自性叫作空，又叫理体空寂。《维摩经·弟子品》曰："诸法究竟无所有，是空的意义……"肇论曰："大乘在有不有，在空不空，理无不极，所以究竟空义。"佛教"空"的思想萌芽于印度其他先于佛教而产生的教派中，但被佛教所吸收、改造、提炼而成，特别是到大乘佛教兴起时，般若经典就把"空"观念作为般若理论的基本标志。《般若经》的种类很多，因而在空观问题上，各经的说法自然有些差别，然而各经的一致处也很明显，即都强调"一切皆空"，《金刚经》说："一切有为法，如梦幻泡影，如露亦如电，应作如是观。"《般若波罗蜜经》卷第五中提到

---

① 《禅苑集英·感诚传》。

"十八空"。《般若经》讲"空"是主客观两方面双管齐下。从客观方面说，事物本身就是空，不用分析，即所谓"色不异空，空不异色，色即是空，空即是色，受、想、行、识、亦复如是"。《般若心经》说，事物之所以"空"是其本性使然，并非因分析而"空"。从主观方面看，《般若经》又强调人对事物的"分别"总是虚妄的，认识的对象或内容总是不实的或虚假的。换句话说，事物不过是人对事物的虚假不实的"分别"，所以认识对象不过是人主观意思中的假象，《中论》中的"八不思想"、"二谛论"和《维摩诘经》的"不二观法"是用来认识"空"的最好工具。定香（？—1051）属无言通禅派的第六代，在他的示寂偈中说：

> 本来无处所，处所是真宗。
> 真宗如是幻，幻有即空空。

"空空"是十八空之一，即空之又空所以叫作"空空"。《大智度论》四十六解释说："何等为空空？一切法空，是空亦空，是名空空。"《嘉祥仁王经疏》二曰："空破五蕴，空空破空，如服药能破病，病破已，药亦应出，若药不出，即复是病。以空破诸烦恼病，恐空复为患，是故以空舍空，故名空空。"李太宗已经证得"人空我亦空"，可惜他还没有证得"法空"，即色心的诸法为因缘所生的世俗法，而无实体，叫作"法空"。道惠（？—1172）对于"空性"也有深刻的体会：

> 地水火风识，元来一切空。
> 如云还聚散，佛日照无穷。

"如云还聚散"说明事物由于因缘聚散而产生或消灭，其本质是"空"，所以《中论·二是偈》说："因缘所生法，我说即是空，亦为是假名，亦是中道义。"人舍（1120—1180）把四大看成"四条毒蛇"，把五蕴看成"五座高山"，即物质因素与精神因素结合在一起成为人的本身，即假身，让人对于假和合的身体而产生强烈的感觉，其目的在于使人赶快修习证得空理：

> 四蛇同箧本元空，五蕴山高亦不宗。

真性灵明无挂碍，涅槃生死任遮笼。

到陈朝，陈太宗（1218—1277）也把四相（生、老、病、死）看成四山。即人的身体或万法（现象、事物）虽然存在眼前，但都是假相、幻相都没有自性（无自性）。本净（1100—1176）把色身喻为镜中的形象，这更加说明了万法性空和假相（幻身）：

> 幻身本自空寂生，犹如镜中出形象。[①]
> 形象觉了一切空，幻身须臾证实相。[②]

对于色身的幻相，明智（？—1196）很形象地写道：

> 松风水月明，无影亦无形。
> 色身这个是，空空寻响声。

由于万法都是假相、假有，即都是由因缘和合聚会所生的万法，像镜、花、水、月、松、风等一样，他们本无实性，虽无实性但不是虚无的，不是一无所有的法。所以在修行或在认识方法上，不应该对万有起追求、执著的心念，同时也不能离开它们。觉海（生卒年不详）属第十一世，虽受密教的深刻影响，但对于万法的幻相也有深刻的体会，他写道：

> 春来花蝶善知时，花蝶应须共应期。
> 花蝶本来皆是幻，莫须花蝶向心持。

此偈跟怀海常用的翠竹、黄花意思相似。春来花蝶自然知道，这是自然的规律，不应该为了"春来春去"、"花落花开"而"向心持"。"向心持"即被情爱系缚（情执），永远不能达到解脱的目标。

万法是这样，万法的本质怎么样？本质（心）与现象（法）的关系如何？无言通禅派对此问题也很关心，究旨（？—1067）很详细地写道：

---

① 《大南禅苑传灯集录》作"犹如镜中内心出"，此依《禅苑集英》。
② 《李陈诗文》第1集，第368页。

　　夫一切法门，本从汝性，一切法性，本从汝心。心法一如，本无二法。牵缠烦恼，一切皆空。罪福是非，一切皆幻。无所非果非因，不于业中分别报，不于报中分别业。[①] 若有分别不得自在，虽见一切法而无所见。虽知一切法而无所知。知一切法因缘为本，见一切法正真为宗。虽染实际解了世间皆如变化。明达众生唯是一法，无有二法。不舍业境，善巧方便。方于有为界，亦有为法，而无分别无为之相。盖欲绝我妄念计较故也。乃说偈云：

　　　　觉了身心本凝寂，神通变化现诸相。

　　　　有为无为从此出，河沙世界不可量。

　　　　虽然遍满虚空界，一一观来没形状。

　　　　千古万古难比况，界界处处常朗朗。[②]

　　不用解释，此偈的意思是很明白的，常照（？—1203）用"如来藏"来表达心：

　　　　在世为人身，心为如来藏。

　　　　照妙且无方，寻之更绝旷。

　　心到处都有，能照妙所有地方，但如果起分别追求的念头，就不能认识、体会万法的实相了。常照还认为现象有生有灭，但心真如（法所得）是永恒，不生不灭的：

　　　　物我两忘，心性无常。

　　　　易生易灭，刹那不停。

　　　　谁是攀缘，生为物生。

　　　　灭为物灭，彼法所得。

　　　　常无生灭。

---

① 《大南禅苑传灯集录》无"不于报中分别业"这句，其他书都载。
② 《李陈诗文》第 1 集，第 253—254 页。

"彼法所得"即"得无所得"也是"物我两忘"、"物我一如"（人空、法空）的真理。从究旨禅师的"一切诸法皆从心生"的观点出发，无言通禅派都特别重视"真如"即诸法的体性，远离虚妄，常住不变，是宇宙的本体，即实相、法性、妙性、法身、如来藏、法界等名称。长源（1110—1165）的《示寂偈》对于妙体很形象地说：

在光在尘，常离光尘。
心腑澄澈，与物无亲。
体于自然，应物无垠。
宗匠二仪，陶冶人伦。
亭毒万物，与物为春。
作舞铁女，打鼓木人。

在这里，长原用儒家的概念来说明本体的妙用。"两仪"这个概念，儒家指天地或阴阳。《易·系辞上》曰："是故易有太极，是生两仪。"此真如平等一如，没有丝毫分别、执著，隐藏在万法之中，与万法一体。禅老（生卒年不详）说："翠竹黄花非外境，自云明月露全真。"意思是真如佛性处处存在，要尽除分别执著妄心，达到"万法一如"、"物我一如"的境界。"翠竹"、"黄花"是禅家常用的词："青青翠竹，尽是真如；郁郁黄花，无非般若"①，或"翠竹真如，黄花般若"②，都含有禅法处处存在的意义。满觉（1052—1096）用"莫谓春残花落尽，庭前昨夜一枝梅"中的"一枝梅"来说明真如的常恒不变。悟印（1020—1088）也用"玉焚山上"、"莲发炉中"来说明在任何条件、任何环境、任何时空中，真如是永恒不变的，不受任何外在的东西所约束：

妙性虚无不可攀，虚无心悟得何难。
玉焚山上色常润，莲发炉中湿未干。③

---

① 《祖堂集》卷三《慧忠国师传》。
② 《景德传灯录·休后序》。
③ 《禅苑集英·悟印传》。

　　虽然"真如妙性"是"不可攀"的，即不可用手，不可用一般的认识方式来把握它，要通过特殊的方法——"心圆"、"心空"等才能体会它的本来面目，即使认识达到无分别、执著的境界。宝觉禅师的示寂偈说：

> 万法归空无所依，归寂真如目前机。
> 达悟心圆无所指，水水心月泯心仪。①

　　圆照禅师（999—1090）的示寂偈是：

> 身如墙壁地颓时，举世匆匆孰不悲。
> 若达心空无色相，色空隐现任推移。

　　世俗人遇到生死轮回时就很痛苦悲哀，他们寻找没有生死的地方去居住，即"西方世界"或"长生不死"等。"达人"不是这样，他们认识生死、解脱的本质只是一，而不是二，在生死中已有无生死了，在烦恼中已有解脱了，即认识到万法在现象上是有生死的，在本质上是平等、无分别、无生死的。

　　为了达到"心空"、"心圆"即觉悟真如实相无相的境界，无言通禅派的禅师们在认识真理上持否定态度，即否认语言、概念、思辨等，因为它们是最有效的分别的工具，一切理性分析都有碍于达到悟道的道路。真如是"一体不分"的，只要有丝毫分别执著的念头出现在脑子里，那真如就不是真如了。明智（？—1196）写道：

> 教外可别传，希夷佛祖渊。
> 若人欲辨的，阳焰觅求烟。

　　宝鉴（？—1173）在强调真如的"无分别性"、"无偏性"时写道：

---

① 《李陈诗文》第 1 集，第 484 页。

智者犹如月照天，光含尘刹照无偏。①

若人要识无分别，岭上扶疏销暮烟。

"无分别智"是离一切情念分别（情执）的真如无相，没有对待性，没有主客分别性，没有偏执执著性。在修行方法上不要产生任何追求心念，如果还要追求佛即还被佛与众生之分的概念所约束，那永远不能解脱，这思想和怀海的思想还是一脉相承的。宝鉴（？—1173）的偈说：

得成正觉罕凭修，只②为牢笼智慧优。

认得摩尼玄妙理，正如天上显金乌。

"金乌"即慧日，象征佛智能照世间的盲冥。圆照（999—1090）的《参图显诀》中有这样一段话："有一僧问：'不向如来匙妙藏，不求祖焰续灯枝，意旨如何？'圆照答：'秋天传黍唉，雪景牡丹开。'"③跟悟印的"莲发炉中湿未干"的意思相同。觉海（生卒年不详）虽受密教的深刻影响，但对于真如来说，他认为，如果还以"佛境界"（概念）去问去追求，那就不是觉悟的人了："若问佛境界，龙门遭点额。""点额"即喻指未能契悟禅机的人。清代明觉禅师（1610—1666）在《明觉语录》卷一中曰："问：'十方同聚会，个个学无为，此是选佛场，心空及第归，如何得及第去？'明觉答：'徒遭点额。'"广严（1122—1190）否定追求如来："男儿自有冲天志，休向如来行处行。"这思想跟毗尼多流支派、妙因尼师"禅佛不求"的观点意思相同。

（三）无言通禅派的话头公案禅

话头公案禅是中国南宗禅普遍使用的一种行禅方法。话头是禅师们回答中开头的一句话，或一个问题，有促进禅者达到觉悟的可能性。公案是禅家应于佛祖所教化之机缘，而提起越格之言语动作之垂示，此公案如律令也，至严而不可犯，可以为法，可以断是非、善恶、迷悟等的执著认识。《碧岩录·种电钞》曰："至理绝言，唯对迷机，故不获已而假言说

---

① 《大南禅苑传灯集录》作"照无边"，此按《禅苑集英》和《李陈诗文》。

② 《大南禅苑传灯集录》作"纸定"，此按《禅苑集英》。

③ 《李陈诗文》第1集，第272—273页。

以显道,后人将彼垂示语作公案。"一般叫作"话头公案禅",简称为"公案禅"或"话头禅"。《五灯会元》卷十八《法云法秀禅师传》载:"僧问:'不离生死而得涅槃,不出魔界而入佛界,此理如何?'师曰:'赤土茶牛奶!'曰:'谢师答话!'师答:'你话头道甚么?'"话头禅的使用方式,在越南从 9 世纪初叶无言通禅派已经采用了,据《集英·无言通传》载:无言通还在中国时,曾教过仰山慧寂(807—883)习话头禅:"仰山禅师作沙弥时,师(指无言通)常唤云:'寂子为我将床子到。'仰山将床子来。师云:'述还本处。'仰从之。又问:'寂子,那边有甚么?'曰:'无物。''这边怎么?'曰:'无物。'师又问:'寂子。'仰山:'诺。'师云:'去。'"由于当时仰山刚出家当沙弥,所以对于无言通教他的话头禅,他未契会禅旨。无言通到越南(820)后,一定把话头禅传给感诚(?—860),所以感诚教善会(?—901)时已用马祖道一的一句话说"达时遍境是,不悟永乖疏"之后,便问善会:"只这话头,汝还会么?"到悟印(?—1090),无言通派使用话头公案禅已相当成熟了。据《集英·悟印传》有僧问:"如何是大道?"悟印答:"大路。"僧问:"学人问大道,对以大路,未审何日达大道?"悟印说:"猫儿未解捉鼠。"僧问:"猫儿有佛性否?"悟印答:"无。"僧云:"一切含灵皆有佛性,和尚如何独无?"悟印答:"我不是含灵。"僧又问:"既非含灵即是佛否?"悟印答:"我不是佛,不是含灵。"

这段禅师与禅生之间的对话,禅生希望禅师讲关于"大道"的道理,禅师知道他的思想中还有大、小、有、无等追求分别所障碍,不能觉悟,禅生问"大道"即还有"小道"的区分,问"有佛性"即还有"无佛性"概念的区分,都属于"依经演义"之类。所以悟印找办法打破他的执著、分别的念头使其认识达到无分别的境界,脱离语言概念的约束。而且"大道"本身不能用语言来解释,越解释越糊涂,只能自心体会。

云峰(?—957)问善会:"生死到来,如何回避?"善会答:"管取无生死处回避。"云峰又问:"如何是无生死处?"善会答:"扮生死中会取始得。"云峰问:"作么生会?"善会答:"你且去,日暮即来。"云峰便如期果至。善会说:"待朝明日,众与汝证明。"云峰豁然省悟礼拜。[①] 生死即凡俗世界、世俗认识。无生死即解脱觉悟境界,即出世间认识。到此

---

① 《禅苑集英·云峰传》。

境界，此认识就没有生死、涅槃等之间的分别，但不能离开"生死"境界而领会"无生死"道理，应该"赞生死中会取始得"。究旨（？—1067）问定香长老（？—1081）曰："如何是究竟义耶？"定香答："未。"过一会儿定香又说："我与汝究竟义了。"究旨还在拟议中，定香说："践过了也。"究旨于言下究旨。① 禅师提出话头公案禅，目的在于使禅生除掉所有思考、拟议，因为一有思考，拟议就产生执著分别念头，所以禅生的定力要很强才能接受、体会话头公案禅，否则落在生死分别世界之中，永无解脱之期。

（四）无言通禅派的禅语与诗歌形象

为了使行者达到觉悟真理，禅师们常用具体形象来做方便、比喻，但禅师们又提醒禅生不能执着于方便、比喻，否则会阻碍觉悟道路。有人问无言通："你是禅师否？"他答："贫道不曾学禅。"一会儿无言通叫那个人来，用手指着那棵棕榈树，那个人回答不了，意思是说：禅或禅师的本质是不能表述、不能界定、不能解释、超离思维的。棕榈树是实在的具体形象，直认它的实在性，那就是禅了。《法演语录》卷下曰："上堂云：'如何是禅？阎浮树在海南边。近则不离方寸，远则十万八千，毕竟如何？'禅！禅！"一般来说，禅师们都不希望自己的禅生落入抽象推论的认识世界。唐朝南泉普愿（748—834）问赵州从谂（779—897）关于达摩西来之意旨，赵州便指着说："庭前柏树子。"禅学因此接近于诗歌。重视形象，轻视那些抽象概念。没有形象，就不能成为诗歌。禅如果进入抽象、推论的认识世界就不能成为禅了，所以我们不觉得奇怪，禅师们用诗歌作为自己的禅语，这里应该注意：诗歌也是一种善巧方便，用来打破禅生对于语言、概念、思维的分别执著。

中国雪窦禅师（980—1052）不但是著名禅师，而且还是禅门中著名的诗人。他的禅语带有非常浓厚的诗歌形象的色彩。1069 年，雪窦的门徒草堂禅师到越南，传《雪窦语录》，② 使越南禅宗的禅语更加深刻地受到他的影响。三大禅派当中无言通禅派使用禅语比较成熟，如明智（？—1190）、广严（1122—1190）、圆照（999—1090）等都非常推崇《雪窦语录》。一般来说，学者们都认为是草堂首次把《雪窦语录》传到

---

① 《禅苑集英·究旨传》。

② 《雪窦语录》，全名《雪窦明觉禅师语录》，六卷。

越南。我们认为这个观点不正确，一是史书没有记载。二是草堂到越南之前，越南禅宗已经有人将《雪窦语录》的思想与禅语诗歌使用得很熟练了，如禅老禅师（生卒年不详）住仙游山，李太宗常来看他，问："和尚在此山几年了？"禅老答："但知今日月，谁识旧春秋。"帝问："旧过作么生事？"禅老答："翠竹黄花非外境，白云明月露全真。"虽然《集英》未载禅老具体生卒年，但根据李太宗的生平和他的对话，肯定这些问答在1054 年之前，而十五年后（1069）草堂才到越南。也许当时有越僧到宋朝学佛带回来，或中僧（属云门雪窦派）到越南传禅带来，而雪窦明觉在 1052 年示寂。据《集英》载李太宗是禅老的嗣法弟子，成为无言通派的第八代传承，李太宗"派使者迎师赴闽、顾问，而师先以寂"，即禅老示寂在 1054 年之前。这些根据都说明《雪窦语录》的思想很早就传到越南了，不管是中国禅师带去的还是越南禅师带回的，都说明当时越中两国禅宗往来频繁。禅老用日、月、春、秋、翠竹、黄花等形象来除掉李太宗对于时空的执著，既有散文般的美好意境，又含有真如实性和般若智慧处处都有的禅法，即一种话头禅。

智宝禅师（？—1190）跟道惠（？—1173）讨论关于生死问题后，得悟，便说："不因风卷浮云尽，争见青天万里秋。"道惠问："汝见个什么？"他答："相识满天下，知音能几人。"净空（1091—1170）是中国福州人，在本州崇福禅院出家受具，30 岁到越南跟道惠学佛、习禅、得悟，李朝皇帝"深加敬重，拜为硕德名僧"。有人问他："如何是佛？"他答："日月丽天含亿刹，谁知云雾落山河。"又问："如何会得？"答："牧童只惯卧牛背，士有英雄夸得伊。"又问："祖意与教意是同是异？"他答："万里梯航皆朝闽。"问："和尚有奇特事，如何不向学人说？"净空答："汝吹火，我着米，汝乞食，我取钵，谁孤负汝？"净空将示寂时会众说偈曰：

> 上无片瓦遮，下无卓锥地。
> 或易服直诣，或策杖而至。
> 动转触处间，似龙跃吞饵。

僧问："从上直指为什么？"净空答："旧日去获禾，时时空仓廪。"这些都是禅语与诗歌。

　　无言通禅派中，使用禅语、诗歌最显明、最灵活的还算是圆照禅师（999—1090），《集英·圆照传》载：圆照"深得言语三昧"，即他怎么说都在正定中，所以他的禅语都从他的禅定实证中述出来的。当时中国宋朝禅师们看他写的作品后，都叫他是"南方大士"。他的作品很多，可惜现在只留下《参图显诀》一文。《参图显诀》中主要记载圆照跟其弟子或禅客关于禅学的问答，但每一句中都是话头禅、禅语，并都带浓厚诗歌形象的色彩。我们可以引《参图显诀》的一段让大家共同参考：

　　　　一日，堂前坐次。忽有僧问，佛之与圣。其义云何。
　　　　师云：
　　　　篱下重阳菊，
　　　　枝头淑气莺。
　　　　进云：
　　　　谢！学人不会，请再指示。
　　　　师云：
　　　　昼则金乌照，
　　　　夜来玉兔明。
　　　　僧又问：
　　　　已获师真指，
　　　　玄机是如何？
　　　　师云：
　　　　不慎水盘擎满去，
　　　　一遭跌跌悔何之。
　　　　进云：
　　　　谢。
　　　　师指云：
　　　　莫灌江波溺，
　　　　亲来却自沉。①
　　　　……

---

① 《李陈诗文》第 1 集，第 267 页。

（五）无言通禅派的密教影响

一般来说，无言通禅派比毗尼多流支禅派少有密教色彩，但密教影响到此派还是很明显的，如空路、觉海、愿学、净戒等禅师都受到密教的影响，其中最明显的是空路和觉海二位禅师。

空路（？—1119）俗姓阮，名至诚，又叫明空。[①] 他曾经跟觉海和道行（毗尼多流支派）去印度学密教，"得六神通"，《集英·空路传》载：空路曾经给李神宗治好疯病，即化虎病："时神宗二十一岁，忽变为猛虎，蹲踞噬人，狂狞可畏，帝造金柜藏之，时闻真定童子谣曰：'国有李神宗，朝廷万事通。欲安天下疾，须得阮明空。'帝诏指挥于庵。师笑曰：'莫非救虎狼之事乎？'指挥曰：'师何早知？'师答：'我三十年前已知此事。'[②] 师到殿前安座，厉声曰：'百官快取大鼎油来。'内置百针，人发火焰，旁置帝柜，师以手摩入鼎中，取一百针，放在帝身，决曰：'贵为天子，自然毛尾爪牙脱落，复还帝身。'"说完，神宗的病完全好了，恢复了帝身。空路又造著名的安南四器：报天塔、琼林寺阿弥陀铜像、普明寺铜鼎、普赖寺大洪钟。《传灯辑录》载：空路到中国宋朝奏宋帝："臣欲造安南四器，但力不从心，故不惮跋涉千里而来，伏望圣矢发婆心，施许少美铜，以便造铸。帝问：'徒弟几何？'奏曰：'贫僧一身而已，满乞铜囊自挂足矣！'帝曰：'南方途路遥远，随力听师取与，何足挂齿耶？'贫僧收尽铜库，未满一囊，有吐舌摇头，入奏其事，帝愕然悔惜，业已许之，无可奈何。"关于空路的神秘故事，《禅苑集英》《传灯辑录》《岭南摭怪》等书都记载得很多。上面所提两个故事，我们认为虽然虚构部分很多，但也许说明空路善于医药治疗和铸铜技术，给人民治病并留下了文化遗产。

觉海禅师是空路的得法弟子，25 岁出家，专持密咒得神通，据《集英·觉海传》载："一日帝（指李仁宗）谓师曰：'应真神足可得闻乎？'师乃作八变，涌身虚空，去地数丈，俄而复下，仁宗及群臣都合掌称欢。"愿学（？—1187）在卫灵山，每日"常持香海大悲陀罗尼，治病祈

---

① 《岭南摭怪》认为明空和空路是两个人，明空写成明孔。此依《禅苑集英》和《大南禅苑传灯集录》。

② 传说，空路、道行、觉海共同到印度学密教时，途中道行假装成一只老虎，吓唬空路与觉海，空路便说："你想当老虎，来世你一定变成老虎。"李神宗是道行的后身。

雨，无不应验，李英宗感其神验，诏赐出入宫禁，以备咒治"。净戒禅师（？—1207）常修头陀行，"降龙伏虎，感化如神"，李高宗称其为"雨师"。

密教很早就开始传入越南，大约公元 2 世纪，由印度人摩诃耆域丘陀尼传来，又跟本地信仰结合在一起，到北属末期就很盛行了。无言通派本来不喜欢密教，通辨国师（？—1134）不把般若派和大颠派载入《集英》中是个明显的证据，因为此二派都偏重于密教。但不管怎么说密教在此派占一定的地位。

总之，到 13 世纪初叶（李朝结束时）为止，无言通禅派的传承时间共达 450 年左右，此派主要受中国南宗禅的直接影响，同时也受密教和净土宗信仰的影响：空路造琼林寺阿弥陀佛铜象，净力（1112—1175）得悟"念佛三昧"。此派注重记载佛教史，如通辨、常照、辨才等有多记述。在禅法方面重视话头公案禅，特别强调顿悟禅，常用《圆觉经》《法华经》《雪窦语录》等经作为禅理论的指导。至 11 世纪，此派受草堂派的浓厚影响，如广严听明智讲《雪窦明觉》而得悟。此派还有一个明显特点，即比当时中国禅宗更加入世，中国禅宗虽深入社会实际生活中，但仍显出出世的品格。这点是越南禅宗跟中国禅宗的不同之处。

第四节　草堂禅派向越南传播

一　草堂禅师及其传承体系

越南在北属时期从中国传来的两大禅派（毗尼多流支和无言通派），至独立时期（939）继续发展，到李朝（1010—1225）更加强大并达到鼎盛。李圣宗时（1023—1072）第三禅派又从中国传入越南，史称"草堂禅派"，此禅派在李朝跟其他禅派共同存在与发展。

据《安南志略》载：1069 年，李圣宗亲自征伐占城（今越南中部广南省），捕获俘虏带回升龙京都（其中有草堂禅师）。后来皇帝把俘虏分给朝廷官员做奴仆，草堂正巧被分给一位朝中的僧录（专管僧事）。有一天，主人出去，草堂看见桌子上有《禅宗语录》一卷，此书错误的地方很多，草堂便用笔修改。主人回来后发现，觉得很奇怪，并把这事上奏皇帝，李圣宗诏草堂赴殿询问，才明白草堂原跟着他的师父到占城传道。皇帝非常钦佩草堂的渊博禅学和高尚品格，便事他为师，封为国师，请他在升龙开国寺住持。

《禅苑集英》对他与整个草堂派记载得很粗略，只记载他们的姓名和简单的职务，至于他们的生平事迹和传受禅法的内容都未记载，对草堂本人也只寥寥数字："升龙京，开国寺，草堂禅师传雪窦明觉宗派。"仅仅十七个字而已，所以对于研究草堂与他的禅派来说是一件十分困难的事。通过这十七个字，我们知道草堂属中国雪窦派，而雪窦属云门宗①的第三代传承，所以草堂属云门宗人，他很精通《雪窦语录》。

《越南佛教史论》认为：草堂是雪窦的弟子；《越南佛教史》认为：草堂是雪窦派人。对此两书都没有加以解释。我们认为第二种说法是有道理的。《禅苑集英》载："草堂禅师传雪窦明觉宗派。"《安南志略》载："草堂跟随他的师父到占城传道。"但未明确指出他的师父是谁。而雪窦1052 年就示寂了，不可能在 1069 年再到占城传道。而且，如果有这件事，那中国佛教史一定会记载，所以这位师父肯定不是雪窦禅师。因此，草堂禅师只能是雪窦派人，但绝不是雪窦的弟子。但不管怎么说，草堂受雪窦思想的深刻影响，这点可以肯定。据《禅苑集英》载，草堂禅派有如下传承。

第一代：草堂禅师（生卒年不详），中国人，在升龙京都（今河内）开国寺（今镇国寺）住持，传雪窦明觉宗派，嗣法弟子：李圣宗、般若、遇赦。

第二代：三人得法。

李圣宗皇帝（1023—1072）讳日尊，是李太宗的长子，其母金天太后枚氏，大成元年（1028）封为东宫太子。1054 年，李太宗崩，圣宗即位，在位十八年，太平三年（1056）造崇庆报天寺，发铜 1200 斤铸洪钟，帝亲制铭文（今不存）。神武元年（1069）春天，帝亲征占城，获其主制矩及其众五万人（其中有草堂禅师）。当年秋天放制矩和五万人还国，后来帝发现草堂禅师，便跟他学禅，得传要旨，成为草堂派第二代的传承人。嗣法弟子参政吴益。②

般若禅师（生卒年不详）住张耕县骤王乡慈光福圣寺，偏重密教、符咒，他和大颠未被通辨载入《集英》中，得法弟子有弘明禅师。

① 云门宗：中国禅宗五家之一，属"青原"系，创始人文偃（864—949）。
② 《大越史记全书·李纪》。

遇赦居士是龙彰县保财乡人。

第三代：四人得法。

吴益，李圣宗的嗣法弟子，官至参政，他传法给太傅杜武。

弘明禅师（绍明），永兴安朗乡人，般若的嗣法弟子，他传法给梵音禅师。

空路禅师（？—1119），海清乡严光寺（今越南南定省），本属无言通派的第九代传承人，受密教的深刻影响。嗣法弟子有杜都禅师。

定觉禅师（生卒年不详），即觉海禅师，属无言通派的第十一代传承人，在海清乡延福寺住持，嗣法弟子李英宗。

第四代：四人得法。

杜武，嗣法于吴益（也有人说他嗣法于觉海禅师），官至太傅。

梵音禅师，安罗青威乡人，嗣法于绍明禅师。

李英宗皇帝（1136—1175），讳天祚，是李神宗的长子，其母黎氏皇后，寿四十岁，在位三十七年，①嗣法于觉海。

杜都禅师，嗣法于空路，也有人说嗣法于觉海。

第五代：三人得法。

张三藏禅师、真玄禅师、杜常太傅，这三人都嗣法于杜都禅师。

第六代：四人得法。

海净禅师，嗣法于张三藏禅师。

李高宗（1173—1220），讳龙轮，是李英宗的第六子，其母杜氏皇后，寿三十八岁，在位三十五年，是张三藏的嗣法弟子。②

阮识，是张三藏的嗣法弟子，官至管甲。

范氏，是真玄禅师的嗣法弟子，官至奉御。

二 草堂思想的来源及其影响

《禅苑集英》未载草堂在越南的传道如何，又未留下他的具体言行，但他要传"雪窦明觉宗派"，所以通过《雪窦语录》的思想，我们可以知道草堂的思想。

《雪窦语录》即《明觉禅师语录》，全称《雪窦明觉禅师语录》，宋

---

① 《大越史记全书·李纪》。

② 同上。

雪窦重显撰。

雪窦重显①（980—1052），字隐之，俗姓李，是四川省遂宁县人。22
岁出家，先跟城都普安院仁铣上人受戒，后到南方去云游，首先拜访智门
禅师就提问："不生一个念头为什么有过错？"智门叫他上来，他刚刚上
来，智门用拂子打他，他想开口，智门又打，他突然有所悟，后居住在翠
峰寺，最后到明州雪峰山资圣寺住持。《佛祖历代通载》谓他："千明之
雪窦，宗风大振，天下龙蟠风逸，纳子争集，号云门中兴。"1052 年示
寂，赐号为明觉大师，嗣法弟子有八十三人，现存《明觉禅师语录》六
卷，他受汾阳善昭（947—1024）的深刻影响。雪窦作的《颂古百则》风
靡整个禅林，后来成为禅宗典籍的重要组成部分。"重显好用儒释经典，
又善于融入情感，使他的颂古之作显得富赡华丽。文词可读，这与善昭颂
文之'殊不以攒华叠锦为贵'，是很不相同的。重显有很好的文学素养，
其上堂小参，举古勘辩，都很注意辞藻修饰。"②越南禅宗从李朝到陈朝
都受到这种风格深刻的影响。关于雪窦思想，《五灯会元》卷十五有一段
话值得注意：

> 人们天天聚会在一起，应该发明个什么？怎么能互相分宾和主？
> 互相送礼问候，就当成了宗乘了，广大的门风，威德自然在，光明照
> 妙古今，掌握了乾坤，众圣只说自己知道，五乘没有人能够建立。所
> 以在声意之前领悟旨意，还在迷惑顾鉴的开始。在言语之下就能智通
> 宗旨，还在隐藏识情的表面，各立相知道真实的行为吗？只用对上不
> 去攀缘仰慕，对下断绝自身欲念，自然地就会眼前常有光明，个个壁
> 立千仞，还能不能辨别和明白？没有辨别就去辨别，没有明白就去明
> 白，既然能够辨别明白，就能够截断生死的根源，共同拥有佛祖的位
> 置，妙圆超悟，正在这个时候，能够报答不能够报答的大恩惠，用来
> 帮助无为的变化。

这是重显的垂示话。《禅苑集英》载："草堂到越南升龙开国寺住持
传雪窦宗派。"而开国寺本来是无言通禅派的重要祖庭。无言通派的著名

---

① 重显是文偃的第四代传承：文偃—澄远—光祚—重显。
② 杜继文、魏道儒：《中国禅宗通史》，江苏古籍出版社 1995 年版，第 407 页。

禅师，如云峰（？—957）、匡越（？—1011）、通辨（？—1134）等曾在开国寺住持或受戒。当时，无言通派的圆照（999—1090）、智宝（？—1190）都非常羡慕《雪窦语录》。明智（？—1196）曾经给禅僧们讲《雪窦语录》，其中有广严（1122—1190）。觉海和空路成为此派的传承人。连毗尼多流支派第十六世的真空禅师（？—1100）也受到《雪窦语录》的影响，这些说明，草堂一来越南，他的思想就支配了当时所有越南禅派的思想。

众所周知，草堂派只有十九人（包括草堂在内），其中十人出家：草堂、绍明（即弘明）、梵音、杜都、张三藏、真玄、海净、空路、觉海（定觉）和般若。后三位偏重密教。空路和觉海同时也是无言通的得法者，他们俩同时又是雷荷泽（属康僧会派）的得法者。空路又受净土宗的影响，他曾经造琼林寺阿弥陀佛铜象。这两个人的思想很杂，但也反映出越南禅宗各派是互相影响与交流的。其余九人几乎都是李朝皇帝和大臣们，如李圣宗（1023—1072）、李英宗（1136—1175）、李高宗（1173—1210），吴益官至参政，杜武官至太傅，杜常官至太傅，阮识官至管甲，范氏官至奉御，只有遇赦据载是居士。三大禅派当中此派传承世系最少，共六代；时间最短，只有150年左右，但他的思想影响深远。无言通派当时在社会上和禅门中最有势力，不但受到此派的直接影响，而且还直接参加此派的传承世系如觉海、空路。而且，此派当中有两位是李朝皇帝，五位是朝廷大臣，因此得到他们的多方支持。由于他们都是社会上的最高等级，又属知识分子（儒学），而雪窦重显本来好用儒释经典，有很好的文学素养，跟此派思想是很符合的，故此派主要在知识分子中传承和发展。有人把此派叫"知识禅派"或"儒禅禅派"，这个说法不是没有根据的。正因为草堂派主要在知识分子和高级官员以上发展，所以到李朝崩溃时，它也随之消亡。这是此派消亡的主要原因，但只是在传承形式上消亡而已，它的思想还继续影响整个陈朝佛教，它和无言通派思想及从陈朝传来的中国临济宗思想相结合形成有越南特色的禅宗——竹林禅派。

总之，草堂禅派不注重在老百姓当中发展，主要跟高级官员和知识分子联系密切，重视文学色彩，影响深远。

小　结

到李朝（1010—1225）为止，三大禅派在越南共同发展、相互影响，李末陈初（13 世纪初叶），三大禅派在传承形式上都消亡了。

众所周知，毗尼多流支派的创始人是南天竺国人（印度人），得法于三祖僧璨，精通梵语汉语，曾译《象头精舍经》《业报差别经》和《总持经》，其中《象头精舍经》属般若思想，《总持经》属密教经典。他能译出这些经典，说明他对这些经典的思想是很精通的，或者说他受这些经典的影响深刻。事实上，此派的思想主要是受般若思想的影响，同时很早就受到密教思想的深刻影响。跟其他禅派相比，密教色彩在此派是最浓厚的。这也许和毗尼多流支译出《总持经》有关。如万行（？—1018）精通《百论》，"专习总持三摩地"；定空（？—808）"善于预言、风水"；摩诃"专持大悲心咒"；道行（？—1117）"专持大悲心陀罗尼满十万八千遍……"他们常用的经典是《金刚经》《百论》《华严经》等，此派很早就用《金刚经》当作自己禅派的指导思想：清辨（？—686）和清辨的传法师父崇业禅师（生卒年不详）专持《金刚经》，这点可能比中国禅宗使用《金刚经》早一些。由于毗尼多流支本人的特殊情况——出生和出家受戒在印度，得法在中国，传法在越南——所以既受到中国禅宗思想的影响，又受到印度禅学的影响。后来此派更加接近南宗禅思想（无言通禅）。为了国家与民族的独立，为了佛教的发展，他们巧妙地运用密教符咒和本地信仰，如预言、谶纬、地理、风水等说，形成越南禅宗的特点，对当时社会与民族发展起过重要作用。

受中国禅宗影响最深刻的，还是无言通和草堂两派。无言通是中国怀海大师的嗣法弟子，820 年到越南传南宗禅，史称无言通禅派。此派共有十六代传承，77 人得法，《禅苑集英》只载 29 人，其余缺录。39 人当中，一位是皇帝李太宗，一位是贝种人（印度人），五位是中国人——无言通、辨才、净空、逍遥和彦翁。这足以说明此派跟中国禅宗的关系之密切。草堂禅派到 12 世纪初开始受密教的影响，代表人物有空路（？—1119）、觉海（生卒年不详）、净成（？—1207）、愿学（？—1181），但人数不多，时间不长，影响也不如毗尼多流支派那么深刻，不知它是否受到毗尼多流支派密教因素的影响。跟毗尼多流支派一样，无言通派缺录的人数也很多。毗尼多流支派的第二代、第五代、第六代、第七代、第九代完全缺录。无言通派除了前三代之外，每代几乎都缺录，特别是第十一代、第十三代、第十六代，得法的人数很多，但得载每世只有一个人而已，只不过跟毗尼多流支派相比无言通派的传承关系还是比较连续的。重要的是，得录的人的思想跟前后整个禅派是一脉相承的，其体现出的南宗禅思想相当纯粹。他们几乎不受密教和其他因素的影响。我们略举此派十六世的代代相传可以看得清楚一些：

无言通（1）—感诚（2）—善会（3）—云峰（4）—匡越（5）—多宝（6）—定香（7）—圆照（8）—通辨（9）—道惠（10）—明智（11）—广严（12）—常照（13）—通师（14）—息虑（15）—应干（16）

上所略举只能说明此派的思想基本上还是连续的，而不能代表此派的全部思想，因为他们的弟子或师兄师弟们思想很杂，如觉海、空路两人同时是无言通派、草堂派、康僧会支派的得法者，又同时受密教、净土信仰的影响。他们本身也受草堂派的浓厚影响，如圆照、明智、广严等。

无言通派得法的29人当中又有一人因服毒而去世，即大舍；又有两人自焚，即明心和宝性，他们俩专持《法华经》，可能受《法华经》思想的影响。《法华经·药王品》说："药王菩萨往昔为供养心《法华经》烧身燃臂。"大舍的学生是宋朝岩翁禅师"闻风感慕遂燃一指供养"[1]，此现象在南北朝时期宋孝建三年（455）昙弘："中国黄龙人到交趾右仙山自焚"[2]，到陈朝（1226—1400）、后黎朝（1428—1789）、阮朝（1802—1945）也出现过。1963年在越南南方为了反对美国对越南采取野蛮的暴政，释广德禅师也以自焚抗议（听说他也专持《法华经》），这是否为越南佛教入世精神的一个特点呢？

11世纪末，草堂派又传到越南，本有的越南禅宗又受到此派的影响，禅法、禅语、诗歌、文章等更加生机勃勃发展，各派之间相互影响，此影响对越南佛教和越南文学做出了巨大的贡献。可以说整个李朝（1010—1225）最好的文章都是受到草堂派影响的禅师的文章，如圆照的《参图显诀》是最有代表性的作品。至此，对于三大禅派，我们要提出几个问题。

第一，关于撰写《禅苑集英》的问题。

《禅苑集英》不是一人而是多人在漫长的时间，一代一代地写出来的，现在有些学者认为：开始撰写《禅苑集英》是从无言通派第七代的

---

[1]　《禅苑集英·大舍传》。
[2]　《梁高僧传》卷十二《昙弘传》。

通辨禅师开始。通辨善于佛教史学,他曾经回答符圣灵仁皇太后关于越南佛教史和禅宗史问题,太后大悦,封为国师。通辨之后有常照,《禅苑集英·神仪传》载:"师(指神仪)复进曰:'某甲事和尚(指常照)有年矣,不知传此道者谁软?'蒙指示传法世次度,令学者知其源流。照嘉其恳切,遂抽出通辨《对照本》及记其宗派条,为分宗嗣法,固以示。师览之讫乃云:'阮大颠阮般若二派,乃不见叙何耶?'照云:'通辨之意,抑有以也。'建嘉六年丙子(1216)二月十八日,师(指神仪)以照所授图本嘱弟子隐空曰:'方今虽乱汝善佩此,慎勿为兵火所坏,则我祖风堕矣。'言讫长往。"

根据上述所引我们可以肯定:从通辨开始编写《禅苑集英》之后,道惠、明智、广严、常照(?—1203)、神仪(?—1216)、隐空继续编写。《禅苑集英》中没有别载《隐空传》,只在《神仪传》后提到神仪嘱咐他,有一个注解是:"隐空从昔居于凉州,那岸县①,时号那岸大师。"这一注解是后人写的,而不是隐空写的。这说明,隐空之后还有人写,但他是谁呢?《大越史略》《历朝宪章类志》等书都认为,《禅苑集英》成书于现光(?—1221)时代。他们根据无言通后传的一段:"又至开佑丁丑二十四年"(1337)提出结论:《禅苑集英》成书的时间就是在 1337年。我们认为这说法不能成立。一是前后不一,前边说和现光是同一个时代的人写的,即 12 世纪初叶,后又说在 1337 年,离现光示寂已有一百多年。二是开佑年间只有 12 年(1329—1341),没有 24 年,也许是《禅苑集英》误写。三是 1337 年是陈朝中期,当时是陈朝佛教最兴盛的时期,竹林禅派已经成立几十年了,所有佛教派别几乎都向往竹林教会,没有人再关心李朝佛教的情况,如果还有人关心的话,陈朝也不允许,因为陈朝本来不喜欢李朝的东西。《越南佛教史论》根据上边所引的资料认为通辨开始写《禅苑集英》,这是有道理的,但我们还认为,开始写《禅苑集英》的人比通辨还要早得多。众所周知,通辨时代离无言通时代三百多年,离毗尼多流支时代五百多年,这些时间相差太大,不可能代代口传下来。《禅苑集英》中还记载他们的事迹,示寂的年、月、日等事件几乎都很清楚,如无言通寂于"唐宝历二年丙午正月十二日"②,毗尼多流支到

---

① 今越南河北省六岸县。

② 《禅苑集英·无言通传》。

越南时是"周大象二年庚子三月"①。其他人也一样详细，这肯定不是靠脑力记住的，所以应该说从他们开始传到越南时就开始记载了，通辨只是进行收集资料而已，所以我们认为《禅苑集英》的作者是集体作者②，但不是从通辨开始；也绝不会像《越南佛教史论》所说的《禅苑集英》的作者只属无言通派人。

通辨的后代们有一个很大的缺点是：连记载自己禅派的得法者都缺录很多。甚至常照属第十三代，神仪属第十四代，都不记载自己同一代的得法者。毗尼多流支派到此时缺录的人数却很少。对于这一点，《越南佛教史论》的解释是：可能由于常照、神仪、隐空都到六祖寺（属毗尼多流支派的大祖庭）住持，所以他们对毗尼多流支派的情况是很了解的，对无言通派就不清楚了。我们认为这种说法不成立，因为他们能进入别派的大祖庭住持即说明他们的势力与人数还是很强的。实际证明，这几代得法的人数比前边还多。而且，他们到别派的祖庭居住不等于忘却或者不关心自己的宗派，连得到师父亲吩咐的隐空也不能载他的自传。并且两派的祖庭、寺庙相离不远，都在北宁省及其周围。我们认为，也许是其他的理由，具体如何，还要进行研究。

第二，关于无言通的年代。

《禅苑集英》载：无言通"唐元和十五年（820）庚子秋九月至此寺（建初寺）卓锡"。无言通在广州安和寺时曾教过仰山慧寂习话头禅，据《宋高僧传》卷十二、《景德传灯录》卷十一载：慧寂17岁出家"依南华寺③通禅师削染"。《五灯会元》卷四《安和寺诵禅师传》载：无言通教慧寂习话头禅和《禅苑集英》所载的内容是一致的，这些说明慧寂跟无言通习话头禅的事件是真实的。但《五灯会元》不载无言通出生、出家、示寂和到越南的时间。如果根据《宋高僧传》《景德传灯录》：慧寂807年出生，17岁出家，即824年出家，这样和《禅苑集英》所载820年无言通到越南的说法就不同了。《禅苑集英》还有一段话："师来至此寺（建初）卓锡，饭粥之外，禅悦为乐，凡坐面壁，未尝言说，累年莫有识者。"他又示寂于"唐宝历二年（826）丙午，正月，十二日"。这说明

---

① 《禅苑集英·毗尼多流支传》。

② 《越南佛教史论》也认为是集体作者，但只限于从通辨开始。

③ 南华寺，六祖慧能曾在此寺开法扩建，怀让、行思都在此寺得法。

《禅苑集英》记载比别的书还详细，即他在越南共有六年的时间。这里的"累年莫有识者"即指多年，起码要四五年以上。也就是说，他到越南和示寂的时间是比较固定的。如果这样慧寂出家的年龄最大只能是13岁而不是17岁。但13岁的人对于无言通教的话头禅怎么能懂呢？而且年龄这么小，无言通本人也不教。这只能是把慧寂的出生年龄推到早几年才能符合，但都没有资料来证明。下面再继续研究三大禅派在社会上如何起作用。

在政治、外交等方面，上边已零散地提过：他们都积极帮助皇朝建立起独立的国家，使老百姓脱离一千多年的北属时期，定空、罗贵安都属毗尼多流支派（后简称流支派），很早就希望有一个王朝能使国家独立、稳定与繁荣，使人民安居乐业，此王朝是李朝。定空的示寂偈明确指出"李氏兴王"。罗贵安也说"十八子定成"，暗指李朝。昊真流（？—1011）属无言通派，帮丁先皇（968—979年在位）统一国家，建立起独立的大瞿越国。971年，丁先皇给他赐号为匡越太师，匡越的意思是匡扶越国。到黎大行（980—1005年在位）时，匡越又帮助他打退宋朝的侵略。968年他又跟法顺（流支派）以外交官的身份接待宋朝使者李觉，受到李觉的敬佩，"黎大行尤加礼敬，凡朝廷军国之事，师皆与焉"。黎卧朝实行暴政时，匡越、多宝，特别是万行巧妙地运用很多当时人民相信的谶纬、预言、风水、地理等说来维护与提高李公蕴的名声，进行改朝换代的运动，万行还劝李公蕴把京都迁到升龙（今河内）以便利交通，发展经济、文化、外交、国防等。李朝巩固和稳定时，禅师们又培养出大量知识分子官员继续帮助朝廷管理国家事务，然后又回到老百姓身边，帮助人民解决在日常生活中的各种困难，如医疗、教育、技术等。黄春罕的《李常杰》说："李朝是越南史上最纯厚的时期，主要原因就是受佛教的深刻影响。"历史证明，丁朝，随从官杜释杀丁先皇、丁璉父子二人；黎朝，黎卧朝杀黎中宗；到李朝二百多年，没有发生过这种情况，皇帝们都用佛教的广大慈悲、宽宏大量的精神来治理国家。侬智高造反，李太宗生俘他，判死罪后，又释放他。李圣宗征伐占城，抓住制矩王和五万兵士后都释放。《大越史记全书·李纪》载："1064年，春，四月，帝（指圣宗）御天庆殿听讼，时洞天公主侍侧，帝指公主谓狱吏曰：'吾之爱吾子犹吾父母斯民之心，百姓无知，自冒刑宪，朕甚悯焉，自今以后，罪无轻重，一从宽看。'"又有："1055年，冬，十月，大寒，帝（指圣宗）谓左右曰：'朕深居宫中御兽炭，袭狐裘，犹寒如此，念囚人在图圄中缧绁之苦，曲直未分，食不充肠，衣不盖体，为风寒所迫，或死非辜，朕甚悯之，其令有司发衾席，及饭日二次给之。'"诸如此类不可胜数，只有受佛教精神的影响才会有这种做法。

到李朝末期，高宗（1175—1210）"行乐无度"，儒臣们不敢劝谏，阮常禅师[①]为了国家的长久稳定，为了民族的安居乐业，他直接劝高宗不再"巡游无度"[②]。圆通国师回答李神宗关于"治国安危"之计，说："天下犹如器也，置诸安则安，置诸危则危。"所以圣王应该"则天不息其德以修己，法地不息其德以安人"[③]。对于老百姓的日常生活，禅师们用佛教戒律来教导，智宝说：

> 菩萨资财知止足，于他慈恕不侵欲。
> 草叶不与我不取，不想他物德如玉。
> 菩萨自妻方知足，如何他妻起贪欲。
> 于他妻妾他所护，安忍自心起心曲。

这些精神，在中国禅宗中是罕见的。

在教育、文化等方面，三大禅派的禅师们都对社会教育做出了巨大的贡献。1070年之前，越南还没有国立学校（即文庙国子监），每个寺庙几乎都成为学校，僧俗都能进入学习。禅师们成为学校的老师，很多禅师精通三教，如匡越、万行、法顺、多宝、满觉、道行、宝鉴、圆通、圆照等，他们把三教思想教给学生。智禅禅师培养出太尉苏宪诚、太保吴和义，万行培养出李太祖，禅老禅师培养出李太宗等。建好国子监后，只让皇族和大臣的子孙们进入学习，一般老百姓的孩子还是回到寺庙上学。

据统计，吴、丁、黎、李朝的诗文多部分属佛教文学，作者主要是禅师，作品的内容主要是关于佛教的内容。黄德良的《演音诗集序》载："李陈之书籍见行于世者，唯禅家事为多。"三大禅派的作品如下。

庆喜：《悟道诗集》（已佚）。

---

① 不知何许人。
② 《李陈诗文》第1集，第526页。
③ 《禅苑集英·圆通传》。

圆通：《圆通诗集》共有一千多首（已佚），《洪钟文碑记》（已佚）。

圆照：《赞圆觉经》《药师十二愿文》《十二菩萨行修证道场》（均已佚），《参图显诀》（今存）。

法顺：《菩萨号忏悔文》（已佚）。

惠生：《诸道场庆赞文》（已佚）。

常照：《南宗嗣法图》（已佚）。

辨才：《对照录》（已佚）。

宝觉：《诸佛迹缘事》《僧伽杂录》（均已佚）。

现在还留下很多寺庙的碑铭，内容一般是称赞国王与大臣们对于社会与佛教做出的贡献，这对于研究越南的社会、文化、佛教等是很有价值的。法宝①撰《仰山灵称寺碑铭》最后一段说：

三界轮回，四生驰逐。

妄念所生，色心颠覆。

尚姿贪嗔，牵缠爱欲。

岂自遑安，无能厌足。

至哉真如，体量太虚。

神而不测，化而有余。

一雨霈润，三草萌舒。

法幢大竖，邪网顿除。

粤有李公，古今准式。

牧郡既宁，掌师必克。

名扬函夏，声振遐域。

宗教归崇，景福是植。

山之峻兮耸晴空，贤宰治兮敞厥功。

绝顶巍兮殿塔崇，仄金严兮宝界雄。

福祥集兮祝宸衷，宝历绵兮世昌隆。

谷岸变兮迹何穷，刻铭永卓烟岩中。②

---

① 法宝属无言通派。

② 《李陈诗文》第 1 集，第 356 页。

在《禅苑集英》中，每个人起码都留下一首偈或诗，对于研究佛学、文学是很有价值的资料。据《大越史记全书》《越史略》等书记载，几乎每一位皇帝即位后都建立大量寺庙，如：李太祖一共建几十所，灵仁皇太后（圣宗的元妃，仁宗的母亲）一共建了一百多所。这些史书只载关于皇帝和皇室或一些著名的大臣们建寺，至于地方官吏和人民建寺则不可胜数，寺庙分为大名胜、中名胜和小名胜。

李朝多次下诏，度民为僧。僧人的职位有国师、太师、僧统、僧录等，都由朝廷赐给，都得到朝廷的信任、人民的尊重。到李高宗时（1175—1210）僧人太多，产生很多弊端，李高宗进行考核僧徒，目的在于淘汰不良僧人，李末儒臣谭以蒙有《判僧徒》一文。这些说明李朝佛教非常兴盛，已经达到泛滥的地步了。

《大藏经》成为当时的国宝，黎、李两朝都派使者到宋朝请回来，或宋帝送来，或誊写抄出等。李时常用的经典有《金刚经》《法华经》《圆觉经》《华严经》《雪窦语录》等。

到李朝，净土信仰也广泛地影响了三大禅派，持钵（毗尼多流支禅派）在黄金寺"因想西方极乐世界的阿弥陀佛，劝道俗造阿弥陀佛像，到会丰八年（1099）完成"①。净力（？—1175，无言通派）"证念佛三昧法门"②。《崇善延龄塔碑》提到在落成典礼时，把阿弥陀佛像安置在端门上，祈祷灵仁皇太后"超生净土"。《圆光寺碑铭》载："弥陀中座，师祖后场。"弥陀信仰还表现在观音信仰。李太宗（1000—1054）建延佑寺（即一柱寺），理由是："初，帝梦观音佛坐莲花台，引帝登台，及觉语群臣，或以为不祥。有僧禅慧者，劝帝造寺，立石柱于地中，构观音莲花台于其上，如梦中所见。僧徒施绕，诵经求延寿，名延佑寺。"③ 空路（？—1119）在琼林寺造弥陀佛铜像。

为什么吴、丁、黎、李朝时三大禅派这么兴盛呢？

在第一节"佛教情况"中已经提过，吴、丁、黎、李初，皇帝和大臣们都从战争中掌握政权，当时禅师在社会上是最有学问的人，很多人都

---

① 写在黄金寺佛台上，今越南河西省国威县黄金寺。

② 《禅苑集英·净力传》。

③ 《大越史记全书·李纪》。

精通三教，有人还善于文学、医学、技术等，所以朝廷的国王和大臣们需
要他们，百姓也需要禅师们，他们也需要朝廷和人民的维护才能弘扬佛
法。而最关键的是皇帝们本身都非常相信佛教。李朝共有八位皇帝：李太
祖两岁时，本来在六祖寺跟万行出家学佛，精通三教；李太宗是无言通派
的第八代嗣法弟子；李圣宗、李英宗、李高宗都是草堂派的得法者；李惠
宗 1224 年把皇位让给女儿李昭皇，自己到真教寺出家，自号惠光禅师。
至于李仁宗、李神宗，也极力扶持佛教。一方面李朝皇帝们相信并维护佛
教是真心的，另一方面他们也运用佛教精神治理国家。而且，禅师们也想
通过朝廷为国家、人民做些贡献，这点和中国各王朝的帝王们对佛教的支
持是不一样的。此精神到陈朝达到顶峰，所以人们常把李陈佛教叫作
"国教"或"入世佛教"，把越南禅宗称为"帝王禅"。

　　为什么三大禅派随着李朝结束而消亡了呢？

　　我们认为，三大禅派当中，除了草堂派在李朝传来之外，其他都在北
属时期传来的。但他们都在李朝达到顶峰，因此陈朝以为三大禅派是李朝
佛教的产品，陈朝不希望李朝的东西存在，这是常理。李惠宗虽然已经出
家了，但陈守度①还到真教寺逼死了他。陈太宗（1218—1277）即位后给
一位属无言通派的禅师赐号为一宗国师，这表明他希望陈朝禅宗应该有一
派而不是多派。实际上，他们的愿望已经实现了，这就是竹林禅派的成
立。而且，由于三大禅派达到顶峰时，即等于进入了衰弱阶段，这是必然
规律。毗尼多流支派到 10 世纪开始受无言通派思想的影响，这意味着它
的禅法不能适应当时的需要。到 12 世纪末，毗尼多流支派最著名的祖庭
被无言通派所吞并，常照、神仪、隐空都到六祖寺住持，表明此派到此时
人数少、人才更少。草堂派是李朝创立的禅派，由李朝全面支持，它又主
要在皇室中传法，它的衰亡也是理所当然的，不过它们只在传承形式上停
止了而已，思想到了陈朝还在继续发展。无言通禅派是中国南宗禅，南宗
禅有个特点是入世精神，此精神传到越南更加鲜活。当时此派的势力最
强，到陈初还继续传承，如常照（？—1223）、通禅（？—1228）、息虑
（生卒年不详）、应王（生卒年不详）、一宗（生卒年不详）。

　　通禅在 1228 年即陈初期示寂，息虑、应王、一宗更晚。一宗之后，
在形式上不再传承，但他的思想还是覆盖整个陈朝的禅学，常照的弟子现

---

　　①　即陈太宗的叔叔。

光（? —1221）到安子山开创安子寺，后成为竹林禅派的中心。可以说，陈朝禅宗是李朝三大禅派的会合，严格地说是无言通派和草堂派的融会（陈朝还有从中国传过来的临济宗），下面我们继续研究陈朝的禅宗。

第三章　陈朝禅宗的发展越南竹林禅派

第一节　陈朝社会与禅宗

自 12 世纪中叶起，李朝开始蜕化，并且迅速走上了衰亡的道路。他们只知道搜刮民财、花天酒地，人民的愤恨情绪日益高涨，农民起义运动多次爆发，动摇了李朝的统治。趁着中央政权衰败没落的时机，各地方的封建势力又阴谋进行割据。在当时的各割据势力中，最强大的有海邑（太平省）的陈氏、鸿州（海兴省）的段氏等。内战多次发生，给人民生活与佛教的发展带来巨大的痛苦和损失。在各封建集团的战争中，陈氏的势力逐渐发展壮大，成为一支最强大的力量，最后控制了奄奄一息的中央政府，并战胜了其他的割据势力。李朝最后一位皇帝李惠宗得了疯病，他没有儿子，只好让位给 7 岁的昭圣公主（李昭皇）。当时陈氏已经掌握了朝中的一切重要职务。1226 年 1 月 10 日，在陈守度（当时陈氏势力的首领）的策划下，李昭皇宣布让位给她的丈夫陈煚——陈氏集团中的一员，陈煚即位后建立了陈朝（1226—1400），陈煚即陈太宗。

陈朝的建立，不但结束了各个割据势力之间的混战，而且还推动了全社会各个领域进一步统一与发展，卫国与建国事业是陈朝的两件大事。战时，陈朝皇帝们都直接率领军队三次打败元军（1257；1284—1285；1287—1288），他们都成为永垂不朽的民族英雄。平时，皇帝还带领人民进行开垦、筑堤防洪、围海造田等生产活动，使经济得到发展，从中央政府到乡村的行政机构逐步完善，文学艺术也得到发展，神话故事、民间传说和卫国建国英雄故事得到收集整理，字喃文学出现并发展，国史得到了编撰。朝廷通过考试选择人才入宫做官已经成为常规。儒教在民族精神生活和社会组织中慢慢占据重要位置，但陈朝佛教仍然处于盛旺时期，可以说，陈朝佛教特别是竹林禅派时期是越南佛教史上最兴盛的时期。陈朝皇帝们都意识到儒教与佛教在社会上的作用和地位。陈太宗（1218—1277）的《禅宗指南序》说："朕窃谓佛无南北均可修求，情有智愚同资觉悟，是以诱群迷之方便，明生死之捷径者，我佛之大教也。任垂世之权衡，作将来之轨范者，先圣之重责也。故六祖有言云：'先圣人与大师无别。'则知我佛之教，又假先圣人以传于世也。今朕焉可不以先圣之任为己之任。我佛之教为己之教哉。"这段话反映了陈朝佛教与儒教互相融和、互相发展的情况，同时也反映了陈朝对思想体系的考虑与选择。

说到陈朝禅宗，不得不说到竹林禅派的形成，也不得不说到李朝三大禅派在传承上的情况。陈仁宗（1258—1308）1299 年才出家，从此开创了竹林禅派，他为第一祖师，但从陈朝成立（1226）到陈仁宗出家时，共有七十多年的时间，禅宗是如何发展的？在三大禅派当中，竹林禅派又是继承了哪个禅派的传承呢？现在我们根据现存的资料进行研究。

在第二章我们略有介绍，从 11 世纪起，李朝三大禅派的思想互相融合、互相影响，到 13 世纪初，只有无言通派的传承继续下去。毗尼多流支派很早就受到无言通派的影响，此派传到第十九代依山禅师（？—1213）后便杳无音信。草堂禅派由于主要在李朝宫廷的皇帝和官吏们中传禅，得到朝廷的多方维护，所以随着李朝的崩溃，它自然消失了。但这两个禅派只在传承体系上中断了，他们的思想还在继续。常照（无言通派）有三位著名弟子：通禅、神仪、现光，他们对陈朝禅宗起了重要作用。通禅（？—1228）把无言通派的传承世系传给息虑。息虑（生卒年不详）传给应顺，应顺（应王，生卒年不详）传给一宗国师、逍遥、戒明、戒圆等禅师。逍遥成为安子山的第四代传承，对竹林禅派的形成起重要作用。神仪（？—1216）把常照所有的禅宗史资料如《禅苑集英》、《南宗嗣法图》等传给其弟子隐空。现光（？—1221），到安子山创建安子寺，成为竹林禅派的大本营。

据《竹林慧忠上士语录》（后简称《上士语录》）的《略引禅派图》，《大南禅苑继灯略录》（后简称为《继灯录》）、《越国安子山竹林诸祖圣灯语录》（后简称为《圣灯录》）和《越南佛教史论》，我们有这样一个图表（见图 3 - 1）：

```
                    ┌──────────┐              ┌──────────┐
                    │ 越南无言通 │              │ 中国临济宗 │
                    └────┬─────┘              └────┬─────┘
                         │                         │
                        常照                        │
                      (?—1203)                      │
                         │                         │
        (1) 现光         通禅           神仪          │
        (?—1221)       (?—1228)      (?—1216)        │
                                                    │
        (2) 道圆          息虑           隐空          │
                                                    │
   太宗                                        ┌──────────┐
        (3) 大灯          应顺                   │   天封    │
   圣宗                                        └──────────┘
        (4) 逍遥          一宗          戒明
   慧宗
        (5) 惠慧
   宗影
        (6) 竹林

        (7) 法螺

        (8) 玄光

        (9) 安心

        (10) 静虑浮云

        (11) 无著

        (12) 国一

        (13) 圆明

        (14) 道惠

        (15) 国悟

        (16) 总持

        (17) 珪深

        (18) 山藤

        (19) 香山

        (20) 智融
```

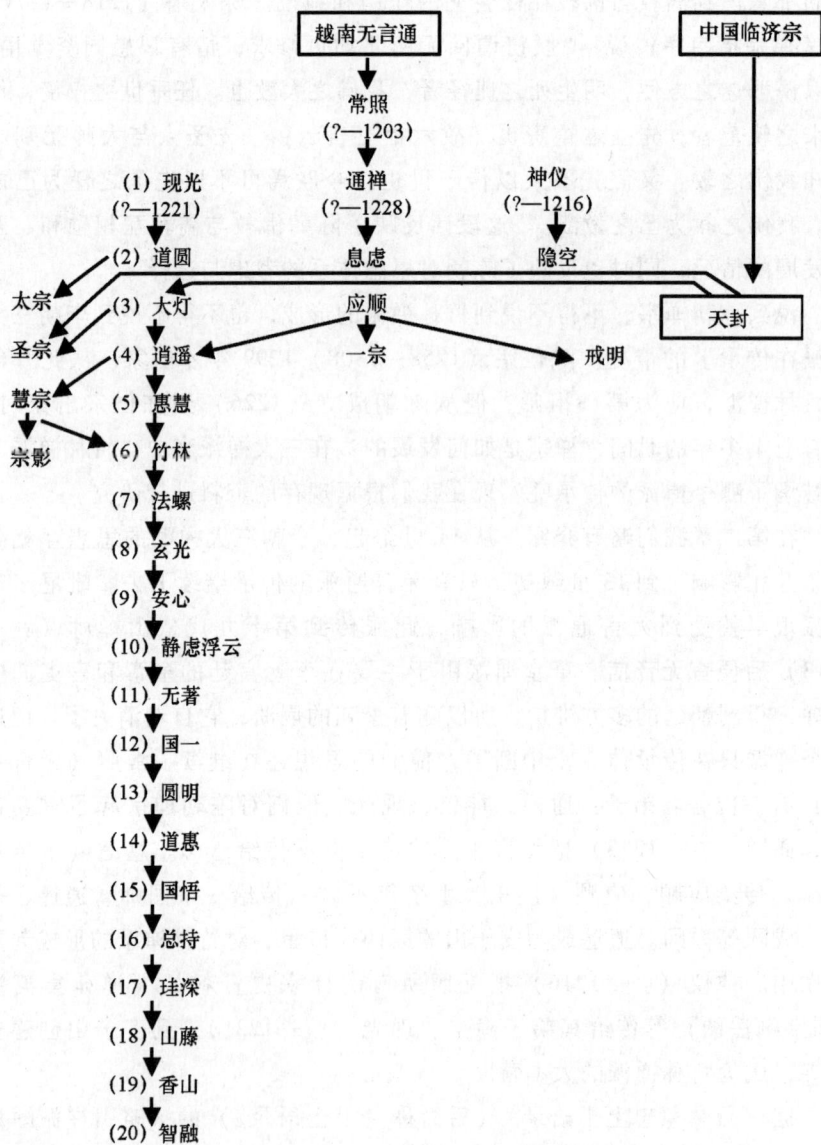

图 3－1　越南佛教禅派示意图

常照及其弟子现光是两位重要人物。常照是李朝三大禅派的集大成者，也是李朝与陈朝禅宗之间的传承者。常照在 1203 年示寂。通禅在 1228 年示寂，即陈朝建中四年。至于息虑和应顺，虽然《集英》未载他们的生卒年，但肯定比通禅示寂时间晚，因为他们都是通禅的后代。而且，据《集英》载，应顺"初仕我昭陵朝，官至中品奉御，公暇则笃志禅学……"昭陵即陈太宗（1226—1231）的陵号，然后他到"通圣息虑之门，深造其密……受印得传"。这说明应顺在陈朝初期活动，比通禅晚几十年左右。他对陈初禅宗起了重要作用。常照禅师在第二章已经简略介绍过，现在我们研究他的禅学思想。

常照认为，修行者应该"了心修道"才能够达到觉悟，否则费功无益，他说："了心修道则省力而易成，不了心修道乃费功而无益。"①"了心"即"识心"，即认识本心自有佛性，自有成佛的可能性。认识心是万物的本源。只有识心才能见性成佛，《最上乘论》："经云：众生识心自度，佛不度众生，若佛能度众生者，过去诸佛恒沙无量，何故我等不成佛也？""识心"、"见性"这两个词经常合用成为一个具有有机关系的联合词，即"识心见性"。"识心见性"也是南宗禅法最重要的范畴之一。它跟"无念"、"无住"、"无相"、"无所得"等构成《坛经》全部思想，《坛经》曰："不识本心，学法无益；识心见性，即悟大意。""悟大意"即"慧"。慧能主张"定慧等"。按照慧能的说法，"定"也不一定有固定的仪规，当领悟义理的时候，"慧"本身就是"定"；反过来，修定之时，"定"也就是"慧"。自然，慧能对智慧有自己的理论，他认为，最高的智慧莫过于"识心见性"了。"了心"、"见性"、"明心"、"无念"、"识心见性"等是陈太宗、慧忠上士、陈仁宗等经常使用的概念，说明陈朝禅宗继承李朝无言通派的思想，而无言通派又继承慧能（638—713）和怀海（720—814）的禅思想。

关于认识主体和认识对象的关系问题，有人问："物我攀缘时如何？"常照答："物我两忘，心性无常，易生易灭，刹那不停，谁是攀缘，生为物生，灭为物灭，彼法所得，常无生灭。"常照的答话，关系到本质与现象之间的问题。现象即"易生易灭，刹那不停"；本质即"彼法所得，常无生灭"。但达到"彼法所得"，应该"物我两忘"。"物我两忘"是《庄

---

① 《禅苑集英·常照传》。

子》语，用来说明由"不觉"到"觉"的目的。一切"分别"中最根本的分别是主观与客观的分别，即"物"、"我"的分别，由"不觉"到了"觉"是要泯灭这一分别。在《起信论》看来，"无分别心"即"无念"也就是"真理"。"法所得"应该从自心实现，绝不能向外追求。常照认为"法所得"即是"法身"、"如来藏"，到处都有。在回答弟子关于法身问题时，他说："遍一切处"，"无处不至"或"在世为人身，心为如来藏，照灌且无方，寻之更绝旷"①。即用"无分别心"去体会真理才能达到真理，才能"照耀无方"。"寻之更绝旷"即指"如来藏"：有"照用"而无分别。即真理是无分别理，到处都有。如果还有追求希望达到真理的心，即"物我"还没有"忘"，那就永远不能达到佛位，不能"见性"了。通师问常照曰："云何觉了佛法？"他答："佛法不可觉了此宁觉法，诸佛如是修一切决，不可得。"即达到"无所得"境界，就是主体与客体都得泯灭。通师听到常照这句答话就"言下便悟"。②

常照将示寂时，神仪（？—1216）问："诸人到此时节，为甚却随俗死去？"常照反问："汝记得几个不随俗？"神仪答："达摩一人也。"常照又问："有什么希奇？"神仪答："翩翩独西归。"常照喝云："一犬吠虚。"神仪问："和尚亦随俗否？"常照答："随俗。"神仪问："为什么如此？"常照答："是与他同条。"听到这句话，神仪"忽然醒悟"。③ 这又关系到体与用、本质与现象、法身与色身的问题，他认为，用、现象、色身是有为法，受生灭规律支配是"易生易灭，刹那不停"，或云"生为物生，灭为物灭"。至于"法所得"即"体"、"法身"、"真如"、"本质"，"常无生灭"即认识到法身是永恒不变、不受任何世俗认识支配的，那就是悟道。"随俗"和"随缘"这两个概念意思相近。"随缘"常和"不变"连用，故叫"随缘不变"，表示体用关系，意思是："随缘"是真如之用，"不变"是真如之体。"不变"与"随缘"是华严宗释《起信论》之语，"不变"指"真如"、"理"（如来藏），随缘指世与世间之事（阿赖耶识），通常用来说明理事关系，密切不可分离。常照把"随缘"改为"随俗"，到慧忠又与《老子》的"和光同尘"结合起来运用，比"随

---

① 《禅苑集英·常照传》。

② 《禅苑集英·通师传》。

③ 《禅苑集英·神仪传》。

缘"一词更为明显，即随顺世俗情状，贯彻真如之"理"。真如之理即存
在于世俗之中，加强了佛教世俗化的成分，是个创造。"真"与"俗"是
佛教十分重视的一对关系，也称"二谛"。常照的"随俗"精神，不但用
来反对当时所有的奇异现象如符咒、神通等，而且更重要的作用是使修行
者能汇合在世俗生活中修行、得道、成佛，即入世精神。神仪问："某甲
事和尚有年矣，不知道传此道者谁狄？蒙和尚指示传法世次度，令学者知
其源流。"常照便抽出通辨的《对照录》及所有关于越南禅宗宗派的资料
交给他。神仪一看就问："阮大颠、阮般若①二派乃不见叙何耶？"常照
答："通辨之意抑有以也。"这反映了常照和通辨一样，都反对这些奇异
现象在禅宗中的影响，同时也说明李末陈初为什么禅宗不再受密宗的影
响。常照不但是李朝三大禅派的集大成者，而且是李、陈禅宗的转折点，
他对整理李朝三大禅派的资料有很大的功劳，他还写《南宗嗣法图》（今
已佚），《示寂偈》中体现了他的悟道精神和解脱境界：

> 道本无颜色，新鲜日日夸。
> 大千沙界外，何处不为家。

"何处不为家"即认识到"道"到处都有，到处都是"家"，即无分
别，达到"见性"的境界。同时，"何处不为家"也可以看作是对"菩提
心"的赞扬。"回家"即是回到"如来藏"、"菩提心"。"何处不为家"
跟"随俗"以及圆证国师所说"以天下之心为心"构成越南"帝王禅"
的基本理论。当时越南社会类似于中国宋朝，宋朝是中国禅宗宗派最兴盛
的时期。若按社会阶层分，大体有三类：农禅、士大夫禅、官禅。越南禅
宗主要受宋朝禅宗的影响似乎都是官禅，而且集中在帝王权臣手上，这是
一个主要特点，此特点在中国是没有的，所以我们把它叫作"帝王禅"。
"帝王禅"的特征是入世精神，指导此禅法的是《起信论》思想。

《大乘起信论》把世间和出世间的本体统归为一切众生平等具有的
"一心"。此"一心"从"二门"考察，一名"真如门"，其性"不生不
灭"、"不动"，无任何分别，是"觉"的基本特征，相当于"如来藏"；
二名"生灭门"，其性"动"，生灭无常，是"不觉"的基本特征。"一

---

① 阮大颠和阮般若二派都受到密教的深刻影响。

心"之由"静"到"动"、由"本觉"到"不觉"是生死之路，是世俗世界的根本因；由"始觉"到"究竟觉"、由"动"到"静"，是解脱之路，是出世间的根本因。此"心"大体相当于"阿赖耶识"。这样《起信论》就提出了双重的本体论，所谓"真如"心和"生灭"心，"皆各总摄一切法"。"真如"是"一心"之"体"，"生灭"是"一心"之"用"，二者是须臾"不相离"的。

《大般涅槃经》译出后，佛性论滥觞，"一切众生皆有佛性"成为佛学者共倡。《起信论》把"佛性"改作"众生心"，不仅佛在此心，"净土"在此心，而且"智"、"道"、"理"亦在此心，世界一切皆在此心。这使佛性论扩大，成为解释世界现象的理论，由此禅宗涌现出许多宗派，它们都从《起信论》体系中演绎出来，其中最明显也最直接的突出"佛"在"心"中的方面，形成禅宗中的"心学"一支，它的代表理论是"即心是佛"。其余还有"理学"系，它的代表理论是"即事而真"；"般若学"系的代表理论是"本来无事"。但在具体行为上，仍然是千差万别。①越南禅学都属"心学"系。此"心"据《起信论》有体、相、用，而且是体大、相大、用大。此"心"即"菩萨心"、"随缘"之心。道圆和陈太宗的"心"不仅在禅宗，而且在世俗世界都能起作用，即"帝王"之心、"随俗"之心、"天下"之心。换句话说："心"是越南禅的主要理论，"回家"即回到"如来藏"、"菩萨心"是此禅的最后归宿，以后陈太宗常常呼唤修行者应该"回家"、"到自家"。

现光对于竹林禅派的形成起重要作用。《集英》之所以把他排到无言通派的第十五代传承而不是第十四代，是因为他 11 岁跟常照出家学佛，虽精通三学，但"禅门宗指，未及推究"，常照就示寂了。后其得法于智通禅师。② 但在感情方面，现光仍然是常照的弟子。另外，在常照十年培训之下，现光思想一定受到常照思想的浓厚影响，这点是不可否定的，所以我们还是把现光看作常照的徒弟。

现光的思想都继承常照的思想，在示寂偈中，他写："幻法皆是幻，幻修皆是幻，二幻皆不即，即是除诸幻。"即认识主体和认识对象都是虚幻不实的，都不能执著分别，在认识绝对真理的道路上，要消除它们之间

---

① 参见杜继文、魏道儒《中国禅宗通史》，江苏古籍出版社 1995 年版，第 8—9 页。

② 智通也许属无言通法的第十四代。

的隔离。现光的"二幻皆不即"和常照的"物我两忘"意思相同。此思想到慧忠上士发展为"忘二见"思想。现光有两点值得注意：第一，他到安子山①创建安子寺，成为安子寺的开山祖师，为陈朝竹林禅派的建立打下了基础。第二，据《集英·现光传》，道圆（圆证）是现光的嗣法弟子。现光示寂，道圆与门人"具礼葬于山窟"，也许是安子山。据《继灯录·禅宗本行》又载：继承现光住持安子山的是圆证禅师。据《禅宗指南序》，陈太宗把正在住持安子山的禅师称为"国师竹林大沙门"，并向他请教。② 我们认为"竹林大沙门"只是个封号，他和道圆、圆证其实是一个人。这样道圆就是陈太宗的佛学老师。道圆还给竹林禅派培养出另一位出色弟子：大灯国师。

大灯国师是安子山的第三代传承。他跟陈太宗同事一师。据《圣灯录》和《陈朝禅宗本行》载：大灯既接受越南安子派的传承，又接受中国临济派的传承。太宗时天封禅师从中国漳泉到河内后，太宗请他到左压院居住，并"聚会看宿"来参问禅要。此时大灯也参学并得妙旨于天封禅师，《三祖实录》有一段记载值得注意："又有天封居士，从漳泉来，与应顺同时，自称临济之宗，传与大灯国师…… 大灯传我圣宗皇帝（1240—1290），了明国师。"据《灯录》《圣灯录》《大越史记全书》载：陈圣宗得妙旨于大灯国师。据《继灯一录》载：大灯还有一位著名弟子，即逍遥禅师。

逍遥禅师属安子山第四代传承。他虽是大灯国师的弟子，但他却得法于无言通禅派第十六代应顺禅师。据《上士行状》载：慧忠"参福堂逍遥禅师领旨，委心事之，日以禅悦为乐"。据慧源的《上士语录序》载：逍遥是外国人（中国人），"上祖逍遥大德……初至我国，脱体无依……"阮郎的《越南佛教史论》不承认慧源这个观点，他认为逍遥是越南人。其理由有二：第一，阮郎认为慧源对越南禅宗的传承体系不大了解，所以在《略引禅派图》前边他只模糊地记载："正法乃流入我国土，不知先得者为谁耳。记自禅月禅师传与阮太宗③，次定香长老、圆照国师、道慧禅师，递将传授，名姓隐显，难接条线。"第二，阮郎认为，由于逍遥非常

---

① 位于今越南广宁省东潮县。
② 1237 年陈太宗逃避朝廷到安子山打算出家。
③ 阮太宗即李太宗（1000—1054），陈朝当权后，把李氏改为阮氏。

聪明，禅学非常渊博，能培训出慧忠这位陈朝最出名的禅学家、佛学家，所以慧源认为逍遥是中国人。我们认为阮郎这两点都没有充分的理由。一是，即使逍遥是聪明的中国人，跟应顺（越南人）学佛、习禅、得法，也是常有的事。李朝无言通派如辨才禅师、净空禅师、岩翁禅师都是中国人，都跟越南禅师习禅得旨。二是，阮郎的批评观点自相矛盾。他承认《略引禅派图》是正确的，但不承认慧源在《略引禅派图》中写的逍遥是中国人的观点。除《三祖实录》载逍遥是外国人外，其他资料都不载他是哪国人。逍遥这个名字只能是中国人的名字，印度人、占婆人等没有这样的名字，越南人中这样的名字更是罕见。三是，慧源撰《略引禅派图》《上士语录序》是在 1683 年，离逍遥生活的时代约有 250 年，因此其可信性应比出生于 1926 年的阮郎要高，所以我们也认为逍遥是中国人。

慧忠非常敬慕逍遥，《上士语录》中还留下慧忠写的关于逍遥的几首诗：《问福堂大师疾》《上福堂逍遥禅师》《福堂景物》《悼先师》，语气非常崇敬，《上福堂逍遥禅师》中有这样两句：“须知世有人中佛，休怪炉开火里莲。”

据《略引禅派图》载：逍遥的弟子，除了慧忠之外，还有惠慧、愚翁、道、未谐、石头（得法后自焚）、神攒、村僧、石楼等，其中惠慧继承安子山的传承，为第五代。

陈仁宗学佛、习禅、得法于慧忠。1299 年，仁宗到安子山出家。慧忠是居士，不能给仁宗剃发、授戒。而且，慧忠已经于 1291 年去世了。据《继灯录》载，仁宗继承惠慧为安子山第六代传承，因此可能仁宗跟惠慧出家、受戒。据《圣灯录》《略引禅派图》载，惠慧继承逍遥，逍遥继承大灯，大灯又得法于中国天封禅师。这样我们很明确地肯定陈朝竹林禅派和中国临济宗的思想是很密切的。其中逍遥是李朝无言通派、安子山派和中国临济派的集大成者。竹林禅派的建立使陈朝禅宗宗派走上统一化的道路，实现了陈太宗对越南禅宗的愿望：“一宗佛教”①，“统一佛教”。这也意味着，还没有统一之前，越南禅宗仍存在着很多派别，如无言通派、中国临济派。至于毗尼多流支派和草堂虽不再传承，但在小的范围内还有影响。据《略引禅派图》载，当时还有三个禅派同时共在：一是王志闲派，王志闲传任藏和尚，任藏传任肃居士；二是日浅派，日浅传真道

---

① 陈太宗即位后为一位禅师赐号“一宗国师”。

大王（陈朝大贵族）；三就是竹林禅派，天封禅师传给太宗、大灯，大灯又传给圣宗、了明、堂供、玄策，玄策传给巨测等。① 竹林禅派的成立使越南禅宗具有自己的特色，即高度的入世精神。竹林禅派把各种宗派、各种教派统一起来，提出禅净双修、顿渐并修、三教同行的主张。总之，竹林禅派的特征是"帝王禅"。"帝王禅"的本质是"入世精神"和"入世行动"。提出"帝王禅"的理论者是常照、道圆、陈太宗、慧忠等；"帝王禅"的实施者是陈仁宗、法螺、玄光、陈英宗、陈明宗等。下面我们继续研究陈朝竹林禅派最有代表性的人物。

第二节　陈太宗

一　太宗生平与学佛事业

陈太宗（1218—1277）名陈煚，1225 年与李朝最后一位女皇帝李昭皇结婚。1226 年李昭皇禅位，陈煚即位。18 岁时，陈守度（陈太宗的叔叔，当时掌握朝中的所有兵权）逼他抛弃李昭皇皇后，娶顺天公主为妻，立为皇后。顺天是陈了的妻子，已经怀孕三个月了，而陈了是太宗的亲哥哥，顺天又是李昭皇的亲姐姐。陈守度之所以这么做是因为他希望太宗早点有孩子来继承皇位。太宗无法忍受守度这些无道行为和乱伦做法，便到安子山见圆证国师请求出家。据《禅宗指南序》载：天应正平五年（1236）② 四月三日晚，太宗跟七八个人"微服出宫"，说是"潜听民言，以观民志，庶知事之艰难"，过江后，太宗把实情告诉左右，"左右愕然，举皆涕泣"。第三天太宗才到安子山寺参见"国师竹林大沙门"③，并对国师说："朕方幼稚，俱丧双亲，孤立士民之上，无所依附，复思前代帝王事业，兴废不常，故入此山，惟求作佛，不求他物。"圆证国师说："山本无佛，惟存乎心，心寂而知，是名真佛。今陛下若悟此心，则立地成佛，无苦外求。"

几天后，守度率领朝廷百官到安子山要求太宗回京。太宗坚决不回，守度便对百官说，"凡乘舆所在，即是朝廷"，同时他指着安子山说：这

---

①　这些人物在《上士语录·略引禅派图》中只提名字。

②　《大越史记全书》为 1237 年。

③　即圆证，或道圆。

处是建天安殿的，那处是建端明阁的，并派人营造。国师便奏："陛下宜
速回銮，毋使戕弟子山林。"太宗听后才肯回京"勉而践位"。回京之前
圆证对太宗说："凡为人君者，以天下之欲为欲，以天下之心为心，今天
下欲迎陛下归之，则陛下安得不归哉。然内典之究，愿陛下毋忘斯须
耳。"只这几句短短的劝话，已经奠定了陈太宗的"帝王禅"和入世精神
的基础。回京后，太宗边管理国家，边学佛习禅，十多年间，"凡遇机
暇，聚会耆德，参禅问道，及诸大教等经，无不参究。常读《金刚经》
至于应无所往而生其心之句……豁然自悟"。

　　可以看出，太宗对于佛学是以自学和参问为主的，一有时间他就
"聚会耆德，参禅问道"。但"耆德"是谁呢？也许是当时著名的息虑、
应顺、大灯等无言通派的禅师们，他们都在京都讲经弘禅。还有从中国临
济宗来的天封禅师，太宗请他到左压院向他参问禅学。《继灯录》《圣灯
录》都载：太宗跟天封习禅得旨。这点是正确的。由丁天封是属中国临
济宗人，所以太宗的禅学受到临济宗的深刻影响。后来又有中国宋朝德诚
禅师到越南，太宗也请到真教寺跟他谈禅。

　　太宗自从回京后，除了朝政大事外，其余的时间都用来专心研究禅
学。十多年后，他写出《禅宗指南》①。关于太宗学佛过程，《金刚三昧经
序》载："朕谅德主器，朽索驭民，每虑艰难，靡亡宵旰，机虽有万，暇
且偷余，勤务惜阴，学斯加益。字恐丁而未识，夜至乙以犹观，既阅孔
坟②，申览释典。"由于太宗是一位信佛的国王，所以他需要学儒学，把
儒学看成一门政治社会学来管理国家；他需要学佛习禅，把佛学看成一门
心灵学，使心灵减少世俗烦恼，达到解脱，这明显体现了太宗把儒教和佛
教结合在一起。《禅宗指南》是太宗十多年学佛习禅的结果："十数年
间……参禅问道，及诸大教等经，无不参究……豁然自悟，以其所悟而作
是歌，曰《禅宗指南》。是年国师③自安子山赴阙，赐居胜严寺，开诸经
印版。联以此出而示之。师一览而三叹曰：'诸佛之心，尽在此矣，盍刊
诸经印以示后学。'朕闻是言，乃命工楷写，敕令开印，非特以为后世指
迷，盖欲继先代圣人之功广，因自为序云。"太宗在位共有 32 年，其在

---

①　今已佚，只有《禅宗指南序》今存。

②　孔坟，即儒典。

③　即道圆国师。

位期间，元军来犯（1257），"帝自将督战……大捷"。[①]太宗40岁逊位给陈圣宗，自作太上皇，住在长宫，专心习禅，研究佛学，其作品有：《禅宗指南》《金刚三昧经注解》《六时忏悔科仪》《平等礼忏文》《课虚录》《禅宗指南》是太宗最早的作品，现在已佚，只余其序，载《课虚录》中。

《金刚三昧经注解》今已佚，现存其序，也载《课虚录》中。太宗对此经颇有心得。他曾从《金刚经》得悟，又为《金刚三昧经》做注解。《金刚三昧经注解序》中他说："聊为学者所依，以见朕心不格，故序。"

《六时忏悔科仪》是一日六时忏悔的仪式，此作品全部还存在《课虚录》中。

《平等礼忏文》已佚，今只有其序，也载《课虚录》中。《越南佛教史论》和《越南佛教史》都认为：此书的内容是一般忏悔仪式，跟《六时忏悔科仪》的内容一样。但我们认为此书不是一般的忏悔仪式，而是真如忏悔，佛性忏悔。"平等忏悔"这个概念和慧能的"无相忏悔"概念意思相通，即离开所有形相、妄念、分别、执著等即强调自性忏悔。《平等礼忏文序》中，太宗说："夫法性如如念虑无放毫发，真源湛湛，本来绝放尘污。由瞥起妄缘，现成幻体……发平等一真之心，礼法身无相之体。"这些说明《平等礼忏文》是"无相礼忏"、"无念礼忏"，而绝不能是一般的忏悔仪式。

《课虚录》是由多种文类集合在一起的一本书。此书有上下两卷。[②]上卷包括：《四山》《普说色身》《普劝发菩提心》《戒杀生文》《戒偷盗文》《戒色文》《戒妄语文》《戒酒文》《戒定慧论》《受戒论》《念佛论》《坐禅论》《慧教鉴论》《禅宗指南序》《金刚三昧经注解序》《六时忏悔科仪序》《平等礼忏文序》《普说向上一路》《语录问答门一路》《拈颂揭》。

下卷包括：《初日祝香》《献香偈》《献花偈》《启白文》《忏悔眼根罪》《劝请文》《随喜文》《回向文》《发愿文》《无常偈》等。中口时和口没时也有类似的偈、文等。通过研究《课虚录》，我们可以知道陈太宗的佛学和禅学的思想。

---

① 《大越史记全书·陈纪》。
② 还有一种分为上、中、下三卷。

二 陈太宗的禅学思想

(一)太宗的本体论观点

太宗的本体论从《起信论》出发,在第一节已经略有介绍过,"一心"之由"静"到"动"、由"本觉"到"不觉"是生死之路,是世俗世界的根本因。但关键是"心动"、"心起"、"念"。由"始觉"到"究竟觉"、由"动"到"静",是解脱之路,关键是"离念",也称"无念"。此"一心""总摄一切法"即"能摄一切法"、"能生一切法"。换句话说,一切众生心都具足世间和出世间的一切,它拥有一切,也能派生一切。所以在修行方法上不需要向外追求,完全有能力独立自在,自我解脱。《普说四山》载:"原夫,四大本无,五蕴非有,由空起妄,妄成色,色自真空。是妄从空,空现妄,妄生众色。"这里"空"即"本体"、"真如"、"佛性","色"即"现象"、"万法"、"万物"。从"空"到"色"要通过"妄念"、"念起"的进程才能实现。"妄"即"妄心",是妄起分别执著之心,意思是说,不知道真如平等一如,没有任何分别执著,只为无明所驱而产生善恶邪正等差别妄见而成万象。《菩提心论》曰:"妄心若起,知而勿随,妄若息时,心源空寂。"《起信论》曰:"一切众生,以有妄心,念念分别。""妄"和"假"这两个概念意思接近,即万法没有实体,都靠其他条件,妄起执著,才能存在,"假出"。《普说色身》曰:"体貌妄生,形容假出。"假是现象世界的属性,"妄"是产生现象世界的根本原因,即人的认识,一有"妄起"就产生现象世界。"妄"和"念"意思也接近。"念"即内心守境。"有妄"、"有念"是邪法,即有分别执著。"无妄"、"无念"是正法,是无分别执著。修行者达到"无念"境界即"见性"或"识心见性"。《坛经》曰:"般若常在,不离自性,悟此法者,即是无念,无忆,无著。莫起杂心,即是真如性。用智慧观照。于一切法不取不舍,即见性成佛道。""见性成佛"或"一悟即至佛地"等,意思有二:一是人自具佛性本心,它本清净,只被世俗"妄念"掩覆,不得显现;二是借般若智慧观想主客观世界,清除各种取舍执著(情欲,世俗观念)。认识自己本有佛,即可以立即达到佛的境界。"无念"、"无相"、"无住"、"见性"等这些概念源于《金刚经》和《起信论》,都是禅宗思想的核心概念,是被《坛经》借用来发挥的概念,也是《课

虚录》中太宗经常使用的概念。太宗认为人身或现象世界之所以产生是
因为人的"念起"、"妄念"、"有念"。《普说色身》曰："这色身未入
胞胎之日，那处得有？盖由念起缘会，五荫合成。"一有"念起"就有
"缘会"，即开始有因果规律发生的作用。《普说四山》曰："有差一念
故现多端，托形骸于父母之精，假孕育于阴阳之气。"太宗再一次用偈
强调：

> 真宰熏陶万象成，本来非兆又非萌。
> 只差有念忘无念，欲背无生受有生。①

　　"真宰"这个概念源于道教，认为天是万物的主宰，所以叫作"真
宰"。《庄子·齐物论》曰："若有真宰，而特不得其朕？"太宗借用其来
代替"性"、"本性"、"觉性"、"法性"、"真如"、"本心"、"本觉"等
概念，让人对于万物生成的来源有一种强烈的感觉，并强调"万象"、
"万法"之所以产生是因为"真宰熏陶"而成的。"熏陶"即"念起"、
"妄念"、"有念"或"差一念"所以"现多端"的意思。太宗把"真
心"、"真如"、"本性"等叫作"真宰"是一个新的概念，同时说明他也
受道教的影响。《普说四山》中太宗还说："不论上智下愚，尽属胚胎之
内，岂问一人兆姓，咸归橐龠之中。""橐龠"也是"念起"、"有念"的
意思，是产生万象的根源。这也是道教的概念，同时也是一种新的概念。
老子《道德经》曰："天地之间，其犹橐龠乎，虚而不屈，动而愈出。"
更加说明道教对于太宗的影响。
　　为了达到"见性"，太宗要求修行者"顾首内看"，即实现回归本心
的过程——"回家"，他反对"尽是纵心放去，都无退步回归"②的观
点，反对那些只耽湎于色声，远离真如本性的人。对于这种人，太宗说：
"永为浪荡风尘客，日远家乡万里程。"③但他们如果"顾首内看"，即认
识到"即心是佛"那就是"见性"、"自到家"了："旧没途程自到
家"。太宗认为"自到家"的过程也要遵守戒、定、慧三学，《戒定慧

---

① 《普说四山》。
② 《普说色身》。
③ 《四山偈》。

论》曰："戒者威仪义，定者不乱义，慧者觉知义。"威仪是一种自省的行为、思想，要离开所有世俗所耽迷、所认识的东西。《普说四山一山偈》中太宗写道："鼻著诸香舌贪味，眼盲众色耳闻声。"《四山偈》中他写：

> 摆荡狂风括地生，渔翁醉里钓舟横。
> 四时云合阴霾色，一派波翻鼓动声。
> 两脚阵催飘历历，雷车轮转怒轰轰。
> 暂时尘敛天边净，月落长江夜几更。

　　"渔翁"的形象是人一生的形象，由于不"识心见性"而受无常规律所牵制，受世间种种苦恼所支配。《普劝发菩提心》中他还写道："功名盖世无非大梦一场，富贵惊人难免无常二字。争人争我，到底成空，夸会夸能，毕竟非实。""自到家"即先要遵守威仪，离开尘世欲妄，目的在于达到心的"不乱"、"觉知"，即使心进入定慧境界。《慧教鉴论》："夫慧者，生于定力，若心定则慧鉴生。若心乱则慧鉴灭……故知慧由定现，定由慧生，定慧相依，两无遗一。若假名坐禅，心未得定，而慧鉴生者，未之有也，虽有自性，而不习坐禅，自谓己有慧者，何假坐为……"这是太宗的定慧之间的关系。他既主张"定慧等"，又主张"先定后慧"，与慧能既有相同之处，又有差别，即顿渐双修的主张，这主张自从李朝无言通派和毗尼多流支派已有过，但到太宗更加强调，成为太宗禅学的一个主张。同时，这也是越南禅学和中国禅学的一个差别。太宗认为：人虽然都有真如平等，但"性根差别，愚智不同"即烦恼所覆盖轻重不同，所以应该"以戒除恶垢，定除缠垢，慧除使垢。故以此种善伏道，谓初中后善。以戒为初，以定为中，以慧为后"[1]。这是太宗提出渐教的主张。但在《慧教鉴论》中他写道："寂寂惺恨是，寂寂昏沉非。惺惺寂寂是，惺惺乱想非。"此话与中国唐代玄觉禅师[2]对顿教的主张是相同的，太宗借用来表达自己的主张，明确说明太宗顿渐双修的观点。他认为，无论顿修还是渐修，目的在于达到

---

① 《戒定慧论》。
② 玄觉（665—713）得法于慧能，了悟顿教思想。

"见性"就可以成佛。《坐禅论》中说："学道之人,惟求见性。"竹林
国师说："山本无佛,惟存乎心,心寂而知,是名真佛。"① 此处把
"心"界定为"寂",也就是"定",是《起信论》所说"一心"的
意思。此"知"即是"一心"之用,也就是"慧","定慧"都在一
心中完成。这思想是华严宗宗密的发展,他也是禅宗大家,他的名言
是"知之一字,众妙之门"。因此,"不执著"、"无分别"都不是无
知,而是一种更高级的智慧,能洞察一切,而思想不凝固,不把事情
看死,不主观,不要有成见,这种精神对太宗有很大的帮助。高度发
挥"帝王禅"和"随俗精神",使太宗看待、处理日用百事,符合佛
教的要求。"真佛"即人的本性、真心。《金刚三昧经注解序》曰:
"本性玄凝,真心湛寂,成亏俱绝,非性智能究于端倪,合散尽遗,
岂耳目可参于影响,有无捏就,道俗划夷,卓尔独存,超然无外,此
金刚自性之要川也。"

　　太宗呼唤修行者要"见性",要"自到家"。"见性"即自见自己的
本性,"自到家"即自到自己的家,同到自己的本心即"菩萨心"意思
相同。"自到家"最快的道路是"向上一路"即觉悟成佛的道路。"向上一
路"是指禅法至极微妙之处,自末进于本叫做"向上",自本下于末叫作
"向下"。《释摩诃衍》二曰:"于生灭门②有二种位,云何为二?一者向
上门,乙者向下门,如是二门,生灭抉择。"《碧岩录·普照序》曰:"纳
僧向上巴鼻。"《种电钞》曰:"向上者,千圣不传底事。"《碧岩录·种
电钞第二本》中曰:"向上一路千圣不传,学者劳形,如猿捉影。""向上
一路"是很难的公案。也许太宗对此公案用很大的工夫来研究。《普说向
上一路》中他用猛烈的印象、狂热而独特的见解,来表达自己的深刻体
会,他大胆地否认传法现象,认为它们都是假的,从释迦佛传到迦叶到达
摩祖师然后传到慧能等都是没有真实性的:"纵使灵山付嘱,都来漏逗之
场、少室单传,也是葛藤之窟。"如果自己不能"自见性"、"自到家",
那没有任何人能够把心印传给自己,他说:"黄面老子③瞥目傍观。碧眼

---

① 《禅宗指南序》。
② 生灭门:跟"真如门"对立,指如来藏之一心,随缘生灭,起差别之相。
③ 即释迦佛。

胡僧①攒眉侧立。马祖②挂拂，首山③藏莛、赵州④裂破布衫，云门⑤捐却胡饼，德山⑥弃棒，临济⑦吞声，佛佛祖祖尽潜形、个个人人俱丧胆。”

棒、喝、拂等都是禅师用来启发禅生“断绝众流”走上觉悟道路的方便，但最好的方法是禅生自努力、自觉悟，自己认识自己的本来面目，自见其本性，否则这些棒、喝、拂不但不起任何作用，反而还障碍禅生觉悟的道路。达到“向上一路”时，即见真如本性，太宗写道：“明珠在掌，青映青，黄映黄。古镜当台，胡现胡，汉现汉，岂关幻体，尽是法身，不劳顶上放光，本具六通神妙……鼻孔里法轮常转，眉毛下宝刹现前，波间石女舞婆娑。吹笛木人歌款待……黄花郁郁无非般若之心，翠竹青青尽是真如之理。拨草现本来面目，划地断生死之路歧。回头铁马打拽归，蓦鼻泥牛行却步，不以万物久侣，谁教一物尚存，佛亦非，心亦非，真也入，假也入。三要关外亘饶喝三为二。十字街头，一任呼九作十。没孔笛奏无生曲。无弦琴抚快活歌。那头头不是知智，这处处岂容侧耳，只这向上一路久作么生道。”太宗用一首诗来作《普说向上一路》的结论：

　　　处处绿杨堪系马，家家有路到长安。
　　　回程月下人稀到，一道蟾光大地寒。

意思是说，处处都是佛性、真如，都有达到觉悟的道路，人人都能成佛，都能认识自己的本来面目，都能见性、“自到家”。“向上一路”是回归本心，见本性的最快道路，但本心在哪里？是什么东西？能不能安心？安心法是真是假？《拈颂偈》太宗写道：

　　　心既无心道向谁，梦回哑子眼麻弥。
　　　老僧漫道安心竟，笑杀傍观不自知。

---

① 指达摩。
② 即马祖道一（709—788），唐代著名禅僧。
③ 即省念禅师（926—993），宋代禅僧。
④ 即赵州从谂禅师（778—897）。
⑤ 即文偃（864—949），云门宗之祖。
⑥ 即宣鉴禅师（782—865），唐代著名禅僧。
⑦ 即义玄禅师（？—867），临济宗之祖。

达到见性的方法，还可以通过忏悔方法，但这种方法不是一般的方法，而是"平等忏悔"。"平等忏悔"是要求修行者对自己的身、口、意三业所造的罪过，从内心真正忏悔，永不再犯。这种方法与其他宗派、其他宗教是不同的。"平等礼忏"既没有普请礼忏十方诸佛菩萨名号，没有诵经念咒等仪式，又不要求在佛像前"发露忏悔"或念忏悔文，而是"前念、后念及今念，念念不被愚迷染"①，断除一切导致恶行的各种矫诳、嫉妒、分别、执著等杂心，太宗认为："法性如如，念虑无于毫发，真如湛湛，本来绝于尘污，由瞥起妄缘，现成幻体，随时业识忘一颗之圆明，丧彼家财，逗六根之贪欲，若有纳受净法，必能洗涤妄尘。发平等一真之心，礼法身无相之体，到这里入自他受用②交参，向那边求面日顺预自现。"③"无相之体"即使认识离开所有能所分别、执著、对立等相状，达到一相、平等相，进入不二法门，《维摩诘经·不二法门品》曰："一相无相为二，若知一相，即是无相，亦不取无相，入于平等，是名入不二法门。"

太宗也注意到一般的忏悔仪式。他撰写的《六时忏悔科仪》主要用来为他自己忏悔。为什么太宗撰忏悔仪式呢？也许他认为，陈守度逼李惠宗④死，把陈了的兵士杀光，逼自己跟大嫂结婚等事件不是陈守度自己的罪过而是陈氏的罪过，也是太宗自己的罪，因为太宗是陈氏的代表人物，这些心情的痛苦，是促进太宗撰忏悔文的主要原因。但太宗的忏悔仪式不是向佛、菩萨形象请求消除罪过，而是帮助自心入定的一种方法。太宗的《六时忏悔科仪》文辞精美，形象丰富，立意深刻，影响深远，到现在越南佛教还在采用。我们看看下面几段：

《寅时警策众偈》：

> 旸谷明将启，漫漫黑地开。
> 触心尘竞起，眩目色争排。

---

① 《坛经》。

② 自他受用，即自受自身，他受用身。

③ 《平等礼忏文序》。

④ 惠宗是李朝第七帝，李昭皇的父王。

　　臭壳休贪抱，埋头早愿抬。

　　殷勤专六念，庶得契方来。

《初日祝香》：

　　伏以蟾轮①西没，龙烛②东生，梵筵会清净之流，空界礼圣贤之众。欲通檀信，谨热宝香。

　　是香也，种自戒林。灌之以禅定之水。伐从慧苑。削之以解脱之刀。不由人力斧斤。自出天然形势。热知见之宝篆。结光明之云台。飘时满地清芬。散处普天浓郁。

　　今以日初，焚香供养。

《献香偈》：

　　沉水禅林香馥郁，旃檀慧苑旧栽培。

　　戒刀削就崒山形，热向心炉长供养。

《献花偈》：

　　心地开时夸烂漫，诸天雨处让芬芬。

　　枝枝朵朵向佛前，亿劫业风吹不落。

　　我们认为太宗的《六时忏悔科仪》比梁武帝所撰的《梁皇忏》更精细且又实用。太宗认为，人有上、中、下三根之差，所以在修行方法上有先悟、后悟之别。《普说色身》曰："若未达佛心祖意且先惩待戒念经，及佛亦非，祖亦非，则戒何持，经何念，居幻色亦名真色，处凡身也是佛身。"先是有相忏悔，后是无相忏悔，这点跟六祖只主张"无相忏悔"是不同的。他还说："性根枝别，愚智歧分，示一门难以悟入，故我佛弘大

---

　　① 指月亮。
　　② 指太阳。

智愿，开方便门，随路指归，应病与药。"① 这更突出了他顿渐双修的主张，符合太宗的身份。太宗为了帮助大多数人修行而提出这个主张。

为了达到"见性"，太宗还强调坐禅、诵经、念名号佛等修行形式。《坐禅论》曰："虽受一切净戒，而无坐禅，则定力不生，妄念不灭。"《念佛论》中，太宗把人分成三种：上智、中智、下智。"上智者，即心是佛，不假修添，念即是尘，不容一点，尘念本净。故曰如如不动。即是佛身。佛身即我身是，无有二相，相相无二，寂然常存，存而不知，是名活佛。中智者，心藉念佛，注意精勤，念念不忘，自心纯善……下智者，口勤念佛语，心欲见佛相，身愿生佛国……三者深浅不同，所得一也。然上智者，言之则易，行之则难……若欲念佛，即以下智为先。一譬如作三层之台，而不以下为先，未之有也。"这里太宗再一次强调：人在不同的根性中，在修行方式上要采用不同的方法，对于"上智者，即心是佛"，意思是认识到心就是佛就得"见性"。"即心是佛"是禅宗核心理论，诸如顿悟、不立文字、心心相应等禅家重要主张与此密切联系，共同构成禅宗特色属顿悟禅。太宗认为，"愿生佛国"的念佛人同时也是"即心是佛"的坐禅人。这说明太宗既主张"顿渐并修"，又主张"禅净双修"。

（二）临济宗思想对太宗的影响与其四十三则公案禅

陈太宗既接受从李朝传来的无言通派思想，又接受从中国天封禅师传来的临济宗思想。

临济宗由义玄禅师创立。义玄（？—867）俗姓邢，曹州南华（治今山东东明）人，幼年有出家之志，落发受戒后，对经、律、论都有研究。初至黄檗山参希运（？—850），又谒大愚，再参沩山灵祐（771—853），后还黄檗山希运处，得悟本源，受其印可，嗣其法，大中八年（854），北归镇州（治今河北正定）创建临济院，弘扬禅法，自成一家，形成临济宗，世称"临济义玄"。禅风单刀直入，机锋峻峭，提出二玄二要、四料简、四宾主、四照用的认识原则和教学方法，重视用棒、喝方法来接引学人。卒谥"慧照禅师"，有《临济录》传世，弟子有存奖、慧然、志闲等二十二人。②

在自己的作品中，太宗常用临济这些公案与原则来做自己的禅公案。

---

① 《六时忏悔科仪序》。
② 参见《宗高僧传》卷二十、《景德传灯录》卷十二。

《普说色身》中太宗写道：

> 无位真人赤肉团，红红白白莫相瞒。
> 谁知云卷长空净，翠露天边一样山。

《拈颂偈·十九则》中太宗写道：

> 举：僧问临济："如何是无位真人？"济云："干屎橛"。
> 拈：弹雀失珠，投众污器。
> 颂：无位真人干屎橛，从教释子丧家风。
> 　　看看向下还知否，入海泥牛失脚踪。

"无位真人"是临济义玄对真我、自心佛的另一种称呼，表示超越一切修行阶位、摆脱一切尘染妄执之人、本来面目之人。《祖堂集》卷十九中载临济和尚曰："师有时谓众云：'山僧分明向你道，五阴身田内，有无位真人，堂堂露现，无毫发许间隔，何不识取！'"《临济录》曰："上堂云：赤肉团上有无位真人，常从汝等诸人面目出入，未证据者看看。"后来"无位真人"成为禅宗经常拈提的著名公案。"干屎撅"也是著名公案，是晚唐五代文偃禅师的机语，用来"截断"学人的"众流"，体现禅宗呵佛骂祖的作用。太宗的《拈颂偈三十六则》中曰："举：临济会中两堂首座济下喝。僧问：'还有宾主也无？'济云：'宾主历然。'拈：'也是猴白乱说。'"

"宾主"是临济宗接引学人的机用施设，讲究辨分"宾主"。"宾"指参禅学人或未明禅法者，"主"指禅师宗匠或明悟禅法者。依宾与主之间的不同具体情况，临济有"四宾主"的施设。"客"即"宾"，"客看主"是指已经省悟的学人，遇上存心执著、痴迷未悟的禅师；"客看客"是指执著妄情浓厚的学人与法眼未明的禅师相逢；"主看客"是指得道禅师遇上执著心重、痴迷不悟的学人；"主看主"是指领悟禅法的学人与得道禅师相逢，机锋契合。临济"四宾主"的关键在于驱除执著妄情，显示清净心地，陈太宗上边所提的"举"是从《人天眼目》中引用出来的，但有些变更，《人天眼目》卷一《宾主句》云："是日两堂首座相见，同时下喝，僧问师（指临济）：'还有宾主也无？'师云：'宾主历然。'师云：'大众，要会临济宾主句，问取堂中二首座。'"至于太宗的"拈"和"颂"是他自己用诗句韵语对公案的一种阐释评议，用来引导帮助禅生的觉悟。我们再举他的几则公案作例子。

《第三则》：

> 举：世尊拈花，迦叶破颜微笑。
> 拈：剔起眉毛著眼看，进前拟议隔千山。
> 颂：世尊拈起一枝花，迦叶今朝得到家。
> 　　若谓此为传法要，北辕适越路应车。

"世尊拈花，迦叶破颜微笑"简称"拈花微笑"，本是佛传法给迦叶，后成为禅宗著名公案，有教外别传之旨。太宗认为：如果禅生还要"剔起眉毛著眼看"，还要"进前拟议"那就不能认识到绝对真理达到觉悟，即还是"隔千山"，"北辕适越路应车"，因为还是用一般的认识方式、妄执分别的认识来认识绝对真理。"拈花微笑"是觉悟的表现。至于觉悟的实质，或"传法要"的实质，应该自心自实现，即自心认识本来面目，达到见性成佛破除所有执著分别等妄心的念头，那就是"得到家"、"自到家"。

《第十四则》：

> 举：百丈曰："如何是不为人说底法？"
> 　　泉曰："不是心，不是佛，不是物。"
> 拈：千圣觅他踪不得，全身隐在太虚空。
> 颂：向前公案没偏颇，对面看看曾也么。
> 　　佛法位中留不住，夜来依旧宿芦花。

"不是心，不是佛，不是物"也是个著名公案，说明道法不可言说，超越一切名言概念，表示摆脱任何羁绊，不给自己制造任何枷锁。保持个人更多自由的意向，即超佛越祖的思想。这则公案是太宗从《无门关》中引用出来的："南泉和尚因僧问云：'还有不与人说底法么？'泉云：'有。'僧云：'如何是不与人说底法？'泉云：'不是心，不是佛，不是物。'"太宗解释说：对于真如，不能用一般的认识去认识，含有到处都有"全身隐在太虚空"。

《第十六则》：

> 举：临济出世后，唯以棒喝示徒，凡见僧入门便喝。
>
> 拈：五月五日午时书，赤口毒舌尽消除。
>
> 颂：入门便喝欲何行，引得儿孙醉里醒。
>
>   不是春雷声一震，争教含甲尽开萌。

"棒、喝"不是临济宗的专利，临济之前禅林已经有了，但到临济专门用以接引学人，使学人直截众生愚迷执著的根源，不涉阶级，全机大用。"棒、喝"是棒击和斥喝。太宗认为修行者达到一定的水平，才能用棒、喝，才能够使"赤口毒舌尽消除"，才能够使众生从"醉"到"醒"即"开萌"。其实太宗在给学人开悟时，几乎没有用过临济的"棒、喝"，这又是太宗和临济在传法方法上的差别。

《第十七则》：

> 举：南泉云："平常心是道。"
>
> 拈：寒即言寒，热即言热。
>
> 颂：白玉元来没斧痕，何须追逐苦求新。
>
>   途程不涉家乡到，付与悬崖撒手人。

"平常心是道"是禅宗常用的著名公案。此公案含义十分丰富，诸如自心是佛、无须外求、平等无二、处处是道、安闲无为、随性适意等禅家主张都有所反映，太宗解释说："寒即言寒，热即言热。"这"特别能揭示出率性而行中的本能成分，充分肯定了人生基本需要的合理性"[1]。此公案源于道一（709—788）到他的弟子们，如南泉普愿（748—834）经常使用。长沙景岑进一步解释"要眠即眠，要坐就坐"，"热即取凉，寒即向火"，跟太宗的解释相同，即"道"本来光明圆满，不需要任何加工。太宗受临济宗的影响，但更多的还是受云门宗重显所撰的《碧岩录》的影响。在他的《拈颂偈》中经常提《碧岩录》的公案为"举"，如

---

① 杜继文、魏道儒：《中国禅宗通史》，江苏古籍出版社 1995 年版，第 266 页。

"洞山麻三斤"、"赵州布衫重七斤"、"赵州狗子无佛性"等公案。太宗对禅学理论有深刻的体会，但在教导禅生的过程中，针对不同对象、不同根机，他采用不同的方法，其文辞简单而优美，令人易会。《语录问答门下》曰："一日帝游真教寺，宋德成进云：'世尊未离兜率已降王宫，未出母胎度人已毕，时如何？'帝云：'千江有水千江月，万里无云万里天。'僧云：'未离未出蒙开示，已离已出事若何？'帝云：'云生顶岳都卢白，水到潇湘一样清。'"

虽是言辞简单，但启发性比较强，使人一听就认出自己对禅理的迷执认识。《普说色身》说："天位真人赤肉团，红红白白莫相瞒。""三玄"、"三要"、"向上"是很深奥的命题，一般人不容易认识到，对这些抽象命题太宗劝人"休说向上、三玄"，这也是太宗跟临济禅的一个差别。

（三）陈太宗三教融合与入世精神的主张

陈太宗意识到儒、佛、道三教在社会上的作用，因此他不但努力把三教结合起来，而且还证明三教在教义上是接近的，在最终目的上是共同的。《坐禅论》中太宗写道："释迦文佛入于雪山，端坐六年，鹊巢于顶上，草穿于髀，身心自若。子纂隐几而坐，形如枯木，心似死灰。颜回坐忘，堕肢体，黜聪明，离愚智，同赞大道。此古者三教圣贤曾以坐定而成就者。"《普劝发菩提心》中太宗认为：在所有的珍贵财宝中，人的生命是最贵重的，但也不能跟"至道"相比。他说："虽言生命之至重，犹未足重赞至道者也。故孔子曰：'朝闻道夕死可矣。'[1] 老子曰：'吾所以有大患者，为吾有身。'[2] 世尊求道舍身救虎。岂非三圣人轻身而重道者哉！呜呼身命之至重而尚应舍求无上菩提。况金玉财宝之至轻又何惜哉。吁'十室之邑，尚有忠信'[3]，举世之人岂无聪明黠慧者乎，倘闻斯言，固当敏学，勿自迟疑，经云'一失人身，万劫不复'[4]，深可痛哉，故孔子有言：'人而无为，吾未如之，何也已矣。'[5]"晚唐宗密已经提出"三教融合"的主张了，到太宗把此主张具体化，适应了当时越南佛教的需要。

这些话足够说明陈太宗三教融合的主张，他还说："未明人妄分二

---

① 《论语》。
② 《道德经》。
③ 《论语》。
④ 《因果经》。
⑤ 《论语》。

教，了得底同悟一心。"此主张符合太宗既做皇帝又当佛子的身份，是
"帝王禅"的体现。

　　总之，陈太宗既是一位英明的皇帝，又是一位出色的佛教徒。在 32
年在位和 20 年当太上皇的时间中，陈太宗为越南民族和越南佛教做出了
巨大的贡献。陈朝刚刚接受李朝的统治权，朝中还未稳定，社会动荡，人
心惶惶，加上元军入侵，内忧外患相当严重，但在太宗英明指挥之下，这
些问题很快得到妥善解决，这是越南民族的光荣和自豪，入世精神因此而
有。入世精神源于南宗禅，从 8 世纪起越南就有了，但到李末和陈初，特
别是陈太宗及其之后才成为理论性的入世精神："以天下之欲为欲，以天
下之心为心。"① 这句话给太宗很大的启发。一边治国、一边习禅，甚至
一边杀生、一边救生是太宗一辈子的事。这里的"心"又是太宗的"心"
的一种界说。此"心"大大超出禅宗的哲学定义。此"心"属"随缘"
之心、"随俗"之心，当然，也可以是"菩提心"。"菩提心"就是超脱、
解救众生于苦难之心。"菩提心"、"随缘"之心跟做好皇帝的思想也很接
近，这也说明太宗禅是"帝王禅"。入世精神是"帝王禅"的一个体现。
他还主张夷平道俗："休别在家出家，不拘僧俗，只要辨心。""辨心"就
是"见性"、"自到家"的意思。"自到家"之后，谁都是主人翁，都平
等无别，不论在家出家。不能"自到家"，僧也是俗；能"自到家"，俗
都是僧。这精神比中国禅宗入世精神更加入世、更加实际。通过他写的
《拈颂偈》《语录问答门下》，我们知道他直接受到《碧岩录》《雪窦语
录》和《临济录》的影响，但他有自己的见解，他的解释比《碧岩录》
《临济录》的解释意思易懂，文辞精美，启发性强，猛打禅生的执著心，
使禅生很快觉悟。他的禅学本体论特别受到《起信论》和《坛经》的影
响，太宗把《坛经》的"无相忏悔"具体化为"平等礼忏"，这是太宗
对《坛经》的一个改变。他还把佛性、真如等换成"真源"、"真宰"、
"一真平等"，把"见性"换成"回家"、"自到家"，这也是他的一个新
概念。他跟佛教"佛性说"一样，都认为真如、佛性人人都有，都能成
佛，但由于根性有别、业障轻重不同，不能一时顿悟，所以他主张"顿
渐双修"，对于进入涅槃境界来说是一种扩大门路的办法。这是太宗和慧
能的差别，也是越南禅宗区别于中国禅宗的特点之一。

────────────

　　① 《禅宗指南序》。

陈太宗的《课虚录》对于研究越南陈朝文学、史学、哲学特别是佛学是很有价值的，它和《上士语录》能帮助人们了解与恢复陈朝佛教的面目。太宗的思想对越南民族和越南佛教有深远的影响，到现在仍在发挥作用。

第三节　慧忠上士

一　慧忠上士行状

慧忠上士（1230—1291）名陈嵩，是安生王陈了的长子，是兴道王陈国峻（1232—1300）和元圣天感皇太后（圣宗的妻子）的氏兄。他和陈圣宗是叔伯兄弟的关系。元军三次侵越，他跟太宗、圣宗、仁宗和陈国峻直接率领军队，获大胜，太宗赐号曰：兴宁王。他还多次担任太平寨节度使。据《略引禅派图》《圣灯录》《传灯录》载：慧忠是逍遥禅师的嗣法弟子，而逍遥是李朝应顺禅师的嗣法弟子，应顺又是无言通禅派的第十六代传承。可见，慧忠属无言通派的传承人。他的嗣法弟子有 30 多人，著名的有天然、安然、石镜、话婆等，其中最出色的是陈仁宗。据《上士行状》陈仁宗载："上士，钦明慈善大王之第一子。元圣天感太后的长兄。初大王薨，太宗皇帝义之，封兴宁王也。少察质高亮，纯鼓知名，赐镇烘路军民（今海阳省），两度[1]北寇犯顺，赞国有功，累迁海道太平寨节度使。"上士[2]"器量渊深，风神闲雅"，少时非常羡慕空门，跟福堂逍遥禅师学佛、习禅、得旨，从此"委心事之，日以禅悦为乐"，不为功名所系。每次打败元军后，退回居住在净邦封邑（今海阳省永赖县安厂乡），并改为万年乡，在此建养真庄作为自己修习的地方。

慧忠本是圣宗皇帝的表哥，又是元圣天感太后的长兄。圣宗非常尊敬和相信慧忠的学问和为人。仁宗幼时，圣宗曾把仁宗交给慧忠教训，所以仁宗从小受到慧忠的深刻影响。圣宗经常跟慧忠谈禅，"凡对御皆超俗之谈"，因此圣宗称他为"师兄"，并赐"上士"号。1287 年，天感太后去世，圣宗在宫中设斋僧，请诸方名宿参与，又派仁宗皇帝[3]直接去请慧

---

① 《大越史记全书》载为三度。

② 后人常把他叫作慧中，或称上士或慧中上士。

③ 1279 年仁宗即位，圣宗自做太上皇。

忠。趁此机会，圣宗请每人自述一首短偈以呈见解，大家都还在犹豫的时候，圣宗把卷子放在慧忠面前，慧忠便自述偈云：

> 见解呈见解，似捏目作怪。
> 捏目作怪了，明明常自在。

圣宗皇帝的禅学也很渊博，曾跟竹林大灯国师学佛习禅得旨，一看慧忠的偈就接着写道：

> 明明常自在，亦捏自作怪。
> 见怪不见怪，其怪悉自坏。

慧忠看后，非常满意。

天感太后还在时，有一天"太后享以盛馔"，请慧忠参与，慧忠"遇肉但吃"，太后觉得奇怪，便问："阿兄谈禅食肉，安得成佛耶？"慧忠笑着答道："佛自佛，兄自兄，兄也不要做佛，佛也不要做兄。不见古德道：'文殊自文殊，解脱自解脱'？"这句答话反映了慧忠的禅学思想：自在解脱，不受任何教条所约束。关于"饮酒食肉"问题，有一次仁宗问慧忠曰："众生以饮酒食肉为业，如何获免罪报？"上士答："设有人焉背立，忽有人王从彼背过，其人不觉，或掷什物，触于王体，其人怖否？是王嗔否？如是当知，彼二不相干也。"慧忠便以偈述曰：

> 无常诸法行，心疑罪便生。
> 本来无一物，罪种亦非萌。
> 日日对境时，境境从心出。
> 心境本来无，处处波罗蜜。

仁宗虽懂得此偈的意思，但还提出疑问："虽然如是争奈罪福已彰？"上士又以偈答曰：

> 吃草与吃肉，众生各所属。
> 春来百草生，何处见罪福。

仁宗又问:"只如净持梵行,功不浪施,又作么生?"慧忠只笑着,不同答,仁宗又请益,上士又以偈答曰:

> 持戒兼忍辱,招罪不招福。
> 欲知无罪福,非持戒忍辱。
> 如人上树时,安中自求危。
> 如人不上树,风月何所为。

慧忠又跟仁宗秘密地说:"勿示非人。"仁宗知道上士"门风高峭"。有一天,他问慧忠"本分宗旨"①,慧忠应答:"返光自己本分事,② 不从他得。"仁宗豁然得悟,事慧忠为师。仁宗对上士有这样的评价:"神运严肃,容比方棱,其谈玄说妙,明月清风。当时诸方硕德,或谓上士信识深明,逆行顺行,实为难测矣。"可知慧忠当时的地位与威望。

重兴七年(1291)四月初一,慧忠在养真庄虚堂中间设一张木床,吉祥而卧,合目顺化,家中的妻妾、子孙都失声恸哭。上士便睁开眼睛坐起来,稍微责怪曰:"夫生死理之常然,安得悲恋,扰吾真也。"言讫,奄然顺寂。仁宗亲自到慧忠家凭吊,并写了一首《烧香报恩偈》。此偈不见流传。

仁宗是慧忠最著名的得法弟护,出家后,每次开堂说法,他都"自思四重,法乳难报"。仁宗派人画慧忠的真容,并自述赞颂,以为供养题云:

> 这老古锥,人难名邈。
> 梁皇曲尺,泰帝铎铄。
> 能方能圆,能厚能薄。
> 法海独眼,禅林三角。

此偈反映了慧忠其人和仁宗对慧忠的感情。杜克终(?—1330)在

---

① 即本身分内的宗旨。指获得禅悟的宗旨。
② 指禅宗宗匠着眼本分大事而采取的接引学人之手段。

《上士语录跋》中曾写道："上士，佛皇（指仁宗）之祖灯也，相心以心……上士以在家菩萨振佛家风，提起句语，引后学，悼乎有光，佛皇实成就之。"

　　慧忠思想主要表现在《上士语录》中，《上士语录》由四个部分组成。第一部分：慧忠自写的四首偈和十四首颂。第二部分：慧忠自写的四十九首诗。第三部分：慧忠的门徒写的七首诗、偈。第四部分：是由陈仁宗写的"上士行状"，杜克终写的"跋"。下面我们通过他的作品和别人的评论来研究慧忠的禅学思想。

二　慧忠的禅学思想

（一）慧忠的认识论观点

　　慧忠的认识论从"性空"学说出发，认为万法从因缘所生，无自性，无实体，即理体空寂。《维摩诘经·弟子品》曰："诸法究竟无所有是空义。"僧肇注曰："……大乘在有不有，在空不空，理无不极，所以究竟空义。"《大乘义章》二曰："空者，就理彰名，理寂名空，空者理之别目，绝众相故名空。"《上士行状》中，慧忠曾说：

　　　　日日对境时，境境从心出。
　　　　心境本来无，处处波罗蜜。

　　这里"心"是"能"，即认识功能；"境"是"所"，即认识对象。人对着现象世界的时候，现象世界从人的认识功能（心）中而出现，修行者认识到"心"与"境"都无自性、无实体，虚幻不实，认识到"心"、"境"的本性是空寂那就达到"到彼岸"（波罗蜜）。对于"空"来说，慧忠多次提到"四大本空从何起"[1]，"心道原虚寂，何处更追寻"[2]，"诸行无常一切空"[3]，"真如妄念总皆空"[4]。为了达到"心境本来无"、"心道原虚寂"的认识境界，慧忠提出"忘二见"的认识方法。

---

　　① 《生死闲而已》。
　　② 《对机》。
　　③ 《佛心歌》。
　　④ 《万事归如》。

他认为，人之所以不能达到觉悟境界是因为有执著分别的认识，即有"二见"的看法。"二见"即执著分别两边的认识，如有见、无见、常见、断见等。"有见"即固执实有物的认识，这样增加实性的虚妄认识；"无见"即固执实无物的虚妄认识这样损减实性的妄见；"断见"即固执人的身心断灭不续生的妄见；"常见"即执著人的身心过现未来皆常住，无间断的虚妄认识。《大智度论》七曰："复有二种见，有见无见……见有二种，一者常，二者断。常见者，见五众常心忍乐。断见者，见五众灭心忍乐。"这种观点和"八不中观"思想相同，即否认所有边见，使人的认识不能分别执著任何一边。在认识方法上，不允许任何对待思维存在，不能分别执著于认识功能和认识对象，不能把本质和现象分开来认识，因为它们之间是"相通"的。总之，要离开所有分别、执著、对待等认识，才能真正地达到真理。因为"妙理忘能所，绝对待"①。慧忠说：

> 身从无相本来空，幻化分差成二见。
> 我人似露亦似霜，凡圣如雷亦如电。②

"无相"是绝众相，离开人我分别执著的真理。《大乘义章》二曰："言无相者，释有二义，一就理彰名，理绝众相。故名无相，二就涅槃法相释，涅槃之法离十相③，故名无相。"万法的本质归根结底是空的、无自性的。一切有对待相状的事物、现象都是假的、虚幻不实的，不能长久的存在。慧忠的关键认识方法对"二见"持否定的态度，"但能忘二见，法界尽包容"④。

从"忘二见"的认识角度来看，换句话说，用平等的看法去认识真理，慧忠认为"色"与"空"之间没有对立性与差别性："色空迷悟假，一理古今同。"⑤"空与色"、"真与妄"、"圣与凡"、"悟与迷"等都是由"妄念"、"念"、"心动"而产生的，它们是"无自性"、是平等一如，不能用任何概念强加给它，任何概念都不能代表它：

---

① 《金刚经新注》卷一。
② 《凡圣不异》。
③ 十相：色相、声相、香相、味相、触相、生相、佳相、坏相、男相、女相。
④ 《迷悟不异》。
⑤ 同上。

> 眉毛尘横鼻孔垂，佛与众生都一面。
> 孰是凡兮孰是圣，广劫搜寻没根性。
> 非心无是亦无非，无见非邪也非正。①

　　这里"心"和"见"都是认识能力，都是用概念、分别去认识对象，是二见认识、世俗认识不能达到真理，只能离开概念用"忘二见"，或"离念"，或"八不中道"去认识真理，才能体会真理，因为"佛与众生都一面"，即佛与众生平等一如，或叫"生佛一如"、"迷悟不二"、"凡圣不二"、"烦恼即菩提"等，或谓法者俗有真空、生佛之异，俗谛上假名之差别而已。真谛的法性，众生性空，佛陀亦性空，性空平等，所以叫做"生佛不二"。

　　《观经散善义》曰："生死无为亦空，凡圣明暗亦空，世间六道出世间三贤十圣等，若望其体性，毕竟不二。""忘二见"和"八不中道"的认识都是否认所有执著分别的认识，否认迷悟、色空、凡圣、生死、真妄等的差别性口达到禅悟者的境界即"万法归如"、"万法皆空"等。《迷悟不异》中慧忠说：

> 迷去生空色，悟来无色空。
> 色空迷悟者，一理古今同。
> 妄起三途起，真通五眼通。
> 涅槃心寂静，生死海重重。
> 不生还不灭，无始亦无终。
> 但能忘二见，法界尽包容。

　　用"忘二见"的认识方法去认识真理即取消所有概念的对立性。《万事如归》中慧忠说：

> 从无现有有无通，有有无无毕竟同。
> 烦恼菩提元不二，真如妄念总皆空。

---

　　①　《圣凡不异》。

身如幻镜业如影，心若清风性若蓬。

休问死生魔与佛，众生拱北水朝东。

"烦恼菩提元不二"就是"烦恼即菩提"的意思，据通常的教义来说，"菩提"是断除烦恼的佛教大智慧，与"烦恼"相对，而禅家常称为"烦恼即菩提"，体现了对万事万物不加区分对立的"万法一如"思想，反映了南宗禅顿悟学说的理论依据。宗宝本《坛经·般若品第二》云："不修即凡，一念修行，自身等佛。善知识！凡夫即佛，烦恼即菩提。前念迷即凡夫，后念悟即佛，前念著境即烦恼，后念离境即菩提。"《祖堂集》卷三腾腾和尚《乐道歌》云："烦恼即菩提，净花生于泥粪。"《法华玄义》九曰："体生死即涅槃，名为定。达烦恼即菩提，名为慧。"意思就是"定即慧"、"定慧等"。

"忘二见"的认识是慧忠对慧能的"无念"进一步具体化。敦煌新本《坛经》云："无念法者，见一切法，不著一切法，遍一切处，不著一切处……悟无念顿法者，至佛地位。"后来神会（686—760）对"无念"有新的发挥，《南宗定是非论》云："云何无念，所谓不念有无，不念善恶。"慧忠具体化为"忘二见"即在认识真理上不能执著两边，对于色空、迷悟、生佛、圣凡等对立性概念都得离开、超越，他说：

舍妄心，取真性，似人寻影而忘镜。

岂知影现镜中来，不觉妄从真理进。

妄来非实亦非虚，镜受无邪亦无正。①

这种取消方法是在迷中认识悟所在、在凡中认识圣所在、在邪中认识正所在、在妄中认识真所在等，而不是"舍妄取真"。

从"忘二见"的认识论出发，慧忠在教导禅生时，常用对立概念来回答，使禅生很快地消解概念与概念之间的差别性，如问净用垢回答、问明用暗回答等，此方法与《坛经》的《三十六对》相似。《对机》曰："僧问：'如何是清净法身？'师（指慧忠）曰：'出入牛漫内，钻研马粪中！'进云：'怎么则证入去也？'师答：'本来无垢净，垢净总虚名，法

① 《佛心歌》。

身无挂碍，何浊复何清。'" 慧忠知道禅生正在被净法所缚，叫作净缚、净执。净缚是属于法缚、法执，由于执著于"净"所以产生"净"与"垢"之间的差别，属世俗认识。佛教认为：万法念念无常，没有区分性和对立性。慧忠用"马粪"、"牛漫"来破除禅生的净执，使他认识到法身超越净、垢等概念，即超越"二见"的认识。慧忠还常用"捏目"这个词，是"捏目生花"的省略说法，它是产生万法虚幻不实的根本原因。

"空色"是佛教最重要最常用的命题之一，这里的"色"是"妄念"的产物，从唯识学说，就是识的产物，因而没有自己独立的"自性"，所以就是"空"，离开"色"就没有"空"，"色"即是"空"，即是指事物当体即"空"。所以在认识真理上，不能用"二见"来认识，应该超越"二见"的认识。《对机》中有一位僧问："教中道：'空即是色，色即是空'意旨如何？"师（指慧忠）良久，云："会么？"僧云："不会。"师云："汝有色身么？"僧云："有。"师问："何为色即是空？"师又问："汝见空有相貌么？"僧答："无。"慧忠问："何谓空即是色？"僧问："毕竟如何？"慧忠答："色本无空，空本无色。"僧礼谢。慧忠说：听吾偈曰：

> 色即是空空是色，三世如来方便力。
> 空本无色色无空，体性明明非得失。喝。

"色空"这对佛教哲学范畴概念，修行者只能用"忘二见"的认识方法来体会它，来认识其真性。李朝倚兰夫人（？—1117）曾说："色是空，空即色。空是色，色即空。色空俱不管，方得契真心。""色空俱不管"即"忘二见"的认识。慧忠又把"忘二见"认识推到抽象概念，成为心、佛、道的认识，其中"心"即认识能力，"佛"、"道"即认识对象，但这里的认识不是一般的认识，而是认识绝对真理，《佛心歌》中慧忠说：

> 佛佛佛不可见，心心心不可说。
> 若心生时是佛生，若心灭时是佛灭。
> 灭心存佛是处无，灭佛存心何时歇。
> 欲知佛心生灭心，直待当来弥勒决。

若认识还有"佛"、"心"或"灭佛存心"、"灭心存佛"便是执著认识、两边认识，这种认识永远达不到真理。有一位僧问慧忠："如何是道？"慧忠答："道不在问，问不在道。"僧又问："古德云：'无心是道'，是否？"慧忠答："无心不是道，无道亦无心。"慧忠又说：若他说无心是道，即一切草木皆是道。若却说无心不是道，何假说有无，听吾偈曰："本无心无道，有道不无心。心道本虚寂，何处更追寻。"僧豁然领旨，礼拜退。

"有道"即执著分别，"无心"即真心离妄念，但以为"无心"是道也是一种执著。解脱之道在于"无心"。实现"无心"的途径是"歇念"、"息念"、"息虑"。"歇念"的主要标志是"无求"、"无依"，即不向外索求，也不依它教导，不要"无事"找事。这是南宗禅倡导的"平常心是道"即行平常心、做平常事。"无心是道"的意思是"心境双忘"，即令心空境自空，理寂事自寂。以"忘心"为根本，这是慧忠所说"心道本虚寂"的意思。希运（？—850）曾说："忘境犹易，忘心至难"或"愚人除事不除心，智者除心不除事"。《宗镜录》卷四十五有个很形象的比喻说："一念妄心仅动，即具世间苦，如人在荆棘林，不动则刺不伤，妄心不起，恒处寂灭之乐，一念妄心才动，则被诸有刺伤，故经云：有心皆苦，无心即乐。"这体现出《起信论》的思想。

总之，"心"、"佛"、"道"、"无心"等都不能用语言概念来概括其真实性，不能从中得出任何定义，只能用"忘二见"的认识方法来体会它们。《佛心歌》中慧忠还说："万法之心即佛心，佛心却与我心合，法尔如然亘古今。"即"万法心"、"佛心"、"我心"在本质上是相同的。《安定时节》中有："岁岁花随三月笑，秋到无非秋水深。"都是使"我心"和"万法心"统一起来成为一体，即"我心"跟自然规律和合，这就是觉悟。

（二）慧忠的和光同尘思想

"和光同尘"本是道教的术语。《道德经》老子说："和其光，同其尘。"佛教借此术语以显佛菩萨和威德光，近诸恶人，义示现种种身之义，或与恶人同处不染其恶，叫作和光不同其尘，还叫"混俗和光"、"共俗和光"。《五灯会元》卷十八性空妙普庵主云："磊磊落落，无挂无碍。六十余年，和光棍俗。四十二腊，逍遥自在。"陈仁宗曾称赞慧忠

说："混俗和光，与物未常触性，故能绍隆法种，诱掖初机，人或参寻，
略示刚要，令其住心，性任行藏，都无名实。"① 说明慧忠身虽和同世俗，
不但不染世俗，反而还从中以多种方式、各种善巧方便来使众生脱离世俗
认识，是"随俗"之心，是"帝王禅"的一个特征。从上面所说的"我
心"与自然规律合成一体的观点出发，慧忠进一步否认执著"持戒"、
"忍辱"等观点。《持戒兼忍辱》云：

> 吃草与吃肉，众生各所属。
> 春来百花生，何处见罪福。
> 持戒兼忍辱，招罪不招福。
> 欲知无罪福，非持戒忍辱。
> 如人上树时，安中自求危。
> 如人不上树，风月何所为。

　　吃肉还是吃草是众生的自然本性，春到花开、春去花落是花草的自然
规律。如果说吃肉犯罪，那虎豹等这些吃肉的动物永远不能得福，不能成
佛了；如果说吃草能够得福成佛，那这些牛羊等早就成佛了。"草"、
"肉"自身没有罪福的区分。慧忠的意思是说：对认识绝对真理来说不能
执著于"持戒"和"忍辱"。他反对那些自以为自己"持戒"、"忍辱"
比不持戒的人高贵，这属"有相持戒"。"有相持戒"即"虚妄持戒"、
"执著持戒"，只能"招罪不招福"。但慧忠还跟陈仁宗秘密地说："勿示
非人。"意思是说：只能在一定的认识水平，在一定的觉悟水平才能采用
这种认识方式，至于属中根、中智以下的众生，在修行方式上应该采用
"六度"来修持，即应该"持戒"和"忍辱"、"持戒"和"忍辱"，罪和
福只是人为加上的，没有真实性，它们的本质是平等一如。慧中曾回答太
后的疑问："阿兄谈禅食肉，安得成佛？"慧忠笑着说："佛自佛，兄自
兄，兄也不要作佛，佛也不要作兄，不见古德道：'文殊自文殊，解脱自
解脱。'"慧忠的答话超越佛和众生、解脱和缠缚、罪和福等概念，慧忠
不强求作佛，因为"生佛不二"，所以"求即不真"。文殊虽是解脱的菩
萨，但不能代表解脱，因为"解脱"是共性，文殊是别性。"和光同尘"

---

　　① 《上士行状》。

思想，李朝常照禅师（？—1203）已经提出过，即"随俗"观点，慧忠发挥成"和光同尘"思想。慧忠的"和光同尘"比老子的"和光同尘"更为切实、更为广泛。此发挥高度表现了入世精神，慧忠每次把元军打败之后，就回到自己的封邑，跟僧俗谈禅，跟妻妾生活，身虽在世而心不受世间名利所约束。法螺（1284—1330）曾称赞曰："哑，纯钢打就，生铁铸成，尽天寸地，月白风清，咄。"

　　"生死"是人生的大事，是必然规律，任何人不可抗拒。懂得这个道理，面对生死，慧忠很自由自在："愚人颠倒怖生死，智者达观闲而已"[①]，或"生死由来罢问程，因缘时竹自然成"。[②] 懂得自然规律就会在日常生活中活得更加逍遥、更加潇洒，《放狂吟》曰：

> 天地眺望兮何茫茫，杖策优游兮方外方。
> 或高高兮云之山，或深深兮水之洋。
> 饥则餐兮和罗饭，困则眠兮何有乡。
> 适我愿兮得我所，生死相逼兮于我何方。

　　慧忠明确指出，自然规律是必然规律，此规律支配人生、社会、万事万物的运行：

> 人之有盛兮有衰，花之有艳会有萎。
> 国之有兴兮有亡，时之有泰兮有否。
> 日之有暮兮有朝，年之有终兮有始。

　　《世态虚幻》中，慧忠感知到自然规律的运动是有其辩证法规律的：

> 西月沉空难复影，东流赴海岂回波。

　　上边都是指人与自然规律之间的"随俗"，到这里慧忠提出人与人之间的"随俗"：

---

① 《生死闲而已》。
② 《安定时节》。

裸国欣然便脱衣，礼非亡也俗随宜。

"随缘"、"随俗"、"随宜"都是"和光同尘"的表现，是慧忠在日常生活中的应机接物，也是慧忠禅学的特点。他批评二乘禅："声闻坐禅，我不坐。菩萨说法，我说实。""说实"是"说平常言"、"做平常事"。这种说法表现了禅悟者的生活态度，即平常生活，平常言说，无事无为，任运随缘，语言行动不勉强，不受"二见"的约束。慧忠的禅法是："行亦禅，坐亦禅，一朵红炉火里香。"① 反映了慧忠的禅法是南宗禅法，比南宗更加逍遥自在，更加入世，但不属于狂禅、呵佛骂祖之类。《偶作》中慧忠说：

　　　　堂中端坐寂无言，闲看昆仑一缕烟。
　　　　自是倦时心自息，不关摄念不关禅。

总之，慧忠的禅法是"帝王禅"，是"入世禅"，是"和光同尘"的表现，不离世俗禅，这种禅不要到处寻找，在日常生活当中，只要离开"二见"的认识，就是禅了。只要向内心认识，即"返光自己本分事，不从他得"那就是禅了。他的《示众偈》说：

　　　　休寻少室与曹溪，体性明明未有迷。
　　　　古月照非关远近，天风吹不拣高低。
　　　　秋光黑白随缘色，莲蕊红香不著泥。
　　　　妙典本来须举唱，莫寻南北与东西。

此偈体现慧忠的禅法。仁宗是慧忠的嗣法弟子，所以慧忠的禅法直接影响到竹林禅派，仁宗称赞他说："望之弥高，钻之弥坚。忽然在后，瞻之在前。夫是之谓，上士之禅。"②

---

　　① 《佛心歌》。
　　② 此偈仁宗借《论语·子罕》"仰之弥高，钻之弥坚，瞻之在前，忽焉在后"之语，意在称赞孔子之道。

　　慧忠是越南民族英雄，他的功劳永垂不朽；慧忠又是越南佛教史上最著名的居士之一，他的思想直接影响到陈朝佛教，到现在还在发挥作用，杜克终对他有这样的评论："盖佛皇（指仁宗）之心，起乎佛祖之域。上士之语，穷乎心性之源。微上士不能成佛皇之大报，佛皇岂能登上士之蕴域。而使昏者明、聩者听，是大有功于佛教也。"① 这几句话包括慧忠和仁宗之间的禅学关系，同时也说明慧忠思想对越南佛教，特别是对竹林禅派的成立与发展起了重要作用。

第四节　竹林禅派第一祖——陈仁宗

一　仁宗行状

　　仁宗（1258—1308）是圣宗的长子，名叫陈钦，又叫金佛或日尊。16 岁时到安子山求出家，事不成。21 岁（1279）即位，35 岁（1293）当太上皇，41 岁（1299）到安子山花安寺（云烟寺）正式出家，自号香云大头陀，后改为竹林大头陀。他继承慧忠禅师成为安子山门的第六代，从此安子山门的名声与势力在朝野愈大。一位曾两次把元军打败的皇帝，给人民带来和平与盛治，出家后，一定会得到人民的信任和敬佩，因此，安子山成为全国人民向往的中心。关于仁宗的体格，《大越史记全书》载："仁宗皇帝……得圣人之精，道貌之粹，紫磨凝色，体质浑金，神气光彩，两宫奇之，命曰金仙童子。左肩上有黑痣，故能担当大事焉。帝仁慈和易，固结民心，重兴事业，有光前古，真陈家之贤君也。然游心释典虽曰超诣，而非圣人中庸之道也。"这就是儒家对仁宗的评价。关于仁宗的学佛过程，《三祖实录》载："虽荣处九重，而清净自居，常焚大内资福寺昼寝……常甘蔬素不御荤膳，龙颜嬴瘦……调御圣性聪明，多能好学，涉历群书，通内外典，万机之暇，旁招禅客，讲究心宗，寻参慧忠上士，深得禅髓，常以师礼事之。"

　　仁宗当太上皇后，就想出家了，1295 年他到武林寺②"实习出家"。快要出家时，仁宗请道载到圣慈宫，又派人做各种山珍海味请他吃，仁宗已经吃素了，所以只坐着看道载吃，顺便做一首诗：

---

　　① 《上士语录跋》。
　　② 武林寺：今越南宁平省安庆县武林乡。

　　　　　红湿剥龟脚，黄香炙马鞍。

　　　　　山僧持净戒，同坐不同餐。

　　出家前他已自认为是"山僧"了，即仁宗对自己的出家事做了周到的准备。1299 年七月仁宗在安子山建了一个简单的禅庵，八月在那里正式出家。1301 年三月，仁宗跟几位僧士到占城观察那里的佛教情况，又跟占城帝制旻谈道，他留在占城八个月的时间才回到大越国。1304 年，他接受法螺为弟子。戊申年（1308）大年初一，他委托法螺正式住报恩寺和安子山门当竹林禅派第二祖。① 1308 年十一月仁宗在卧云庵圆寂，寿51 岁，弟子们进行火葬，舍利分为两份，一份葬在龙兴府归德陵②，另一份藏在卧云庵宝塔，尊号曰"大圣陈朝竹林头陀净慧觉皇调御祖佛"。仁宗弟子很多，得法共 30 多位，其中最著名有法螺、宝刹、抱璞禅师。

二　竹林的思想

（一）竹林的禅学思想

　　据《三祖实录》和《圣灯录》，竹林的作品有：《禅林铁嘴语录》《竹林后录》《石室寐语》《大香海印诗集》《僧伽碎事》。

　　《禅林铁嘴语录》《竹林后录》和《石室寐语》，都是偈、颂、禅语和竹林与门弟子问答的集合书。《大香海印诗集》是竹林的诗集。《僧伽碎事》可能是禅门中应用的散文。可惜，这些作品都失传了，只剩下来一部分零散地载在《三祖实录》《圣灯录》《越音诗集》《全越诗录》中，此外，竹林还用字喃写《居尘乐道赋》《得趣林泉成道歌》两首，都载在真源慧灯的《安子山陈朝禅宗本行》中，1745 年印行。竹林还写《上士行状》，关于慧忠的生平和竹林对慧忠的深刻印象都载在《上士语录》中。

　　竹林受慧忠思想的深刻影响。慧忠的表达方式比竹林直接、简单、现实，但竹林偏重于文章形式。竹林比慧忠的方式更大方，但禅语中的心灵活力不如慧忠猛烈。

---

① 法螺同时也为安子山门的第七代传承。

② 陈朝陵墓区。

竹林曾多年在禅院中跟僧众在一起生活修习，习惯于禅院的规矩。他曾多次为僧众组织安居、说法并主持很多"大参"，禅院中全部大众都能参加。在"大参"中，竹林常从拈香仪式开始，接着说几句开头话，然后回答禅生的提问。下面记录的是在麒麟院的一次"大参"，由法螺载在《禅道要学》中：

竹林尊者，于丙午年（1306）正月九日，就麒麟院，开堂指法座云：这座也，是曲录藤床①，是金猊宝座，坐断佛祖舌头，管甚之乎者也。

拈香：

此一瓣香，禅烟馥郁，瑞气飘腾，凝五分之法身，普十方之妙供。热向炉中，奉为十方垂佑，九庙应灵，玉历绵长，皇图巩固。

此一瓣香，烹也不熟，煮也不烂，打又不开，捏又不就，觑著则眼睛枯，嗅著则脑门裂。热向炉中，奉为无二上人慧忠大士，法雨恩沾儿孙被泽。就座，升堂，上首白槌云。师云：大众若向第一义谛者。说动念即差。开口即错，作么生谛，作么生观，今日且据第二头言之，也不得怎么？乃顾左右云：人中莫有具大眼孔底人么？若有，两朵不消一剔。如无，贫道不免口吧吧地，提将朽烂，朝报之冗辞。但为诸人，打取一段骨董去也，谛听谛听：且大道虚广，何系何拘，本性湛凝，无善无恶，良由料拣，横出多歧，瞥起秋毫，易成霄坏，凡圣元同一揆，是非起得分张，故知罪福本空，毕竟因果非实，人人本具，个个圆成，佛性法身如形如影，随隐随显，不即不离，鼻孔直下，当面门眉毛横眨，在眼背岂容易觅，要且追录不见道，三千法门同归方寸，河沙妙用总在心源，所谓戒门、定门、慧门，汝无欠少，应反自思，凡诸謦欬之声，扬眉瞬目，手执足运，是什么性？知此性者，是什么心？心性洞明，哪个是？哪个不是？法即性也，佛即心也，哪性不是法？哪性不是佛？即心即佛，即心即法，法本无法，即法即心，心本非心，即心即佛。

时有僧出云："著衣吃饭寻常事，何须持地欲生疑。"僧礼拜起，问云："禅界无欲，即不问。欲界无禅，道将一句来？"师以手点空。

① 或叫曲录木床，禅师说法时的座椅。

　　进云："用古人涕唾作么？"师云："一回拈出一回新。"

　　这次"大参"竹林发表他自己的本体论和认识论观点：人人本有觉性，即觉悟体性，寂静圆满，无分别，凡圣平等，不因在凡而减，在圣而增，不能用言说来表达，"开口即错"，不能用任何寻找、追求方式来认识。不受任何东西所制约，只能用不寻找的方法来寻找，即不把自性觉悟对象化成为追求的对象。心、性、佛、法等本空是竹林从慧忠思想体会得来的，《居尘乐道赋》的最后部分竹林强调不追求原则：

　　　　居尘乐道且随缘，饥则餐兮困则眠。
　　　　家中有宝休寻觅，对境无心莫问禅。

　　即用"无心"方式去认识真理，是针对尘境外缘而不受尘缘所牵制，离开所有妄念所产生就达到真心无念，连佛、禅、心都不能产生执著。敦煌本《坛经》云："见一切法，不著一切法，遍一切处，不著一切处，常净自性。"自由自在，任运自如，"饥则餐兮困则眠"，是禅家经常提倡"平常心是道"的另一种说法，与自心是佛、人人具足、无须苦行修炼、做作多事和执著言句知识等禅家见解有密切联系。还有另一种说法："饥则吃饭，困则打眠，寒则向火，热则乘凉。上无诸佛可仰，下无众生可度，人与非人性相平等。"[①]

　　《居尘乐道赋》中竹林用字喃写关于他的认识论："主要使'心'达到'无念'、'无心'的程度说行了，没有别的方法。消除'妄念'、'分别'就达到心定。断除人我执著就达到'实相金刚'。断除贪嗔心念那就是'实性圆觉'。净土就是清净心，别问西方。弥陀佛是光明觉性……了真如，信般若，别寻西东佛祖。证实相，悟无为，哪里还问南北禅经。一佛在家中，不要远寻。由于忘却了'本'，所以才去寻找佛。觉悟时才知道佛即我心。"

　　这里很明显地说明：竹林的禅思想是从《起信论》出发的。他认为，世界万物之所以产生是因为"妄念"、"有念"、"念起"、"心动"……所以在修行方法上应该断除"妄念"，使"念"不"起"，使"心"不

---

　　① 《密庵语录》。

"动"即"离念"，这样就使"心"达到"无念"的境界。《传心法要》曰："一念不起，即十八界空，即身便是菩提花果，即心便是灵智亦云灵台。又曰，且如瞥起一念便是境，若无一念便是境忘心自灭，无复可追寻。"

这里竹林又主张先停止烦恼，符合原始禅学的"五停心观"禅法。当时净土信仰已经很普遍了，竹林借用净土教义来说明真理和禅法，此禅法根据在大乘的认识提醒禅者要回归自本心："回自家"即认出"佛在我心"，别向外处寻找。

竹林跟陈太宗一样，对于人生的无常规律特别重视，他反复地想实现一个达到自心解脱的程度，竹林争取把所有时间和心力放在禅观中，他说："诸人者，时光容易过，人命不停留，奈何吃粥吃斋，不明钵匙筯事参？"据一位僧跟竹林对话认为"钵盂匙筯"、"著衣吃饭"都是"寻常事"，不要提出来参究。其实，禅师们之所以能够"得道"是因为他们都从"寻常事"中参究而得悟。

为了多了解竹林的禅思想，我们再看下面两段竹林在崇严寺跟禅生回答的内容：

> 复击一下云："莫有底么？出来出来！"僧问："如何是佛？"曰："认著依前还不是。"进云："如何是法？"曰："认著依前还不是。"进云："毕竟如何？"曰："八字①打开分过了，更无余事可呈君。"进云："如何是僧？"曰："认著依前还不是。"进云："毕竟如何？"曰："八字打开分过了，更无余事可呈君。"进云："如何是向上一事？"曰："拄杖头挑日月。"进云："用旧公案作么？"曰："一回拈出一回新。"进云："如何是教外别传？"曰："虾蟆跳不出斗。"进云："出后如何？"曰："却随蛙步展泥沙。"进云："犹是跳不出？"调御乃抗声曰："瞎汉见个什么？"进云："大尊德瞒人作么？"调御乃嘘嘘，僧拟议，调御便打，僧又拟出问，调御便喝，僧亦喝，调御曰："老僧被汝一喝，两喝，毕竟作么生？速道！速道！"僧拟议，调御复一喝云："这野狐精，适来惺惺灵，今在什么处？"僧礼退。

---

① 八字，《涅槃经·圣行品》："雪山大士从罗求半偈而舍全身，八字即：生灭灭已，寂灭为乐。"

又一僧问:"如何是过去佛家风?"曰:"园林寂寞无人管,李白桃红自在花。"问:"如何是现在佛家风?"曰:"白水家风迷晓燕,桃红仙苑醉春风。"进曰:"如何是未来佛家风?"曰:"海浦待潮天欲月,渔村闻笛客思家。"进云:"如何是和尚家风?"曰:"破袖拥云朝吃粥,古瓶泻月夜煎茶。"问:"灵云悟桃花时如何?"曰:"自开自谢随时节,问著东君总不知。"进云:"杀人不眨眼时如何?"曰:"通身是胆。"问:"大修行底人还落因果也无?"曰:"口似血盆呵佛祖,牙如剑树嘴禅林,一朝死入阿鼻狱,笑杀南无观世音。"问:"白鹭下田千点雪,黄莺树上一枝花,时如何?"曰:"错。"进云:"大尊德作么生?"曰:"白鹭下田千点雪,黄莺树上一枝花。"进云:"是某甲话。"曰:"要识神仙炉火术,丹头元是紫朱砂。"问:"如何是清净法身?"曰:"金凿落中狮子屎,铁昆仑上鹧鸪斑。"进云:"学人不会。"曰:"不得贾朝谙索价,笑真他贾苦相瞒。"进云:"如何是圆满报身?"曰:"鹏翼高旋风力定,丽珠冷滑海波清。"僧礼拜,调御曰:"元来具足诸功用,为汝偏颇不得成。"进云:"如何是千百亿化身?"曰:"孥云榷雾腾霄汉,尺水依前著脑门。"进云:"如是。"调御曰:"笑杀集云峰下汉,四面吃著铁浑钝。"僧礼拜退。①

上边两次参问的意思说明了什么呢?第一次对话,竹林使禅生避免任何能够产生分别、执著意念,即使对话人不起佛、法、僧等分别思念,这里竹林和慧忠的方法是相同的,但竹林的方法比慧忠缓和,虽然竹林也使用临济的棒、喝,但他的表达方式总有不确定色彩,即不断定方法。在第二次参问中,竹林用许多诗歌形象来说明三身(法身、报身、应身),提醒对话人不要向外追求,认识绝对真理不能用分别思维来认识,不为概念所制约。禅生问关于"过去佛家风","家风"即指一家的传统作风、风尚,这里指的是禅家各宗派的禅风。"过去佛"是指已经过去的佛,寻找已经过去的佛,只是徒劳无益的行为,像捕风捉影的行为一样,只表露自己的愚笨而已。过去的就让它自由自在地过去吧,竹林答曰:"园林寂寞无人管,李白桃红自在花。"这里"园林寂寞无人管"是说:过去佛已经

---

① 《三祖实录》。

过去了，让他寂寞地过去，不要再管他了。"李白桃红自在花"意思是说对于"过去佛"的"家风"不要再追问了，像桃李一样，因缘时节一到来就自由自在地开花起来。禅僧问关于"现在佛"的"家风"，现在佛处处都有，人人都具足，不要精疲力竭地向外寻找，越向外寻找越远离自己的佛，即以为自心没有佛所以才向外寻找。因为"一切众生皆有佛性"，佛性即觉性，即认识真理的能力，如果向外追求，永远不能认识真理："即心是佛"。竹林答："白水家风迷晓燕，红桃仙苑醉春风。"意思是说，由于人的迷昧执著，所以忘却自己的现在佛而到处寻找。有僧问关于"未来佛家风"。"未来佛"即还没到来的佛，还没到来而想知道，那就有希望、等待的心理，这种等待心理也永远没有实际结果，所以竹林用"海浦待潮天欲月，渔村闻笛客思家"等来形象化禅僧的心理状况，这种等待心理也是一种追求心理，同样不能达到任何结果，"因缘时节"一到来就"自然成"。人的一般心理常常对过去有爱惜心理，对将来有等待、希望、梦想心理，但过去的已经过去了，未来的还没有到来的，这两种心理都是虚妄的；对现在的就不停地东游西荡，也是虚妄不实的，这就是禅客们常有的病，因此竹林提醒禅僧对过去、现在、未来的现象不能产生任何妄执与追求的意念。而且，过去佛、现在佛、未来佛都是附属于时间的佛，不是真佛，真佛是不生不灭、不垢不净、不离不即、无形无相、无去无来，超出时空、不受因果规律所制约的佛。禅客又问"和尚家风"，即竹林的禅风，他答："破袖拥云朝吃粥，古瓶泻月夜煎茶。"这就是竹林的生活方式，这种生活方式是自由自在、无事无为、任运随缘的平常生活，但重要的是体现出竹林禅学的"平常心"。"平常心"着重强调随性适意、安闲无为、应缘接物、随机应变，认为日常生活中处处有禅、头头是道，体现了禅对解放人性的追求以及直面声色世界的现实态度。《五灯会元》卷四长沙景岑禅师云："问：'如何是平常心？'师曰：'要眠即眠，要坐即坐。'曰：'学人不会，意旨如何？'师曰：'热即取凉，寒即向火。'"即如竹林所说的"饥则餐兮困则眠"意思相同。

禅客又问："大修行底人，还落因果也无？"此故事源于《怀海语录》："师（指百丈怀海）每日上堂，常有一老人听法，随众散去，一日不去，师乃问：'立者何人？'老人回答：'某甲于迦叶佛时，曾住此山，有学人问大修行底人，还落因果也无，对云：不落因果，坠在野狐身，今请和尚代一转语。'师云：'汝但问。'老僧便问：'大修行底人还落因果也无?'师云:'不昧因果。'老人于言下大悟,告辞师云:'某甲已免野狐身,住在山后,请依亡僧烧送。'"① 这故事不是史实,只是一个禅宗公案而已,竹林引用来主要强调修行人一有错误的认识就产生严重的后果,即错认因果关系。"大修行人"已经不再受因果规律的支配了,即悟道之人。佛教教理设立在因果关系的基础上,如因持五戒则生人界,因修十善则生天界,至于"四谛"中集谛是因、苦谛是果、道谛是因、灭谛是果,连释迦佛身也受到因果规律的支配,有人说"大修行人不落因果"是破坏佛法教理,嫌弃佛祖,消除禅宗,竹林认为这种人是"口似血盆呵佛祖,牙如剑树嘴禅林"。"大修行人"虽已经悟道了,但他的旧业还有,所以要还业,虽还业而不感到自己正在还业,因为他认为身如幻梦,业如幻影,没有真实性,所以没有还业还是不还业。只有迷人才以为身是实有实存,苦乐也是实有,所以才感到有还要业。其实,了悟后业障自空,"死入阿鼻狱"是还以前造作业障的苦果,但了悟苦果是假的,所以才"笑杀"即回归,体入自己的本性清净,是"念南无观世音"。由于观世音菩萨修"反闻自性"行,所以用竹林来说明此意思。

这次"大参"的最后,竹林还写《有句无句偈》。此偈意思深奥,使禅者消除"有"与"无"的执著认识,是不落有无的意思,使行者不陷于"有"、"无"对立的认识之中,即不判别事物的"有"或"无"。竹林是从慧忠的《迷悟不易》《凡圣不易》《生死闲而已》等思想吸收来的,也是佛法"万法一如"思想的反映,从此广推消除涅槃与地狱、佛与众生、人与我、烦恼与菩提等对立性的执著认识:

> 有句无句,藤枯树倒。
> 几个衲僧,撞头磕脑。
> 有句无句,体露金风,
> 恒河沙数,犯刃伤锋。
> 有句无句,立宗立旨。
> 打瓦钻龟,登山涉水。
> 有句无句,非有非无。

---

① 《续藏经》第一集第二编第二十四套第五册,第 410 页。

刻舟求剑，索骥按图。

有句无句，互不回互。

笠雪鞋花，守株待兔。

有句无句，自古自今。

执指忘月，平地陆沉。

有句无句，如是如是。

八字打开，全无巴鼻。

有句无句，顾左顾右。

阿剌剌地，闹聒聒地。

有句无句，切切怛怛。

截断葛藤①，彼此快活。

关于字喃文学，竹林有两篇：《居尘乐道赋》《得趣林泉行道歌》，这两篇是用骈偶体写的，到现在为止，这两篇字喃文学是最早的。其实字喃很早就出现了，但留下来最早、成为一篇完整文章的只有竹林这两篇，这是竹林对研究越南古文字学和字喃文学很大的贡献。竹林是慧忠的嗣法弟子，他接受慧忠的禅学思想，他们都是悟道者，都是民族英雄，都对越南解放事业和独立事业立有巨大的功劳，但他们的个人身份与性格不一样。竹林不但是一位诗人，而且是一位皇帝；出家之后，他不但是一位禅师，而且还是一位佛教的最高领袖，所以他不能像慧忠那么逍遥自适，但他心中还是很自在的。在《春晚》中他写道：

年少何曾了色空，一春心在百花中。

如今勘破东皇面，禅板蒲团看坠红。

"年少"还没悟道时，他"一春心在百花中"。悟道出家后，当一位禅师，也是原来一样的春天到来，但竹林"禅板蒲团看坠红"。即不受尘世色、声、香、味等外境所吸引。春来春去、花落花开都是自然规律，竹林不再为它们所约束、所支配了。

实际上，竹林要求大家不要浪费时间，不让春天无益地过去，要对于

---

①　截断一切言语纠缠系禅家接引学人的施设。

佛教与人间做些贡献，在麒麟院，竹林开堂示众说：

> 身如呼吸鼻中气，世似风行岭外云。
> 杜鹃啼断月如昼，不是寻常空过春。

他又号召："诸人者，时光容易过，人命不停留，奈何吃粥吃斋，不明钵盂匙箸事参。"① 由于时间不多了，竹林好像感到着急，因此竹林在最后的时间中嘱咐子盈、子完两位弟子："下山修行去，切勿以生死为闲事。"② 这里竹林跟慧忠的思想是有差别的吗？也许不，"固然'生死闲而已'，但在生死当中不能浪费时间，这样在生活中才不闲。竹林的入世精神也体现在这点"③。下面我们继续研究他的入世精神。

(二) 竹林的入世精神

据《三祖实录》载：竹林 16 岁不想当皇太子而入安子山出家，这点跟太宗相同，但他们出家的原因却不相同，太宗除了慕道以外，还被国叔陈守度逼他放弃自己的爱人，娶哥哥的妻子为妻，也许还有别的原因，但竹林没有遇到这种情况，他得到父皇圣宗喜爱，朝臣钦佩，又跟元慈国母的长女结婚，"琴瑟虽谐，而皇室之心淡如也"④。这说明竹林出家的原因是一心一意地相信佛教。

竹林跟慧忠一样，都曾两次直接率领军队打败元军，战胜后，虽忙于管理国家大事，但一有时间他就"旁招禅客，讲究心宗"⑤。上边已经说过，常照、道圆、陈太宗、慧忠提出"帝王禅"的基本理论，"入世精神"是此禅的特征。竹林继承并发展了这一精神，把佛教教义社会化，为人民与民族服务。同时，他也为佛教发展事业做出了贡献。1299 年竹林出家，朝廷刻印《佛教法事道场公文格式》发给全国寺院，目的是统一佛教的各种行道仪式，也许也是为统一全国佛教、创建竹林禅派做准备。据《大越史记全书》《圣灯录》《三祖实录》载：1301 年竹林以游僧的身份到占城跟占城国王制旻亲切地谈道，制旻会见竹林不光是会见越南

---

① 《师弟问答》。
② 《三祖实录·竹林行状》。
③ 《越南佛教史》，第 256 页。
④ 《三祖实录·竹林行状》。
⑤ 同上。

佛教代表，而且是越南朝野的最大精神领袖，目的在于建立占越两国长久友好关系。为了建立好这种关系，竹林同意把自己的女儿玄珍公主嫁给占城国王制旻，1205年占城王派制蒲苔到大越"奉表进金银奇香异物，求定聘礼"。朝臣几乎都不同意，只有文肃王道载和陈克终认为"这是竹林的深意"。最后大家都同意了。1306年占城王迎接玄珍公主回占城，同时用乌洲、里洲作为聘礼给大越。1307年，此二州改为顺州、化州。① 可惜玄珍到占城不到一年，占成王制旻去世。据占城风俗，国主去世，皇后"入火坛以殉"。陈英宗怕公主遇害派克终到占城吊丧，同时想办法接公主回大越，克终骗占人，用轻舟接公主回归，竹林听到玄珍回归的消息后，特别高兴，命把300多占城人送回占城，为了赎陈克终骗人的罪。

竹林这个愿望虽未能实现，但说明他是一位爱和平的人，希望佛教为国家与民族的稳定与和平做出贡献。

竹林是一位积极的社会活动家，每年有三个月，除了在紫霄庵、卧云庵、石室、知见庵等，或永严、报恩、安子山等寺为僧众组织安居以外，他还常到处弘化佛法，1304年"周行聚落，化除淫祠，教行十善"②，这里所说的"淫祠"是当时民间信仰中还盛行的事奉裸体神、生殖器神与其他迷信神祠，如方术、阴阳、风水等，这种民间信仰跟密教符咒有关。"教行十善"即教化众生、民从实行佛教的"十善"。"十善"是佛教入世的根本教理。竹林用"十善"作为当时社会的根本道德风气，说明竹林想树立佛教伦理为社会的基本道德，竹林既是英明国王又是悟道禅师，这些教法对当时社会肯定效果很大，对朝廷与制度的巩固和安定、对民族的道德风尚都有帮助，所以说竹林是"帝王禅"的实现者。

竹林出家事件，感动了全国人民的心，佛教界当然更加激动了。《大越史记全书》载：仁宗出家时，僧智通③"燃臂自掌至肘，俨然无变容"，供养仁宗，表示对仁宗无限的敬心。1308年，竹林圆寂，智通到安子山香灯供养，后在安子山自焚。

---

① 今越南中部广平省。
② 《圣灯录》。
③ 智通当时住持报恩寺，把报恩寺供给竹林作为竹林禅派发展的基地。

在弘化佛法方面，1304 年，英宗请竹林入大内为其授在家菩萨心戒，当时朝廷"王公百官同受戒法"①。这说明竹林禅派在当时影响了整个社会：民间"教行十善"，朝廷君臣"同受戒法"。佛教界成立竹林禅派，同时佛教也得到整个朝廷与社会的相信、支持，竹林禅派因此而发展。它的发展离不开人民的发展，"跟政治、文化、社会、风化有密切的关系，竹林本人很适合这些活动，这是竹林禅派能够成立与发展的主要原因"②。

自从接收法螺作为弟子之后，不到四年的时间，竹林就把他培养为出色弟子。1308 年大年初一，竹林把祖位传给法螺，使他成为竹林禅派第二祖，英宗皇帝和朝廷大臣们都参与、证鉴了此仪式。《三祖实录》很详细地记载：

> 兴隆十六年戊申（1308）正月初一日春命于超类寺甘露堂嗣法住持，开堂行传之礼列祖位，奏大乐，烧名香，调御引师（指法螺）拜祖堂讫，粥后，命奏乐，搏法鼓，集大众，上法堂，时英宗驾幸其寺，列主客之位。英宗以佛法大檀越，立客位在法堂，上宰执庶僚，立庭下。调御升座说法，语毕便下，拥师登其座，调御对面合掌问，师答拜讫，受法衣披之。调御乃向偏位，坐曲录床，听师说法，以安子山门，超类寺命师继世住持为竹林第二祖。

这是说法传祖位的仪式，我们知道竹林禅派的传承人不但合法而且还能得到朝廷君臣大力维护、支持。竹林组织这个仪式，目的在于巩固与提高法螺对将来领导禅派的作用，使竹林禅派在越南社会奠定基础。从此，英宗和朝臣们大力支持法螺发展竹林禅派。竹林禅派发展最大、影响最广就是在法螺继承祖位之后的时期（1308—1330），竹林禅派成为当时唯一禅派，后人把竹林禅派叫作"佛教统一教会"或"入世教会"。这种传法传祖位的仪式与方法，在佛教和禅宗传法史上是罕见的，这是越南禅宗的一个特点。

竹林的一生是积极活动的一生，他最后的岁月还给人留下深刻的印象。1308 年从四月至七月竹林在永严寺组织安居后，又委托法螺住持永

---

① 《圣灯录》。
② 《越南佛教史论》，第 341 页。

严寺，同时给大众讲《景德传灯录》，又请道一国师讲《法华经》。七月，回安子山紫霄庵，专门为法螺一人讲《景德传灯录》。八月，叫僧众下山行道，只留大弟子宝刹一人，九月跟宝刹在安子山各地游行。十月，竹林的姐姐大瑞公主病重，去世前想见竹林，竹林跟一位侍者下山回京，见公主后就马上回安子山，路经超类报恩寺和古州寺，他在古州寺的墙壁上写了一首诗：

世数一息默，时情两海银，
魔官浑管甚，佛国不胜春。

据《三祖实录》载：竹林上卧云峰后，叫法空到紫霄庵请宝刹回竹林身边，竹林见到宝刹来说：“吾将去矣，汝来何晚乎？于佛法有甚处未了，速问将来。”宝刹问：“只如马大师①不安，院主问：‘近日尊位如何？’马曰：‘日面佛月面佛。’②意旨如何？”竹林厉声曰：“五帝三皇是何物？”进云：“只如花簇簇兮锦簇簇，南地竹兮北地木。”竹林曰：“瞎去你眼。”

到“十一月初一日，午夜明星朗然，调御问曰：‘此是何时也？’宝刹答曰：‘子时。’调御以手拨开窗牖视之曰：‘是吾时也。’宝刹问曰：‘尊德何处去？’调御曰：‘一切法不生，一切法不灭，若能如是解，诸佛常现前，何去来之有也。’进云：‘只如不生不灭时如何？’调御蓦然合掌曰：‘莫寐语。’言讫乃狮子卧奄然顺北”③。竹林在最后时刻还给弟子启发觉悟性。1310 年，英宗迎竹林的舍利回德陵，民众参加者众多以致道路多次拥堵，说明人民很崇敬竹林，也体现出君民之间的密切关系。

竹林的弟子很多，除了法螺之外还有宝刹、抱璞、法空、法鼓、惠严、法场、香场、香山、密藏等 30 多位禅师。其中，宝刹是竹林最喜爱的大弟子。为什么竹林不把祖位传给宝刹呢？也许竹林看到法螺的领导能力，看到法螺能继承自己的志愿，把竹林禅派的影响扩大到全国，能使竹林禅派的入世精神更加普及。而且，宝刹虽是竹林最喜爱的大弟子，跟竹

---

①　即马祖道一（709—788）。

②　是马祖的公案，反映了禅悟者在寂灭前安详恬静的心境。

③　《三祖实录》。

林学的时间也最长，但到竹林圆寂时刻还没悟道，所以竹林为了扩大入世精神，把祖位传给法螺是合理的。实践证明，法螺在很短的时间内已经把入世精神扩大到极点。法螺的圆寂是竹林禅派的最大损失。

竹林在越南人民的心目中不仅是一位英明皇帝、一位磊落的民族英雄，还是一位悟道禅师、一位佛教的最高领袖。他的出家和创立新禅派满足了当时全国人民在精神生活上的需要，竹林禅派有越南佛教的特色："帝王禅"和"入世精神"是越南禅宗的特产，此精神影响深远，同时也肯定了越南民族与越南佛教的独立性，人民尊称竹林为"觉皇调御禅师"，是完全符合实际的。英宗献尊号曰："大圣陈朝竹林头陀净慧觉皇调御祖佛"。

第五节　竹林禅派第二祖——法螺

一　法螺生平与发展竹林禅派的事业

（一）法螺生平

法螺（1284—1330）籍贯在南栅江九罗乡同和村①，俗姓武氏，名同圣刚。法螺自幼颖悟，口不说恶言，未曾吃荤。从前他的母亲连接生了八个女儿，到怀他时，母亲四次服药打胎，都无效，因此生出来时给他起名为同圣刚。据《三祖实录》载：1304 年，竹林"遍游诸方除淫祠，施法药，治诸贫病者，亦求嗣法之切"。正好竹林到南栅九罗乡，法螺向他请求出家，竹林一见到他就觉得奇怪说："此子有道眼，后必有法器。"由于法螺来请求出家时间刚好，所以竹林给他起名为"善来"，同时派他到琼馆寺跟性觉和尚学佛、习禅，自探《楞严经》忽有所悟。有一天他回参偈竹林，正好遇见竹林在升堂举《太阳乌鸡颂》有所悟，后跟竹林学佛、参禅、讲究，有一次他写《三要偈》呈竹林，竹林一笔勾销，法螺四次请求，竹林仍不开示，便回房间努力禅观。夜晚更深，因见灯花落下，他忽然大悟，从此发誓跟竹林修十三头陀行。1305 年，竹林为他授声闻戒及菩萨戒，赐号为法螺。1306 年，竹林立他为报恩寺讲主，同时专为他讲《景德传灯录》和宗杲《大慧语录》。1307 年五月份竹林在安子山卧云庵竹林把衣钵和心偈传给法螺。兴隆十六年（1308）正月初一，

---

① 今越南海阳省南栅县。

在超类报恩寺甘露堂，竹林隆重举行传法传祖位仪式，同时以报恩寺和安子山门命他继任住持，为竹林禅派的第二代祖师。法螺从初出家到成为佛教的最高领导者只有四年的时间，当时他只有 25 岁。这个年龄悟道并无不可，但作为佛教领袖在佛教史上是罕见的。一般学者都把竹林禅派叫作竹林教会，因为它能代表当时越南佛教的思想，又是唯一能得到朝廷支持和认可的禅派，永严寺是竹林禅派的中央办公室。

1330 年，法螺圆寂，寿 47 岁，出家 26 年，为竹林教会的最高领导者共有 23 年。竹林禅派在法螺领导期间，寺院数量、出家人数都很快增加，学佛参禅氛围浓厚，特别是陈朝帝王、贵族阶层大力维护佛教，使此禅派达到发展的顶点。

（二）法螺发展竹林禅派的事业

关于组织教会，据《圆通塔碑》[①]《三祖实录》载，由于出家人参加竹林教会越来越多，所以兴隆二十一年（1313）九月法螺奉诏到谅江永严寺，规定全国僧职检查寺院，从此全国僧尼都有僧籍，都由法螺管理，这是法螺进行统一教会的一种方法，这种管理对于越南佛教来说是前所未有的，永严寺从此成为竹林佛教的中央办公室，在永严寺保存着全国僧尼的档案。第一次法螺度 1000 多人，以后每三年度一次。到 1329 年为止，竹林教会共有 15000 多人参加。法螺的弟子很多，著名的有慧然、慧祝、海印、弘济、玄觉、桂堂、景髓、景徽、慧观等禅师。玄光是抱璞的弟子，曾跟竹林学禅，同时又跟法螺求法，后成为竹林禅派的第三祖。玄光"博学广览，甚精其道"[②]，《三祖实录》中的《法螺实录》部分是由中明集、玄光考订的。

法螺活动期间，造寺、建塔、铸像等事情都能得到君臣贵族阶层大力支持。1313 年，属竹林禅派管理的寺院共有 100 多座。1314 年，在报恩寺，法螺共建 33 个建筑，包括佛殿、藏经阁、僧堂等。到 1329 年为止，法螺共建 5 座宝塔，2 个佛教中心：琼林[③]和报恩，200 多所僧堂，铸 1300 尊大小佛像。英宗当太上皇时（1314）铸三尊佛像：阿弥陀佛、释迦佛、弥勒佛，每尊都 17 尺高，供竹林教会做纪念，法螺还建胡天、真

---

① 此碑现在越南海兴省至灵县黄花探乡三般山清梅寺，大治五年（1362）刻。
② 《祖家实录》。
③ 今越南广宁省东潮县。

乐、安马、永溪、鹤来等庵，扩大清梅和崖山二寺。他的弟子们都在他们住的地方自盖寺院，如智柔禅师在浴翠山建灵济塔[①]，在仙龙山建显妙塔碑[②]等。

法螺时期，君臣贵族们争相出家，皈依或受在家菩萨戒，据《圆通塔碑》《三祖实录》《圣灯录》载：英宗参禅得法于法螺，明宗得法于玄光，英宗两次受戒：第一次在 1304 年，请仁宗授在家菩提心戒；第二次为 1314 年请法螺授在家菩萨戒，即正式守十重戒和四十八轻戒。明宗也跟法螺受菩萨戒，保慈皇太后[③]受菩提心戒[④]。1319 年，花阳公主（太宗的第六公主）受在家菩萨戒。1320 年，慧仁大王受二菩提心戒，国父上宰受在家菩萨戒。1322 年，朝廷大臣们、宝慈皇太后、宝惠国母、宝云公主、司徒文惠王、威惠王、上位兴威侯等供钱、铜铸 1000 尊佛像，其中文惠王此年出家，威惠王和文惠王请法螺到报恩寺授菩提心戒和灌顶法。1324 年，昭慈皇太后出家受菩萨戒。1326 年，英宗受灌顶法。1327 年，司徒文惠王和上珍公主把钱和黄金供琼林寺铸弥勒大像高一丈六尺。1329 年，宣真公主和丽宝公主受出家戒。至于土地更多了。1308 年，英宗供琼林寺 200 多亩地。1312 年，英宗供 500 亩地作为琼林寺的"常住二宝"，宣慈太后供 300 亩作为报恩寺的"常住二宝"。1315 年，英宗又以范氏宫人的 30 亩地供琼林寺。1316 年，法螺扩大琼林寺的规模成为琼林院。1318 年，花留居士供琼林院 20 亩地。1324 年，移莺居士供琼林院 300 亩地，宝慈皇太后供 222 亩地，司徒文惠王供 1000 亩地和 1000 多名耕夫作为琼林院的"常住三宝"。阮长居士供琼林院 75 亩地……这说明当时竹林禅派的经济势力。

出家人越来越多，为了管理好，让他们遵守佛律，法螺刻印《四分律》5000 卷，请抱璞、宗景二位国师到报恩寺给学僧讲解。法螺除了给僧众讲《金刚经》《楞严经》《圆觉经》《雪窦语录》《大慧语录》《法华经》《华严经》《维摩诘经》等，他还讲由竹林和慧忠所写的作品如《禅林铁嘴语录》《上士语录》等。当时国王、大臣、居士学佛成为热潮，法

① 《录济塔记》，由张汉超（？—1354）于 1343 年撰。
② 今越南南定省，由宫静王陈元卓 1367 年撰。
③ 即仁宗的皇后。
④ 以菩提心之自性清净为戒性。

螺多次给他们讲《法华经》《维摩诘经》《大慧语录》等。特别是法螺曾九次讲《华严经》，每次都有一千多人来听，最少也有五六百人来听讲，这些情况说明：一是当时禅学学风带有学问谈说性质，即不仅参禅而且还进行研究禅学；二是僧尼数量发展很快，同时也发生僧尼不守戒律的现象；三是英宗和大臣贵族们都受在家菩萨戒，即正式守58条戒律，说明英宗跟竹林一样都想把佛教戒律作为国家法律。1322年，明宗命法螺为他撰《参禅要旨》和《仁王护国仪轨》，说明明宗也想用佛教思想和仪轨来维护国家，明宗想当一位护佛与护国的仁王。

　　法螺发展竹林禅派期间，最著名的事件之一是，1311年法螺"奉诏续刊《大藏经》版，师命宝刹主其事"[①]。意思是说，1311年之前，已经进行刊刻《大藏经》了，不知道什么原因被停止。此《大藏经》是在1295年二月元朝使者萧泰登自越回国时，英宗派内员外郎陈克用和范讨同行到元朝请《大藏经》留在天一长府[②]，副本刊行，此本是元朝在杭州大普宁寺所刊刻的《大藏经》，包括1422部，6017卷，558函。大庆六年（1319）十二月刊刻好，法螺募捐僧俗刺血印《大藏经》共5000多卷安在琼林院，"英宗亲刺玉血写大藏小夹二十函赐师（指法螺）"[③]。1329年，又印出《大藏经》5000多卷，陈朝两次印《大藏经》[④]，未说明具体数量，只载"五千余卷"，但《元藏》共有6017卷，也许《陈藏》对《元藏》不符合陈朝社会或不实用的地方进行了略删，同时据《三祖实录》英宗命把竹林的作品如《禅林铁嘴语录》《竹林后录》《大香海印诗集》《石室寐语》《僧伽碎事》刻印在《陈藏》中，也许宝刹也把太宗和慧忠的作品刻印在《陈藏》中。此本法螺亲自写跋。《大藏经》自前黎朝黎卧朝（1005—1009）开始派使者到宋朝迎请。到李朝，又多次派使者到宋朝迎请，或宋朝派使者带来送给越。李朝又多次抄成副本流行，但只有到陈朝英宗和法螺时期才能第一次刻印。刻印《大藏经》的经费一定很多，如果朝廷不大力支持与多方面资助，此事肯定不能成功。《陈藏》标志着越南佛教发展的高度需要，标志着当时越南社会、政治、经济各方

---

① 《三祖实录》。

② 今越南南定省。

③ 《三祖实录》。

④ 后简称为《陈本》或《陈藏》。

面都稳定发展，特别是文化方面取得辉煌的成就，同时也标志着文化和佛教的独立，标志着竹林禅派的入世精神及其当时的地位与影响，从此以后直到现在越南再没有过刻印过《大藏经》。可惜这些文化遗产到 13 世纪初，明越战争期间（1407—1427）几乎都被毁坏了，这场战争使越南的思想、文化特别是佛教受到极大的破坏①，对于研究越南佛教思想史造成了很大的障碍。

二　法螺禅学思想

法螺的作品有：①《石室寐语拈颂》，即对竹林的《石室寐语》做拈、颂来评价和解释；②《参禅要旨》，根据明宗的需要，1322 年法螺专门为其所撰。明宗赐号明觉禅师；③《金刚场陀罗尼经科注》；④《法华经科疏》；⑤《楞严经科疏》；⑥《般若心经科疏》；⑦《法事科仪》；⑧《度门助成集》；⑨《仁王护国仪轨》，专门为明宗撰。法螺还考订《上士语录》，写《大藏经跋》。

前边八个作品都在 1323 年刻印，《仁王护国仪轨》也许还未刻印。第③④⑤⑥都是佛学教科书，可能当时竹林禅派用来作为教科书给禅僧上课，这些作品都已不存，只剩下《参禅要旨》的一部分，载在《三祖实录》中，书名被改为《禅道要学》。《禅道要学》很薄，包括《劝出家进道言》《竹林大尊者开堂说法》《上乘三学劝众普说》《大乘要学》《要明学术》五个部分。

《劝出家进道言》中，法螺劝出家人在求法学道方面要寻找明师善友跟他们学习。在日常生活方面要辨别真伪、正邪、是非、善恶等。《竹林大尊者开堂说法》即记载竹林 1304 年到麒麟院开堂说法的情况，内容主要说明竹林的本体论和认识论方法。《上乘三学劝众普说》是法螺的禅学思想，这里法螺涉及"见性"和"参究话头"问题。《大乘要学》指明人在修道方法上要通过闻、思、修三个层次。《要明学术》则劝人先学后修，并指出一些关于修行的需要在日常生活上应该怎么处理，如要选择亲近善友知识，寻找顺利的地方住，以便于修学佛法。

法螺虽强调修行者对佛典要深入研习，但最终目的是要"见性"。法螺把"见性"放在首位。这里，法螺继承太宗、慧忠的"见性"观点，

---

① 参见《越峤书》卷二，《大越史记全书·后黎纪》也载此事。

即"忘二见"的认识、消除对立性的认识、达到不著两边的认识。他说："夫学道之流，先须见性，见性者，非谓有可见之谓见。乃见无可见处而见之。故见见非见则真性现。性见无生则生见非有。非有性实而实见不迁。故名真实见性者。"①

这里"见"即认识能力，认识到不可再认识，即没有认识对象和认识能力的对立之分，那就是"真实见性"，即不对象化认识，达到无分别境界。对于坚持净戒，法螺说："以十二时中，外息诸缘，内心无喘，心无喘动，境到如闲。眼不为识所缘出，识不为境所缘入，出入不交，故名制止。虽名制止非止止故。故知耳、鼻、舌、身、意，亦复如是，是名大乘戒，是名无上戒，亦名无等等戒。"②

法螺所说的"净戒"即"最上大乘戒"，"无等等戒"是最高的戒体。此戒虽是最上乘戒，但从小僧到大僧都能够住持此戒。由于持得戒达到心不动摇，以至身心俱舍，"境到如闲"，即不受任何境界所制约。这种持戒才能够收摄当时社会各个阶层，这种持戒才能够使竹林禅派广泛地深入社会中，成为入世佛教。这种持戒是"帝王禅"的持戒。关于看话头禅，法螺说："外参话头毋使间断，绵密相连，亦无缝罅，亦不颠倒，亦不掉举，亦不沉昏，活泼泼底，如盘走珠，光迥迥底，如台放镜，到这田地，行亦得，住亦得，坐亦得，卧亦得，语亦得，默亦得，何处不为之得，既恁么得，然后提撕三关③悟句，三玄三要④，五位⑤，诠量四料简⑥，四宾主⑦，四照用⑧等诸禅祖之机关。"这就是一种定心，消除妄念所生，自然得定，得定后身心自在。这里法螺使用很多临济禅法，说明他受临济禅的深刻影响。法螺的《示寂偈》说明他的悟道境界：

---

① 《大乘三学劝众普说》。
② 同上。
③ 三处之玄关，根据不同的法问有不同的理解。
④ 临济禅法。
⑤ 即五位君臣，曹洞宗提出的禅法。
⑥ 临济宗提出的禅法。
⑦ 同上。
⑧ 同上。

　　　　万缘截断一身闲，四十余年梦幻间，

　　　　珍重诸人休借问，那边风月更还宽。

　　法螺的禅法虽强调"见性"，但方法是"先定其心"，即他主张"先定发慧"，他遵守戒、定、慧三学的程序是渐教的主张，但他所主张的戒、定都是戒体和定体，即"净戒"也是一种慧，"定慧同时"是顿教的主张，他主张"顿渐双修"，这是他继承太宗的禅法。

　　法螺活动期间，竹林禅派已经受密教的深刻影响，李末陈初密教因素很少出现，李末期无言通派的广严、常照、通师，毗尼多流支派从妙仁、圆学、依山，以及陈初中期的太宗、圣宗、慧忠、仁宗等，他们的思想和作品中几乎不受密教的影响，但到英宗，法螺时期，密教成分明显增加，灌顶法是密教仪式，在当时举行得比较普遍。原因是当时印僧、中僧常来越南，把印度密教和中国元代密教传到越南，而且本地密教也慢慢回生，李朝三大禅派中都有密教因素。在《禅道要学》中，法螺多次提出毗卢遮那佛即大日如来，是密教的最高佛。朝廷君臣都受灌顶法，灌顶法成为当时佛教的皈依仪式。

　　1330 年，法螺圆寂，明宗赐号"净光尊者"，同时写一首诗送他，赞誉法螺对竹林禅派的巨大功劳，能继承竹林的思想，把入世精神发扬光大：

　　　　垂手尘寰以了缘，觉皇金缕得人传。

　　　　青山蔓草棺藏履，碧树深霜壳脱蝉。

　　　　夜掩讲堂今古月，晓迷丈室有无烟。

　　　　相投针芥差非昔，逐就哀章泪法然。①

　　总之，法螺弘法时期，使竹林禅派的入世精神变成现实：寺院数量、出家人数、寺院财产、经典创作、贵族出家、君臣受戒都明显增加；对经、律、论、语录讲究都很深广，特别是讲《华严经》成为当时的热潮。法螺时期成为越南佛教史上最发达的时期。法螺时期，竹林禅派有两件最突出的事：规定僧籍和刻印《大藏经》，这都是前所未有的事件。入世精

---

① 《李陈诗文》第 2 集，第 807 页。

神从常照、太宗、慧忠就开始奠定了理论基础，到竹林、法螺时期，此理论成为现实，同时推到顶峰，使佛教跟社会融合在一起，几乎分不开，社会接受佛教精神成为民族的风化。黄春罕说："李陈时期，越南人的文化、风化在史上是最淳厚的时代，是因为受佛教精神的影响。"① 这个认定是正确的。由于竹林禅派到法螺时期蓬勃发展，并且达到高潮，所以难免出现一些问题。

第一，还没有使当时所有僧众参加竹林禅派。《越南佛教史论》初步统计："当时还没有参加竹林禅派的僧数约有三万多位。"为什么他们不参加呢？是他们不愿意参加还是竹林禅派不允许？也许两个原因都有，但主要是他们不够资格，所以竹林禅派不允许。不管怎么解释都说明当时竹林佛教开始衰落。对此问题法螺在《禅道要学》中提出："只因贪求利养，不顾沉沦，或扬世求声求名，或自己不知不觉，是无明之徒也。""口说出家，心行世业，自作教他，心无惭愧。"诸如此类语言在法螺的作品中有很多，都反映了当时的佛教状况。

第二，法螺、英宗、明宗等都很重视密教，对于当时佛教来说是十分不利的。密教本身没什么不好，但密教中念咒、符咒跟越南民间信仰如方术信仰相近，所以很多无学僧人或"口说出家，心行世业"之类，利用密教迷惑民众，使竹林禅派在社会上慢慢失去了自己的威望与作用。而且，陈末期，儒教已经在三教之中占领先地位了，利用这个机会，儒教慢慢控制了佛教，法螺也深刻地感受到当时佛教的情况，他无可奈何地叹道："噫，吾未如之何也已！"

第六节　竹林禅派第三祖——玄光

一　玄光生平与事业

玄光禅师（1254—1334）籍贯在北江路万载乡②，比法螺年长30岁。他"体貌奇异，卓然有巨人之志。父母钟爱之，教之以文学，闻一知十，有彦子亚圣之才，命名曰载道。年二十，应乡举科名留在，选人皆以大科

① ［越］黄春罕：《越南史》。
② 今越南河北省嘉良县。

日，自期来年大比①果中魁首"②。从此他被选到朝廷里做官，曾奉命接见元朝使者。他精通文书，援引经义，应对如流，曾得到仁宗和元使赞美。玄光在朝廷中当了 20 多年的官，51 岁时（1305）从抱璞国师③出家。1306 年，竹林立法螺为超类报恩寺主讲时，玄光跟随抱璞参与了仪式。竹林见到玄光已经出家非常高兴，要求抱璞让玄光留在自己身边，以便帮助竹林弘道，因为竹林知道玄光是一个人才。玄光奉撰《诸品经》《攻文集》和《释科教》。竹林在《释科教》中写道："曾经玄光手，一字不可增，一字不可减。"④ 竹林命刻印这些书流行于世，也许这些也刻印在《陈藏》中。竹林圆寂后玄光又跟从法螺学佛习禅，后来回到安子山居住。由于玄光"博学广览，甚精其道"⑤，所以"僧尼从学殆至千人"⑥。几年后玄光又回到清枚寺和昆山⑦寺居住。法螺圆寂时，他已经 77 岁了，才被任命为竹林禅派第三祖，但他经常回到昆山寺居住，像一位隐僧一样活着。安子山的事情都交给安心国师管理。继祖灯后，他感慨地写了一首诗：

> 德薄常惭继祖灯，空教寒拾起冤憎。
> 争如逐伴归山去，叠嶂重山万万层。⑧

玄光有个著名故事：明宗怀疑玄光虽出家但还有俗累，所以派一个名叫氏碧的美貌宫女到安子山试心。氏碧试不了玄光，但回去伪造了一个故事让明宗相信玄光还有俗累。明宗听后，很后悔地说："此事若有，是吾过门为设网捕禽之计。其事若无，在彼难免瓜田纳履之疑。"便开"无遮大会"，请玄光做主礼。座子上物品很多，还有袈裟、衣钵、法器等。玄光知道自己前日被宫女所试的事，便"仰天叹息，上坛三次，下坛三次，

---

① 大比：考会科。
② 《祖家实录》。
③ 竹林的弟子。
④ 《祖家实录》。
⑤ 同上。
⑥ 同上。
⑦ 都在今越南海兴省。
⑧ 《李陈诗文》第 2 集，卷上，第 688 页。

立露坛中，望拜十方贤圣，左手执白玉瓶，右手持青柳枝，密念洒洗上下内外会坛，见一朵黑云，从远方现出，飞尘垢蔽天，少顷便息，诸般杂物尽飞去了，只存香灯六供……明宗下拜谢过，优加尊敬其师，称为嗣法"①。

这故事也许是伪造的，但说明了几个问题。第一，当时社会思想潮流对佛教没有竹林和法螺时代那么相信与尊重了，因为儒教是当时的主要思想潮流，名儒出现很多，如张汉超（？—1354）、莫挺之（1284—1361）、朱文安（？—1370）等，连宫女氏碧也属"九流三教无不通"之类，这里可能是一种竞争思想体系的现象。第二，说明密教现象成为一个重要问题，祷雨、求晴、密念仪式具有密教色彩，这很符合当时密教对禅宗的影响。第三，也许也反映了当时佛教开始衰弱的状况，众所周知，安子山云安寺是竹林禅派的大本营，此寺住持的位置是很多人奢望的，所以玄光"继祖灯"不久就回清枚寺和昆山寺居住，这也符合法螺的《三祖实录》所说当时僧众很多人"贪名求得"。据《略引禅派图》载，玄光之后，从安心国师开始，安子山门的传承体系只载他们的名字，"连次序也怀疑"。②

玄光在良山把资福寺扩大为一座大寺院，同时建了一座能够循环的九品莲花台，据《北宁风土杂记》载玄光还去拜访很多寺院，他在宁福寺③也建了一座能够循环的九品莲花塔，周围雕刻极乐世界和阿弥陀佛像，象征净土信仰，"循环塔"是受西藏密教的影响，这说明玄光时，禅净密三教结合得很紧密了。1334 年，玄光圆寂，明宗赐号曰"竹林第三代嗣法玄光尊者"。

二 玄光禅学思想

竹林命玄光撰《诸品经》《攻文集》《释科教》，以后他还写了《玉鞭诗集》，现都失传，现在研究玄光思想只能根据《祖家实录》和一些零散地载在《越音诗集》《全越诗录》《皇越诗选》中的诗，共有 24 首。但《祖家实录》载在《三祖实录》的最后部分，不载作者，玄光的生平被覆

---

① 《祖家实录》。
② 《越南佛教史》，第 209 页。
③ 又称笔塔寺，在今越南河北省。

盖上神圣灵异色彩从而使读者注意不到他的禅学思想,这是否反映竹林禅派从此对社会的作用减弱了呢?僧尼、民众只重视祈祷、祭礼等形式而不重视研究佛典、修习禅定,所以研究玄光思想是一件很难的事,现在我们只能根据《三祖实录》《祖家实录》和上述 24 首诗来研究他的思想。

《三祖实录》中记载了玄光与法螺的对答话:1330 年一月五日,法螺病,住在安乐藏院,七八日病重,十一日夜晚,玄光来探望。下面是他们之间的问答话:

> 师(指法螺)临睡时吟哦一声,玄光曰:"安得睡与觉一?"师曰:"睡与觉一,还他不病时。"玄光曰:"安得病与不病一?"师曰:"病也不干他,不病也不干他。"玄光曰:"争奈既有语声何?"师曰:"管什么风树声。"玄光曰:"风过树声,人则不惑,睡中寐语,则能惑人。"师曰:"痴人亦有惑于树声者。"玄光曰:"只此一疾至死也不疗。"师乃踏之,玄光便出,自是稍间,至十三日归琼林院,旧方丈卧……三月三日亥时病重,玄光曰:"古今到言哀,放行好,把住好。"师曰:"总不干。"进云:"总不干时如何?"师曰:"随处萨婆诃!"

"萨婆诃"是真言的结句,表示成就、吉祥、圆寂、无住涅槃等意义,"随处萨婆诃"表示最高的解脱自在,即法螺证悟的境界。《越南佛教史论》中,阮郎认为:"玄光与法螺之间的问答话,使我们知道:玄光故意帮法螺在最后、最重要的时刻中达到成熟地解脱、觉悟。玄光的问话,好像试探法螺是否已经随时准备迎接生死重要时刻。'安得睡与觉一?''安得病与不病一?'这些问话,使法螺认出自己的道业还没有真正地成熟,自己还没有随时准备迎接重要时刻的来临……虽法螺用脚踏玄光,但也由于玄光这些问话,法螺才多活了 22 天,以完成自己以为已经成熟但还没有真正成熟的道果。"①

这段话解释为玄光帮法螺觉悟,我们却认为,两位之间的问答,"安得睡与觉一"这问句是禅宗重大问题。"睡与觉一"即"明心见性",认识自己的本来面目,达到超越生死的境界,能对自己的意识完全做主,对

---

① 《越南佛教史论》第 1 集,第 441 页。

自己的生死大事完全自在。二月十一日玄光来探望，从此法螺的病好起来了，到三月三日夜晚再发病，玄光又来探望，问："古今到言哀，放行好，把住好？"法螺说："总不干。"玄光又问："总不干时如何？"法螺答："随处萨婆诃。"然后法螺坐起来写《示寂偈》，写完便掷笔奄然而寂。从二月十一日到三月三日只有22天，阮郎认为"由于玄光这些问句，法螺才多活22天，以完成自己以为已经成熟而没有真正成熟的道业"。这说法实在不合适，首先法螺已经肯定"睡与觉一"以致"病也不干他，不病也不干他"，即法螺已达到超越生死境界了，我们仔细地思考就知道：玄光这些问句还是在分别执著的境界中，所以法螺才用脚来踏玄光。"踏"是禅门常用来开示禅生的事，像棒打口喝一样，是禅家尤其是临济宗接引学人常用的施设。法螺用"踏"来直截玄光执著分别的根源。二月十九日夜晚法螺"乃以调御所传袭装，及写心偈付玄光，教其护持。又亲写偈，付景额、景徽、无际等诸大弟子"。① 这就是法螺开示玄光，而不是阮郎所说"玄光帮法螺悟道"。而且，法螺曾三次悟道，第二次是"大悟"。至于玄光，虽年龄比法螺大30岁，学问比法螺深广，曾"及第"当官，对社会了解得很多，但都不具体记载他悟道的境界，由于《圣灯录》载明宗是玄光的得法弟子，以及他继承竹林禅派为第三祖，我们推论玄光是悟道者而不能说玄光启发法螺悟道、得法。

玄光跟竹林、法螺的风格不一样，竹林和法螺都是社会活动家，是佛教领袖。他们二人活动期间，竹林禅派发展特别快，入世精神广泛地深入社会的各个阶层。玄光却不一样，他是当时著名的诗人，同时也是一位渊博的佛学教师，他不像竹林和法螺到处奔波地演讲、弘法度生。他只在佛教学校给僧众讲学，他虽是当时佛教最高领导者但不像是一位领导者，他活得比较潇洒，他的诗中能体现出这种风格，《地炉即事》中他写道：

> 煨余榾柮绝焚香，口答山童问短章。
> 手把吹筒和采莳，徒教人笑老僧忙。②

---

① 《三祖实录》。
② 《李陈诗文》第2集，第687页。

《泛舟》也体现这个意思：

> 小艇乘风泛渺茫，山青水绿又秋光。
>
> 数声渔笛芦花外，月落波心江满霜。①

玄光的诗歌大部分用来咏菊或描写自然景色，24 首诗中，只有一首他写关于人与人之间的感情，《哀俘虏》暴露他的伤感心和慈悲心：

> 刿血书成欲寄音，孤飞寒雁塞云深。
>
> 几家愁对今宵月，两处茫然一种心。②

玄光热爱自然风景，爱松、竹、梅等，但最喜爱还是菊花。他觉得自己年纪大了，只有菊花才能使他的心温暖起来，他打坐以后，就观赏菊花开。对于玄光来说欣赏菊花也是一种坐禅，他观赏到他与菊花浑然融成一体，即主体与客体分不开。《菊花》中他写道：

> 花在中庭人在楼，焚香独坐自忘忧。
>
> 主人与物浑无竞，花向群芳出一头。③

《菊花》比较长，情节很动人，平易而又超脱，有禅意色彩，但最能体现玄光禅学思想的是《延佑寺》：

> 万缘不扰城遮俗，半点无忧眼放宽。
>
> 参透是非平等相，魔宫佛国好生观。④

意思是戒律是用来阻止烦恼深入人心的城墙，使心灵平静、清净，视野才能自然地高瞻远瞩。参禅透彻到"是"和"非"都是平等相，同一

---

① 《李陈诗文》卷上，第 2 集，第 694 页。

② 同上书，第 2 集，第 692 页。

③ 同上书，第 1 集，第 200 页。

④ 同上书，第 1 集，第 704 页。

相的水平，即达到无分别境界，那时"魔"与"佛"、"烦恼"与"菩提"、"生"与"死"、"迷"与"悟"就没有什么差别与对立的了，即"平等观"或"忘二见"的认识，这明显是玄光禅学继承太宗和慧忠的禅学思想。

总之，玄光"继祖灯"成为竹林禅派第三祖，同时也是安子山门的第八代传承。玄光之后，竹林禅派不再传承了，又回到从前安子山门的传承，安心国师为第九代祖师，一直到最后无烦禅师，共有23代。玄光"继祖灯"在佛教开始衰弱的时代，他本人又不是佛教社会活动家，但他帮竹林撰佛学教科书，帮法螺弘扬佛法，他本人也在安子山开办学校，有时僧生达到1000多人，对当时佛教的发展也起了重要作用。他的诗很多，但现在只留下24首，每首的意思都很深奥，既有社会意义、文学色彩，又有禅学思想，所以学者们都认为玄光是当时最著名的诗人之一。他跟竹林一样都给人留下一首用字喃写的赋，即《咏云烟寺赋》，比较长，字喃文学对研究越南文学有重要作用。陈明宗是他的得法弟子。

第七节　越南陈朝竹林禅派发展总观

陈朝（1225—1400）共有175年，其间越南禅宗发展达到顶峰。从李朝传来的禅宗各派，到陈朝又跟中国临济宗和陈朝的时代精神、文化背景等结合成为有越南特色的禅宗宗派，即竹林禅派。竹林、法螺、玄光分别为第一、第二、第三代祖师。陈太宗、慧忠虽不是竹林禅派的祖师，但他们的思想、作品已经奠定了竹林禅派诞生的理论基础。1334年玄光圆寂，1400年陈朝结束，这66年间禅宗情况如何呢？竹林禅派又有哪些特点？陈朝禅宗除了上边所提的五位最有代表性的人物外，其他人是如何存在与发展的，他们对政治、社会、文化等方面又有什么影响与贡献呢？下面我们对此做些介绍。

一　陈朝竹林禅派的其他著名禅师

陈中期出现的竹林禅派代表人物有五位著名的禅师：太宗、慧忠①、

---

① 太宗、慧忠都是得法者，慧忠传给竹林，所以叫他们禅师，或在家禅师。

仁宗、法螺、玄光。据史书记载，他们的得法弟子都很多，如太宗、慧忠、仁宗、法螺都有 30 多位得法弟子，但史书却都未记载他们的生平事迹，只在《上士语录》《三祖实录》《祖家实录》《圣灯录》《大越史记全书》等书中提到他们的名字，为什么会出现这种情况呢？众所周知，《禅苑集英》共载 70 多位著名禅师，他们几乎都有生平事迹、悟道背景和《示寂偈》。而陈朝只记载这五位，我们认为原因可能有如下几方面：第一，也许当时佛教成为"统一佛教"、"一宗佛教"，所以史书只载教会的领袖人物，对其他的不太重视。实际上，这五位对当时社会与佛教贡献最突出，别人不能与之相比。第二，也许都有记载，但由于战争或其他原因而消失，连玄光的史料也失落。据《祖家实录》的附录部分载："大明宣德年间（1426—1436），黄福尚书接得回明国……至嘉靖年间（1567—1573）苏川候使大明国，黄福四代玄孙黄承寄与苏川候将回。"《祖家实录》肯定丢失得很多，也被修改过，有些地方不合于史实，又被涂上了一种迷信的模糊色彩。陈朝竹林派不能在史书上记载，提名的著名禅师和出色佛子肯定很多，下面我们只能根据史书提名做一简单的介绍。

智远禅师，是慧忠的朋友，也许智远一心一意地翻译注释佛典，所以慧忠才写一首诗赠他，即《戏智远禅师看经写义》，载《上士语录》中：

墨为香饵笔为竿，学海风波理钓船。
珍重远公频下钓，会狞龙上是驴年。

纯一法师和僧田大师都跟慧忠同时代，《上士语录》中，慧忠送给他们每人一首七言诗。

抱璞国师是竹林的弟子，宗景国师是慧忠的得法弟子。竹林圆寂后，英宗赐他们国师号，他们经常跟竹林参学，同时帮助竹林创立竹林禅派，后抱璞到武宁山居住，宗景回到仙游山居住。1322 年，法螺请他们到报恩寺给僧众教《四分律》，他们各写了一首《赞慧忠上士》诗，载《上士语录》中。

法鼓禅师、惠严禅师都是竹林的弟子，他们都有诗《赞慧忠》载《上士语录》中。

宝刹禅师是竹林最喜爱的大弟子，竹林圆寂时，宝刹在他身边，1311

年法螺委托宝刹专门管理刻印《大藏经》。

智通禅师住持超类报恩寺，据《大越史记全书》和《三祖实录》载，仁宗落发出家那天，智通"燃臂"供养仁宗。仁宗创立竹林禅派时，他把报恩寺作为竹林禅派活动的大寺庙供养仁宗。竹林圆寂后，他到安子山"奉持舍利"，到明宗时（1314—1329）自焚。

圆禅师，《全越诗录》中明宗写过一首《东山寺》诗，称赞他是一位品德高尚的禅师。

无山翁禅师（1286—1325）即司徒文惠王陈光朝，他是兴让王陈国颖的儿子，是兴道王陈国俊的孙子。陈英宗赐号曰文惠王，他是当时著名诗人，英宗命他做"入内司徒辅政"。据《大越史记全书》载，他36岁（1321）从法螺出家，40岁圆寂。据《三祖实录》载，出家之前，他把大量的土地和钱供养法螺铸佛像，共有1000尊，又出钱刻印5000部《四分律》，同时请法螺到安隆寺讲《华严经》。1323年，他与司徒威惠王请法螺到报恩寺授菩萨戒和灌顶法，作品有《菊堂遗稿》，被后人评为"潇洒可嘉"。

陈圣宗（1240—1290）1258年即位，在位21年，曾三次直接把元军打败。圣宗的皇后是慧忠的妹妹。他的佛学见解很深，据《上士语录》载，有一天，圣宗在禁宫内斋僧，请诸方名宿参与，同时请每位作偈以呈见解。上士便写道："见解呈见解，似捏目作怪，捏目作怪了，明明常自在。"圣宗便接着写道："明明常自在，亦捏目作怪，见怪不见怪，其怪悉自坏。"[1]通过此偈，我们可以知道圣宗的佛学水平。圣宗很重视宗杲《大慧语录》，曾写两首《读大慧语录感》诗。据《圣灯录》载，"圣宗皇帝得竹林大灯国师旨"，大灯国师是安子山门的第三代传承，慧忠曾写《颂圣宗道学》称赞他"圣学高明达古今"。1279年，圣宗当太上皇，到资福寺出家，自号曰无二上人。著有《遗后录》《箕袭录》《禅宗了悟歌》《放牛》等，现在都失落，只存七首诗，载《圣灯录》中。

陈英宗（1276—1320）是仁宗的长子，1293年即位，1314年当太上皇。他鼓励儒学，相信密教。竹林和法螺弘扬禅派期间得到他的支持，供养最大。竹林禅派之所以能够有很大发展是因为他的帮助。他刚打算出家就去世了。英宗得法于法螺。

---

[1] 《上士行状》。

明宗(1300—1357)是英宗的第四子,在位 15 年(1314—1329),29 岁当太上皇(1329—1357)。《圣灯录》载"明宗得法于竹林玄光尊者"。他常吃素,读《易经》,鼓励儒学,曾跟法螺受在家菩萨戒,命法螺撰《参禅要旨》《仁王护国仪轨》,他支持法螺弘扬竹林禅派的事业,著有《明宗诗集》一卷,今已佚,只留下 25 首,零散地载在《大越史记全书》《全越诗录》《陈朝世谱行状》《越音诗集》等史书中。

览山国师(生卒年不详),任何史书都未载他的生平事迹,通过范仁卿①的《送览山国师还山》我们知道,览山国师在陈睿宗时(1372—1377)活动,诗曰:

> 出山几日更还山,为爱山居意自闲。
> 松院渚茶香漠漠,鹤泉洗钵水潺潺。
> 放开禅价高千古,发露诗名正一般。
> 归向岭云深处卧,暗时法雨洗人间。

通过此诗,我们又知道陈末期禅宗的情况。玄光圆寂后,儒教开始镇压佛教,竹林禅派的僧才们不能在城市活动了,只好回到深山隐居行道,很少下山,即儒家思想体系已经战胜了佛教思想体系,同时也说明,陈末期禅宗僧才不是没有,而是他们不出现,只在民间活动而已。

另外,明德真人住持仙吕寺②;德山禅师住持清风寺;王如法禅师是慧忠的弟子;碧风长老跟法螺同时代;鸳子禅师和宣珍公主、丽宝公主、玄珍公主等都出家……据《大南禅苑传灯录》载,安子山门共有 23 位祖师(包括竹林三祖在内),他们是①现光祖师;②圆证国师;③大灯国师;④逍遥禅师;⑤惠慧禅师;⑥仁宗祖师;⑦法螺祖师;⑧玄光祖师;⑨安心国师;⑩浮云国师(号静虑);⑪无著国师;⑫国一国师;⑬圆明国师;⑭道惠祖师;⑮圆悟祖师;⑯总持祖师;⑰桂探国师;⑱山藤国师;⑲香山大师;⑳智容国师;㉑慧光祖师;㉒真注祖师;㉓无烦大师。

学者们一般认为,此录所列出的禅师不太准确,这个说法是有道理

---

① 范仁卿在隆庆年间(1373—1377)考中进士,在睿宗朝(1372—1377)做官。

② 今越南河东省章美县。

的。因为陈末期，从玄光圆寂之后（1334）只有 60 多年的时间，怎么能出现那么多在安子山住持的禅师呢？如果还延续到后黎朝（1400—1789），包括胡朝在内（1400—1407）就更不可能了，因为后黎朝是儒教独尊时期，黎朝肯定不会把桂探、山藤、智容封为国师，因为国师名号只有朝廷才能赐封。但无论如何这些再次说明竹林禅派解体后，禅师们又回到原来的山门、祖庭生活隐修。

二　中国禅师在越南陈朝的活动与其影响

陈朝有四位中国禅师到越南，即逍遥、天封、德诚、无方长老。无方长老法号智慧，据《三祖实录》载，1318 年，无方从中国湖南省到越南，英宗命法螺接待无方长老。

逍遥禅师是应王居士①的嗣法弟子，慧忠是逍遥的嗣法弟子。

德诚禅师于太宗时（1226—1258）到越南，他曾跟太宗参问，两人参问的内容载在《圣灯录》《课虚录》（即《语录问答门下》）中，意蕴深刻，禅风高俊，显露真如本性平等一如："人人本自人人具，个个元来个个圆。"只不过两人对真如本性的认识有差异："春雨无高下，花枝有短长。"这次参问，德诚两次"礼拜无语"。释福山的《陈朝禅学》中据此认为他是太宗的学生。《越南佛教史论》中阮郎认为他们俩是道友的关系。我们认为阮郎的说法有道理，因为宋德诚的禅学已经很深广了，不次于太宗。《语录问答门下》中没有说德诚得旨于太宗的地方，至于"礼拜无语"只是表示敬意而不表示得旨的意思。而且，太宗在宫中建资福寺主要"延请高座住持，以便参问"或"万机余暇，聚会耆德参问"。德诚也许是太宗"聚会誉宿参问"中之一，所以德诚是太宗的道友。

宋朝禅师到越南最有影响的就是天封禅师，天封也在太宗时期来越，太宗请他到宫中左厓殿参问禅旨。太宗有两次悟道，第一次"常读《金刚经》至于'应无住而生其心'之句，方尔废卷长叹间，豁然自悟"②，这次是自悟。《圣灯录》载："陈朝太宗皇帝得宋僧天封禅师旨"，天封禅师又是中国临济宗的悟道人，因此，太宗的禅学受临济宗禅学的浓厚影

---

① 应王是无言通禅派的第十五代传承，活动于李末陈初。

② 《禅宗指南序》。

响。太宗常用临济宗的"三要三玄"、"四料简"、"四照用"、"四宾主"、"棒喝"等来接引学人,他最常用"无位真人"这个禅宗公案来说明禅超越一切修行阶位、摆脱一切尘染妄执的认识。慧忠、仁宗都受临济禅学的影响,可以说竹林禅派是李朝三大禅派①、中国临济宗和越南文化交流结合的成果,成为越南禅宗的特色。

三 净土信仰和密教对竹林禅派的影响

上文提到越南佛教有一个特点是,只有禅宗是独立存在的宗派,其他的只是一种影响而已。这是为什么呢?是否南宗禅都在中国南方传禅,所以越南受到它的影响?是否越南人的性格跟禅宗有关?这个问题不能简单地断定。

净土信仰在李朝已经出现了,黄金寺②和佛迹寺③中都事奉阿弥陀佛像,净力禅师(1112—1175)提出"心口念佛"。到陈朝,太宗、慧忠、仁宗等作品都受到净土宗的影响。《课虚录》中,太宗专门写《念佛论》一篇,他虽说"往生佛国"但强调发起正念,消除三业:"夫念佛者,由心所起,心起于善则为善念,心起于恶,则为恶念。"他把人的认识分成三种:上智、中智、下智:"上智者,心即是佛,不假添修……中智者,必藉念佛,注意精勤……下智者,口勤念佛语,心欲见佛相,身愿生佛国……三者深浅不同,所得一也。"④ 太宗之所以把人的认识分为三种是因为他认为人的"性根分别"即人的认识能力不同。对于"上智者","心即是佛"即主体念和对象念是统一的,这与禅宗所提出的"即心是佛"或"即心即佛"核心理论相同,属顿悟禅,这是说禅宗和净土宗的最高觉悟境界没有差别,说明太宗主张融合禅、净或禅化净土。慧忠认为阿弥陀佛是人的本心、法身。《示修西方辈》中他写道:

> 内心弥陀紫磨躯,东西南北法身周。
> 长空只见孤轮月,刹海澄澄夜漫秋。

① 其实李朝三大禅派的思想主要还是从中国传来的。
② 今越南河西省。
③ 今越南河北省。
④ 《课虚录·念佛论》。

　　这实际上就是一种禅定的境界，竹林认为"净土是清净心，用不着到西方寻找，弥陀佛就是光明照耀的本性，也用不着到西方极乐世界寻找"①。《禅道要学》中竹林还采用集体念佛的方法。《念佛论》太宗提出永明延寿禅师（904—975）属法眼禅派，他主张在禅门中采用念佛念咒的方法，永明延寿圆寂后，法眼派衰落，净土宗大力发展，也许太宗受延寿所撰的《宗镜录》《万善同归集》等作品的影响。

　　密教很早就传到越南了，在北属时期和丁朝、前黎朝、李朝就很兴盛，但从未成为一个独立的宗派。三大禅派都受到密教的深刻影响，但有一个独特之处是禅师们使用密教信仰来维护国家的独立、民族的团结、人民的安乐，他们使用密教来推翻暴虐的前黎朝，拥护李公蕴当上国王，创建李朝，给人民带来 200 多年的幸福，这件事跟其他国家禅宗受密教的影响是不同的，这是越南禅宗的一个特点。到李中期密教过分发展，有些人利用密教来迷惑民众，于佛教的威望有害。但到李末陈初，密教对禅宗几乎没有什么影响，太宗、慧忠、仁宗的作品中找不出密教因素。《越南佛教史论》中阮郎认为："在太宗和慧忠的影响下，所以密教不再影响（禅宗）。"我们认为阮郎的说法不全面，据《禅苑集英》载，毗尼多流支派从本寂到最后一代依山，无言通派从广严之后，他们的思想就不再受密教的影响，无须等到陈初期。也许李朝末期禅师们意识到密教泛滥流传对禅宗的发展和威望是不利的，所以他们自觉取消密教因素。而且，毗尼多流支派受到无言通派的影响，而无言通派又很少受到密教的影响。到陈末期密教又恢复起来，英宗、法螺、明宗、玄光等都受到密教的影响。其原因有三：第一，印度僧来到越南。据《大越史记全书》载，1311 年，印度僧瑜祇婆蓝跟他的女儿两次来越。"容貌苍古，自言三百余岁，能跏趺浮水上，又能缩五脏于胸膈间，令腹中枵然虚空……止食硫黄密芥蕃……"此次英宗选他的女儿入宫做宫女。同年，"有胡僧名菩提室里来，亦能浮水，偃卧而浮，与瑜祇不同"。据《三祖实录》载，1318 年，法螺"奉诏讨梵僧般底多乌吒室利译出《白伞盖神咒经》。第二，当时中国佛教受密教的深刻影响。1318 年，中国湖南无方长老来越，也许他也受到密教的影响。第三，本地密教遇到良好的机会蓬勃发展起来，法螺曾撰《金刚场陀罗尼经科注》。英宗、明宗、文惠王、威惠王等朝廷贵族都请法螺

---

　　① 《居尘乐道赋》。

授灌顶法。玄光举行斋坛都使用密咒。而且，越南民间信仰很重视方术信仰，跟密教的符咒、法术有关。这都说明到陈末期密教成为普遍现象。使佛教向全国发展和使佛教失去威望都是密教，问题是，禅师们能不能认识、运用并指导它在社会与佛教上的发展。

四　竹林禅派的禅教一致和三教融合

禅教一致和三教融合是中国唐代宗密（781—841）提出的基本理论，他"所撰《禅源诸诠集》以心学为基础，广论禅教合一；又著《华严原人论》，鼓吹儒释调和。隋唐以来儒释道三教分流的文化形态，至此有了重整合流的新趋向。禅宗既是禅教融会的主体，又是三教合流的佛教代表"。①

传统禅宗常以坐禅、参究话头为主要任务，但越南禅宗几乎没有遵守过这个原则，据《禅苑集英》载，清辨和他的师父崇业"常以《金刚经》为业"。清辨曾经连续八年诵《金刚经》但不了经义，来请崇业讲解，后了经义。这说明崇业用《金刚经》来给清辨讲学。到李末期为止，禅师们常用来讲习、研究、传禅的经典是《金刚经》《百论》《法华经》《楞伽经》《楞严经》《华严经》《般若经》《雪窦语录》等经，陈朝继承李朝又加上《临济录》《大慧语录》《传灯录》《四分律》，强调《金刚经》《华严经》。太宗自读《金刚经》得悟，法螺曾九次讲《华严经》，玄光在安子山开办学校给 1000 多人上课，也许他用上边所提的经、论、律、语录以及太宗、慧忠、仁宗、法螺所撰的如《法华经科疏》《楞伽经科疏》《般若心经科疏》《金刚场陀罗尼科疏》《课虚录》《上士语录》等作为教科书。玄光所撰的书如《诸品经》《释科教》肯定也被用来作教科书。众所周知，公元 3 世纪，越南早期禅学康僧会曾编译《六度集经》，此经是从很多经典中编译出来的，证明康僧会曾研究过很多经典。而且，越南禅宗从来没有排斥过经典，从来没有发生过"尊教抑禅"或"尊禅抑教"的现象。也许越南佛教只有禅宗是独立存在、最为发展的宗派，所以用经典来作为禅的理论，到陈朝竹林禅派"禅教"更为"一致"。总之，禅教一致是越南禅宗从古至今的一个特点，三教融合也是陈朝竹林禅派的一个明显特点。实际上，越南佛教和道教经常相互融合，未曾发生过

---

①　杜继文、魏道儒：《中国禅宗通史》，江苏古籍出版社 1995 年版，第 291 页。

任何冲突。三教传到越南都很早，自北属时期到李朝，共有 1000 多年的历史，儒教在社会上影响不大，名儒几乎没有。1070 年，李圣宗在河内建文庙国子监，开学校，进行考试选择人才入宫做官，从此有一些名儒出现，但影响力也很微弱。到李末陈初，朝廷多次组织"三教考试"，说明朝廷主张作为一个官员应该了解三教的教理，另一个意思又说明当时三教在社会上是平起平坐的，三教融合到陈朝比较明显，其思想主要集中在太宗、慧忠和仁宗的作品中。太宗不但意识到三教在社会上的职能与作用，而且还大力证明三教的共同点，他说："释迦文佛入于雪山，端坐六年，身心自若。子綦①隐几而坐，形如枯木，心似死灰。颜回②坐忘，堕肢体，黜聪明。"③ 因此太宗总结道："此占者三教圣贤，曾以坐定而成就者。"④这里"坐定"即禅的境界，《普劝发菩提心》中太宗还引用孔子和老子的话说："朝闻道夕死可矣"⑤。"吾所以有大患者为吾有身"⑥。《戒杀生文》中他说："儒典施仁布德，道经爱物好生，佛惟戒杀是持，汝意遵行，勿犯。"据《大越史记全书》载：1227 年、1247 年太宗组织"三教考试"。慧忠、仁宗、法螺在自己的作品中都引用儒教和道教的典故来解释禅理，如"刻舟求剑"、"按图索骥"、"三皇五帝"等，这些都说明了陈朝竹林禅派三教融合的主张，太宗还说，"未明人妄分三教，了得底同悟一心"⑦，即三教只是一种帮众生解脱的方便，目的是"悟一心"。这也许体现出"帝王禅"的一个特征。

五　竹林禅派的入世精神与其作用

　　禅宗传到越南不久，就被越南文化同化，成为具有越南特色的禅宗。北属末期，为了民族的独立，禅师们用自己的佛教威望与本地信仰结合成为一种以禅宗为主的"综合信仰"，促进解放民族的运动，如定空（？—808）、罗贵安（生卒年不详）、法顺（？—990）等。特别是在改朝换代

---

① 《南华经》中的人物，叫南郭子綦。
② 孔子的学生。
③ 《坐禅论》。
④ 《坐神论》。
⑤ 《论语》。
⑥ 《道德经》。
⑦ 《劝发菩提心》。

的运动中，因为采取了这种"综合信仰"，所以没有发生任何骨肉相残或新朝杀害旧朝官员的现象，给人民、民族带来新的气象，其代表者有万行（？—1018）、匡越（933—1011）、多宝（生卒年不详）、法顺（？—990）等禅师，但此时他们只是自发自觉做应该做的事，还没有成为一种理论性的主张，而且，越南特色也比较淡薄，到李末陈初才慢慢成为一种有理论的思想。常照（？—1203）提出"随俗"观点，圆证和太宗提出"天下之心"观点，特别是慧忠强调"和光同尘"思想，成为有理论、可操作的入世精神。竹林、法螺、玄光、英宗、明宗都是实施此精神的代表人物。竹林禅派的最大特点就是入世精神，即为佛教、为国家、为民族的繁荣与发展做出贡献。学者们都认为陈朝是越南史上和越南佛教史上最辉煌的一个时代，是佛教的黄金时代。这个说法是很准确的。

越南禅宗的入世精神是一个很特别的现象，跟中国禅宗不一样。李朝禅师参政很多，到陈朝政治界参禅学佛更多，这是为什么呢？李朝君臣们的学问一般都不深广，他们既是国王又是佛教徒。当时儒教还没有发展，人民又相信佛教，他们势必依靠佛教的威望来管理国家，同时禅师们也意识到应该利用佛教把国家事务管理好，使人民幸福，这也是佛教的度生任务。到陈朝情况就不一样了，皇帝们都是佛教徒，他们的学问非常深广，不但通晓儒教和道教，有管理好国家的本领，而且对佛理更加精通。

太宗的形象很特别，1257 年他直接率领军队把强大的蒙古军打败，成为越南民族英雄。如果光看他写的《课虚录》，我们会认为他是一位"一日六时"上大殿拜佛忏悔的大法师；如果光看他所写的《普说向上一路》《语录问答门下》《拈偈颂》等我们又会认为他是一位正在给禅生开示禅旨的悟道禅师。可以说，太宗的禅师形象多于他的国王形象。此精神从哪里来的？当然他自身本有这种自立自强的风格和自信、信佛的品德，再加上他从安子山圆证国师学佛，这些都强化了他的禅师形象。太宗 18 岁时曾到安子山向圆证申请出家，圆证对他说："山本无佛，惟存乎心，心寂而知，是名真佛。"圆证劝太宗回去继续当皇帝时说："凡为人君者，以天下之欲为欲，以天下之心为心。"这句话中看不出圆证是一位著名禅师，倒像是国王的政治顾问。

太宗有 30 多位得法弟子。跟陈朝君臣一样，慧忠是一位著名将军，曾三次直接率领军队打败元军，成为民族英雄。胜利后"功成弗居"，回到自己的封邑继续学佛、参禅、授徒，得法弟子也有 30 多位，其中最著名的是陈仁宗。跟太宗一样，慧忠很早就跟道遥习禅得旨了。他的作品《上士语录》对研究陈朝竹林禅学很有价值，其中他还提出"和光同尘"的著名思想，是竹林禅派入世精神的基本理论。对于慧忠来说，其禅师形象超越将军形象。圣宗很早就跟大灯国师参禅得旨。英宗、明宗得法于法螺和玄光，都对竹林禅派的发展做出了巨大贡献。对他们来说，是施主形象超越国王形象。至于仁宗，其"世道两全"、"僧俗一体"的形象更加著名了。他在位时，得法于慧忠，也曾两次打败元军。当太上皇期间，他边培训英宗，边为自己出家做准备。因此，出家后，他就成为当时佛教界的最高领袖，创立竹林禅派，给越南佛教带来新的面貌。他还培训出两位著名禅师：法螺和玄光，是竹林禅派的实现者。由此我们可以看出竹林禅派的特点。

第一，禅师与国王的身份几乎没有什么差别，脱龙袍，落发，穿上了僧服，就成为著名禅师、佛教领袖，给佛教与民族、政治与文化再一次做出新的贡献。

第二，太宗、圣宗、慧忠和仁宗都在年轻时已经悟道得法了，但一有敌人来他们就上马杀敌立功。即他们都把国家和民族的利益放在首位，不固执佛律。战胜后，又继续修佛习禅，此时英雄形象超越禅师形象，特别是仁宗出家修"十二头陀行"。国王出家，尤其是对国家民族有很大功劳的陈仁宗出家，肯定激起全国人民与佛教界的崇敬和仰望。出家后，仁宗到处劝民消除淫祠，教民实行十善，又到占城国跟国王制旻建立占越两国和平共处的关系，这些事都取得了很好的效果。吴时任① （1746—1803）认为："安子山是越南东北方最高的一座山，仁宗从那可以看到东海和中国广东，有什么动静可以先知道，对防御国家有利。"我们认为，吴时任的说法不全面。如果只有防御的意义，仁宗用不着出家，只要派几个军人到那里，不但完全可以代替他，而且还会比他做得更好。如果仁宗不是真心出家，而只利用佛教为朝廷服务，那么他做皇帝一样可以支持佛教的发展，还能够使佛教为国家服务。陈朝初中期皇帝们一般都在 35 岁左右就当太上皇（明宗是 29 岁），这在历史上是很难得的事情。如果他们不是

---

① ［越］吴时任，作品有《竹林宗旨元声》，自称"竹林四祖"。

佛教徒，不受到佛教思想的深刻影响肯定是不会这么做的。太宗把王位看成"旧鞋子"，随时可以脱下扔掉，所以人们常把仁宗称为"佛皇"、"觉皇"，即"佛事"和"王事"一样，做好"佛事"即做好"王事"。慧忠曾提出"凡圣不易"、"迷悟不二"、"生死闲而已"的主张，不知仁宗是否继承了这个主张，从而把"王事"与"佛事"看成一个统一性的认识。所以陈初中期，朝中从未发生过任何篡位的情况，政治非常稳定。但到陈末期，情况不一样了，儒教发展，发生过逼退让位和篡位的现象，人民也开始遭受苦难。

第三，可以说，陈朝佛教主要是"入世间佛"或佛教化世间。陈朝主要政治家参禅入道，很少有禅师参政。"国师"名号只是名誉上的封号，不能代表权力和职务，皇帝们在位时也参禅学佛，让位后，或出家或在家都以弘道参禅为主，是否他们意识到佛位比王位要高呢？有不少人认为他们把王位让给儿子或弟弟，跟他们当皇帝有什么不同呢？这意见也很片面，世界上发生过不少为了王位而父子、兄弟相残的现象。1337 年，陈柳①起兵作乱的事件，如果不是太宗肯定发生骨肉相残的事情了。

第四，国王与禅师的关系是互为师弟的关系。太宗参问于圆证国师，得法于中国大封禅师。圣宗得法于大灯国师，慧中得法于逍遥禅师，英宗得法于法螺，明宗得法于玄光，他们都是禅师的得法弟子。但太宗、慧忠每位都有 30 多位得法弟子，主要是出家人，其中就有仁宗。对仁宗来说："世道不二"、"僧俗一体"、"王佛不异"，即不分别世事与佛事、出家与在家，都是"同一相"、"同一体"。他本人有两个身份：国王和禅师，《居尘乐道》中他认为，"只有在这个世俗世界才真正地认识真理"，此精神继承自太宗和慧忠，善会（？—901）问云峰（？—957）关于"生死"之理，云峰答："趁生死中会取始得。"② 长原（1110—1165）主张"在光在尘，常离光尘"③。由于他们用"僧俗一体"、"帝佛一相"的看法来看待事物、认识真理，所以成为陈朝的综合力量，既"超凡脱俗"又"在尘离尘"。此力量充分体现出当时社会在政治、文化等方面都很稳定且有充分发展。

---

① 陈柳是太宗的哥哥。
② 《禅苑集英》。
③ 《禅苑集英》。

在文化方面，竹林禅派对社会与文化起了很大的作用，即自由气氛和包容精神。一般来说，佛教不但不反抗儒教与道教的发展，反而还鼓励儒教自由发展。太宗曾说："知我佛之教，又假先圣人以传于世也。今朕焉可不以先圣之任为己之任，我佛之教为己之教哉！"[1] 1253 年，太宗在京师立国学院，造周公、孔子、孟子像画七十二先贤像奉事。从 1232 年起，每隔几年又组织考试选贤入宫做官，多次进行"三教考试"，这说明当时教育事业还是三教综合的性质，主要以实际知识为本。由于朝廷实现"礼贤下士"的方针，所以涌现出很多人才，使当时文化得到蓬勃发展。《见闻小录》中黎贵敦曾评价："陈朝士大夫品行清戒高洁，像西汉那样的君子品格，寻常人不能相比。因为陈朝宽容地礼贤下士，所以当时英豪俊杰超越流俗之外，流传青史。对天地神灵不感到惭愧，后世岂能达到？"

正因为陈朝文化有包容、温和的性质，所以君臣和民众同心协力建立起强大的越国，能抵抗敌人。陈朝文学灿烂地反照佛教慈爱、和睦、团结的精神，此精神不是怯弱、厌世的而是自立、自强、进取的精神，而且还体现出民族与时代的豪气。陈仁宗的《君须记》写道：

会稽旧事君须记，欢演犹存十万兵。

陈光启（1241—1294）的《从驾还京师》写道：

夺槊章阳渡，拎胡咸子关。
太平须致力，万古此江山。

字喃是越南古字，很早就在寺庙出现，但到陈朝才形成字喃文学，现存三部最早的字喃作品是竹林的《居尘乐道赋》《得趣林泉成道歌》和玄光的《咏云烟寺赋》。每首篇幅都很长，内容都以佛教哲学、禅宗修习方法为主，《咏云烟寺赋》还描写云烟寺的风景，其结构完整，文辞精美，对研究越南佛学、文学、古文字学有重要作用。

---

[1] 《禅宗指南序》。

"陈朝文化是以佛教禅宗思想为骨髓的独立文化。"① 14 世纪下半叶范师孟、黎括等著名儒家对陈裕宗（1341—1357 年在位）提出要求：把当时的服装、礼乐等文化风俗生活改为中国宋朝的文化体制，裕宗不同意，他认为："国家自有成宪，南北各异，若听白面书生求售之计，则乱生矣。"② 1370 年他们再次要求，陈裕宗说："先朝立国，自有法度，不遵宗制，盖以南北各帝其国，不相袭也。大治间（1358—1369）白面书生用事，不达立法，微意乃举祖宗旧法，恰向北俗上安排，若衣服乐章之类，不可枚举，故初政一遵开泰（明宗年号，1324—1329）年间例。"③陈末期竹林禅派虽然衰弱，但其影响还相当大。这些都说明当时佛教为主维持文化的独立，但儒教希望借鉴宋朝文化。此时，儒家开始攻击佛教。

在政治方面，太宗、慧忠、英宗、明宗等虽不出家，但他们都是在家佛子。人们常把他们称为"在家禅师"，这都是合理的，他们都有两个身份：一是国王或将军，二是禅师。这两个身份相互交错，几乎分不开，所以说陈朝竹林禅派直接参政、直接管理社会、直接杀敌立功都有道理，因为他们都是悟道禅师了。而且佛教的结构共有七众④，他们是其中一众，所以说，陈初中期，佛教对政治起决定性的作用。这是越南竹林禅派特有的特点。

由于国王们都是佛教徒，所以他们管理国家采取平易、亲民、民主而有文化特色的政策。1310 年，英宗组织迎接仁宗的舍利回归德陵，暂时安在京师延贤殿。官僚民众都能自由进宫观看，一时人聚集很多，朝廷便派人演奏"龙吟曲"，民众很快地解散去听，这样一来便秩序井然。1284 年元军来犯，仁宗组织延洪会议。《大越史记全书》记载了一个故事：太宗赐左右吃芒果，巨陀不能参与。元军来时，巨陀乘轻船躲避，到黄江，遇到皇太子逆流巡案，官军问元军何在？巨陀答：不知道，你们应该问能吃芒果的人。皇太子请太宗罚他极刑，以惩戒臣子不忠，太宗说："巨陀罪甘赤族。然古者有羊斟不预羊肉，致败师，巨陀之事，予之过也，免死，许捉贼赎罪。"当时，元军一来，朝中有些人写投降疏，元军败后，

---

① 《越南佛教史论》第一集，第 474 页。
② 《大越史记全书》。
③ 同上。
④ 比丘、比丘尼、式叉摩那、沙弥、沙弥尼、优婆塞、优婆夷。

有人发现一个箱子，里面有他们的投降疏，朝臣请治罪，但圣宗认为责罪小人无益，便派人烧掉，以安民心。诸如此类，不可胜数。这些都说明：在佛教思想的影响下，君臣们在政治上采取宽容、民主、亲民的措施，体现佛教的慈悲精神。竹林出家的事件，除了实现他多年的夙愿之外，在一定的意义上是为了佛教的发展、国家的安定，他还使用佛教的威望来维护朝廷，使全国人民团结在朝廷周围，又运用朝廷的声势来支持佛教，使佛教全面地向全国发展，竹林禅派成为维护朝廷的强大佛教力量。此力量很早就有了，但直到陈朝竹林禅派的成立才达到顶峰。此力量离不开民族利益，其与民族文化自然地结合起来，成为民族精神，即爱国精神，此精神以后虽多年被儒教、天主教压制，但佛教仍是大多数劳动人民的宗教，仍是广大人民的信仰。

六　竹林禅派发展和解体的主要原因

（一）竹林禅派发展的原因

到陈朝为止，佛教出现在越南有 1300 多年的历史了。竹林禅派的成立代表了越南佛教的特色：入世佛教。"竹林思想是世间与佛法、入世与出世的体现。因此竹林禅学是民族禅学，一方面不断修炼达到人的最高解脱觉悟，另一方面不断为民族、为国家做出最大的贡献。"[1] 陈朝佛教是"向内"、"辨心"、"回自家"的佛教，竹林曾说："家中有宝休寻觅。""竹林佛教的力量是内力、内心的力量。"[2] 这个"内力"、"内心"是什么？是当时越南社会和佛教的动力，也是陈朝禅宗发展的主要原因。此原因包括以下几个方面。

第一，当时社会需要建立和巩固一个封建中央集权强大的国家，能够抵抗外侵，保护国家与民族的独立和安全。李朝末在政治、经济、文化等方面都出现退步，陈朝取代李朝后，为了集中全国的所有力量，使陈朝成为强大的国家，其便以佛教作为联合全民族的中心点，竹林禅派因此得以成立。"竹林佛教的创立，仁宗不但希望佛教成为陈王朝与人民的桥梁，而且还希望成为国家与民族发展的最好方便。"[3] 一旦佛教做好团结和桥

---

① ［越］曼陀罗：《竹林禅学研究》（未发表），第 258 页。

② ［越］明知：《越南佛教研究》（未发表），第 40 页。

③ ［越］阮克纯：《李陈大越国》（未发表），第 20 页。

梁的工作，那就等于默认它在社会上的位置与影响，这就是竹林禅派成立的客观条件。

第二，陈朝采用"亲民"、"宽容"政策，鼓励全国人民积极参加卫国和建国事业。"亲民"政策使陈王朝与广大人民更加亲近，人民也意识到自己对国家命运的责任。而且，佛教已经成为"团结的中心"，成为陈王朝和人民的"桥梁"，所以广大群众理所当然有推动佛教发展的责任。

第三，竹林佛教是入世佛教，是大家的佛教，它不限制是僧还是俗，不限制是在寺还是在家修习，只要能够"辨心"、"自到家"、"见性"就可以了。在尘俗、在深山都能"乐道"；在宫中、在战场上都能定心，都能"心寂而知"。这一思想使禅宗扩张了路径，它既有深妙的教旨使一些拥有高深认识的人能够马上体会，又有简单的修行方式，能够使广大人民都参加，成为竹林禅派的强大力量。"入世佛教"即佛教为人民在社会生活和心灵生活上服务，这些力量对建设国家和发展佛教都有帮助。

第四，竹林禅派的经济力量。据史书记载陈朝收税很少，这个政策使私人经济得到发展。根据《三祖实录》《大越史记全书》等书所载，学者们进行过统计，竹林禅派的土地很多，只琼林一寺就有 2760 亩地①，其中英宗供养 1000 多亩地和 1000 多个奴仆，其他由君臣贵族供养。报恩寺、神光寺、永严寺等的土地都很多。出家人不经营农业，都由国家或地方政府派人来帮寺庙管理。英宗派当时著名儒家张汉超（？—1354）到琼林寺管理。当然利息都用于佛事。但寺院的经济又没有发展成独立的势力，不像中国、印度等国家形成地主僧侣阶层。寺院经济发展使得佛教在社会上位置稳固并得到尊重，对广大群众的影响很大。他们的意见是决定性的。

上述四点都是很重要的原因，但我们觉得最重要的原因是越南禅宗的自身运动、自身发展。佛教在越南流传、弘化，与越南文化共同影响、互相发展，发展到一定的水平，在一定的条件下，就产生新的结果，竹林禅派就是越南佛教在运动过程中形成的结果，此禅派继承中国佛教、印度佛

---

① ［越］张有迥：《越南土地制度——从十一世纪至十八世纪》，越南社会科学院出版社1982 年版，第 48 页。

教、越南文化，在漫长的时间内互相交流、酝酿与发展，最终形成自己的风格。皇帝得旨、将军得法、君臣受戒、民众皈依、国王出家、贵族供养、僧尼讲经、朝廷听法，这都是越南"帝王禅"的特征，都是竹林禅派在弘法事业中的成果，同时也是越南佛教的成果。君臣参与禅宗传法传祖位的现象，不但肯定了佛教在社会上的地位，而且对佛教将来的发展是一种巨大的鼓励。

（二）解体的原因

竹林禅派解体的原因当然很多，上述的五个是其发展原因。但如果不继续保持其发展的态势，在一定条件下，它们同时又会成为其衰弱解体的原因，比如：竹林禅派的经济势力很强，不少人为了解决经济困难的问题而出家，竹林禅派的内部从此分化。又如：竹林禅派得到当时君臣们和贵族阶级大力支持，政治威信与社会地位都很高，陈末期开始，儒教的发展在社会上占首位，名儒出现很多，他们对政治、社会、文化等各个方面都影响很大，儒学家认为佛教的政治和社会地位是他们应该享有的地位，因此产生妒忌，开始反对佛教。《越南佛教史论》阮郎认为：由于玄光"继祖宗"的年龄太大了（77 岁），他是诗人，有诗人的性格，又曾 20 多年在朝廷里做官，对朝廷各个方面都很了解，所以他不想跟朝廷君臣打交道。也或许是竹林禅派过分依赖王朝和贵族阶级，所以一旦得不到他们的维护，就会自然解体，这也是重要原因之一。他还认为，竹林禅派发展到极点，势必要衰弱，这是自然规律。《陈朝禅学》释清慈的解释跟阮郎的解释是相同的。我们认为这些原因都有道理，但都不是直接原因，根据不足。对于竹林禅派衰弱和解体的原因，应该强调如下几点。

第一，竹林禅派只考虑到大力发展而不考虑到巩固禅派。如果他们边扩大竹林禅派在社会上的威望与声势，边对内部进行巩固，开办学校、培训僧才，遇到不良环境还能够抵抗，那么即使发展到极点必然要衰弱解体是自然规律，也不一定会一蹶不振。

第二，思想体系的争执（主要儒与佛）。李朝儒教虽然出现了，但名儒很少，所以李朝帝王们以佛教思想体系为主。到李末陈初儒教与佛教是平起平坐的关系，但还是以佛教为上。陈初中期帝王们都是佛教徒，他们不但懂得儒教的思想，而且还对佛学特别是禅学更加了解。他们意识到当时佛教在社会上的地位和影响，所以不得不选择佛教作为自己的思想体系。到陈末期，儒教势力更加扩大，能够控制社会的思想潮流，甚至控制朝廷。陈末儒家多次逼皇帝让位。1400 年，胡季犛逼陈少帝退位，自己当了皇帝。陈末期帝王们一方面不是佛教徒，另一方面为了巩固朝廷和自己的地位，他们不得不大力维护儒教的发展，因此儒教成为当时的思想体系。儒教得到重用后，竹林禅派彻底解体。这里说的"解体"只是在形式组织上的解体，但其思想力量也明显衰弱，特别到后黎朝即"儒教独尊"时期更不用说了。佛教又回到从前的禅宗修习形式。

第三，自身衰弱、自身解体是最重要的原因。此原因在《三祖实录》中有充分体现。法螺批判当时僧人的品行，只是"口说出家，心行世事，自作教他，心无惭愧"。或批判师弟、朋友之间的关系只是一种执著，贪名求利而已，"区区执为师弟，不能解舍，无缚求缚，非缠却就缠，只因贪求利养"。《要明学术》中法螺提出"择友法"有两种："不可亲近"和"可亲近"。"不可亲近"中，他又把僧分为四种即"四痴：一贪僧，二恶僧，二虚妄僧，四不信心僧"。把师分为"四过"和"四正"。"四过师"包括："一邪师，二外道师，三嫉妒师，四小心师"。这些都充分说明当时佛教出现很复杂、以利养为主的现象了。僧不成僧，连师都不成师，所以法螺才提出"择友法"。当时还有一种假仁假义、假修行人："今学道者未闻道，自称修道，修何道乎？古德云：'食得数茎菜，称道祖师斋。'又云：'如牛终身食草，何曾成佛耶？'"这种是犯"大妄语罪"。最后他说："魔强法弱道何孤。"这些都说明竹林禅派在最盛行的时期已经出现衰弱的因素，这些因素都是使竹林禅派解体的主要原因。所以儒家们才借口批判："释迦老子以三空证道、灭后末时，少奉佛教蛊惑众生，天下五分，僧刹居其一。废灭彝伦，虚费财宝，鱼鱼而游，虫虫而从，其不为妖魅奸宄者几希。彼其所谓恶恶可。"[①] 张汉超这些批判佛教徒的话更加说明当时佛教的情况。从此儒家们竞相对佛教大力打击，佛教由此失去了原来的威望，给儒教让座，佛教开始在"独尊儒教"时期中活动。

---

① 《浴翠山灵济塔》，载《李陈诗文》第 2 集，第 751 页。

第四章 陈朝之后越南禅宗

（从 15 世纪到 20 世纪中叶）

第一节 社会背景与佛教情况

　　1400 年，胡季涂篡陈朝之位，建立胡朝。1406 年，明朝以恢复陈朝为借口，讨伐胡朝，从此，越南沦陷属明时期。1418 年，黎利起义，经过 10 年的战争，终于获得胜利。1428 年，黎利建立黎朝，史称后黎朝（简称黎朝），黎朝建立之后，在经济、政治、文化、军事、外交等方面都得到很大发展。在文化思想方面黎朝不想重复陈朝以佛教为思想体系，黎廷用儒教思想来治理国家，此时名儒出现颇多，史称"儒教独尊"时期。但此时期只维持了一百年左右（1428—1527）。1527 年，莫登庸篡黎朝之位，自称为帝。一些反对他的官员逃到清化一带，并在此另建政权与莫氏对抗。从此越南国土分成两部，清化以北由莫登庸统治，清化以南由黎朝旧臣阮淦为主管理，史称"南北朝"时期（1527—1592）。在北朝，1545 年，郑检掌握朝廷所有兵权。1592 年，郑松灭莫氏收复升龙京城，建立郑氏皇朝，仍然立黎世宗为帝，自称王，史称郑阮纷争时期。直到 1788 年，越南近三百年时间都处于分裂状况，经济、文化、军事等方面都受到极大影响。但这段时间南北两朝都有特别的事件发生。为了争取更多老百姓的拥护，南北朝诸王都大力支持佛教的发展，先是利用，后来是诚心诚意地成为佛教徒。有的还成为禅宗的传承人，因此，佛教得到发展，佛教史称这一时期为佛教复兴时期，以竹林禅派的复兴为主。这说明，竹林禅派到此时虽然在政治上失去了它本有的地位，但在老百姓的心目中仍然是一个最有影响的宗派，一遇到良好的机会它就复兴起来。1788 年，阮惠把南北两朝的政府完全推翻，自称帝，建西山朝（1788—1802），定都富春①城。1789
年又在河内打败 20 万来犯清军，成为越南民族的布衣英雄。西山朝虽
然只存在了 14 年的时间，但佛教也获得有发展，据统计，很多大钟都
是在此时铸造的，很多大寺院也是在此时建造的。西山朝还有一个特别
的作品：《竹林宗旨元声》，作者吴时任。吴时任（1746—1803）是当
时著名学者，著名儒家，《竹林宗旨元声》是儒佛综合的独特作品。它
的儒以宋明理学为主，它的佛以竹林禅为主，这说明当时知识分子仰望
禅宗，想把竹林禅派复兴起来，同时也说明儒佛同行是越南佛教的一个
特点。

　　1802 年，原来是南朝的阮王被西山朝打败，跑到法国乞援，回来
又把西山朝打败，建立阮朝（1802—1945）。但阮朝不像以前的李朝、
陈朝、黎朝那样有威望，他是向外乞援，回来把当时人民心目中最神圣
的朝代消灭，他不敢在河内定都，只好回到顺化。在此情况下，为了管
理好国家，阮朝不得不采用严厉的儒教学说来治理，因此儒教便获独尊
地位，史称儒教再独尊时期。在历史、社会的变动中，其他的宗教由此
也受到极大的打击与影响。此次受打击的主要是天主教，有时阮朝下令
禁止天主教的传教活动。佛教虽受一定的影响，但在阮初期还在发展。
我们把这段历史分成四个阶段，分别来介绍佛教和禅宗在每一个阶段的
发展和影响：佛教在儒教独尊时期（1428—1527）；佛教复兴时期
（1527—1802）；佛教在儒教再独尊时期（1802—1945）；佛教在越南独
立时期（1945 年至今）。

一　佛教在儒教独尊时期（1428—1527）

（一）社会背景与佛教情况

　　众所周知，儒、佛、道三教很早就传到越南了，但在很长的时间内，
儒教在越南没有起多大作用。从公元前 1 世纪开始到吴、丁、黎（前
黎）、李、陈，经一千五百多年，“越南学术主要由佛教界掌握和起作
用”②。前黎朝、李朝诸帝多次派使者到中国请《大藏经》，陈朝英宗又
进行编刻《陈大藏经》。1070 年，李圣宗开始建立文庙国子监。1075

----

① 今越南中部承天省。

② 《越南佛教史》，第 267 页。

年，李仁宗组织"三场考试"选择"明博学"入朝做官，这件事意味着儒教在社会上开始站住脚并起作用。李陈时期，朝廷又多次组织"三教考试"选择对三教精通的人入宫做官。这事也表明当时三教的地位与其影响，但还是以佛教为主。李朝八位皇帝中，圣宗、英宗、高宗三位是草堂派的传承人；太宗是无言通派的传承人；惠宗出家，其余都是佛教徒。陈初五位最著名的皇帝都是佛教徒，其中陈圣宗、陈仁宗出家，陈太宗、陈英宗、陈明宗在家大力支持佛教的发展。他们的作品都属佛教的领域，如陈太宗的《课虚录》，慧忠的《上士语录》，仁宗的《师弟问答》《居尘乐道赋》等，这些都说明李陈时期佛教在政治、社会、文化上的地位比儒教要高。

自从胡季犛篡陈朝的皇位之后（1400—1406），特别是抗明结束后（1428），黎朝把儒教作为当时的思想主流，独尊儒教，忽视佛教在社会和政治上的作用。陈朝建立的竹林禅派从此不传。越南思想进入新的阶段，即以儒教为主的思想阶段。黎太祖（1428—1433 年在位）即位后，1429 年，对僧、道举行考试，"中试者听为僧、道，不中者勒令还俗"[1]。从 1442 年起，黎朝多次举行"三场考试"，"开进士科试，及第者都得题名竖碑……进士刻名于文庙之碑，自此始"。[2]

越南思想自古以来主要以儒、佛、道三教结合为主，佛教与道教长期融合，主要是儒、佛的关系。有时儒攻击佛教，如李末期、陈末期、黎初期；有时儒教占独尊地位；有时佛教占国教地位，如丁、黎（前黎）、李、陈时期。儒教一开始占独尊地位就攻击佛教。相反，佛教占国教地位之后，不但不攻击儒教，反而对儒教采取宽容态度，使儒教同样发展，如李、陈、黎中期、阮等朝。但儒攻击佛的时间很短，数次也不多。攻击佛教，对佛教来说也是一种补充，可以增加其弘法的经验。所以说越南思想仍然以儒、佛、道三教一致为主，此思想源于公元二三世纪牟子和康僧会时期。至于越南佛教思想，以禅、净、密三教同修为主要内容，有时分不开，但还是以禅宗为主。到黎初儒教独尊时期，禅宗在政治、社会、文化上完全失去它的地位，只好回到民间活动，此时佛教活动内容主要是圆梦、求寿、祈雨、符咒治病，或建寺、造塔、铸钟，钟文都刻"皇图巩

① 《越南通史》，第 168 页。
② 同上书，第 171 页。

固，帝道昌隆，佛日增辉，法轮常转"或刻"当今皇帝圣寿万万岁"等字，这些都反映了黎初①儒教独尊时期佛教大大弱化的特点，虽然黎初朝廷也把报天寺、大福寺重修起来，开盂兰盆法会，但这些只是黎初朝对佛教的收买民心的政策而已。

（二）黎初时期的佛教作品

儒教独尊时期，佛教界几乎没有什么作品，主要是儒家对佛教教义感兴趣而写出几句而已，其中有阮廌（？—1442）、梁世荣（1441—？）、黎圣宗（1460—1497）。

阮廌是当时最著名的儒家，他曾帮助黎太祖创业，是黎朝最有功劳的大臣。在《言志》中，他用字喃写："身心断绝妄念就是佛，此佛在心岂外求。"这和陈太宗"佛在心"、"即心即佛"思想相同。梁世荣是黎初时著名状元，因写《禅宗教科》《南宗嗣法图序》两书，他去世后朝廷不允许在文庙祭祀、刻碑。

黎圣宗是黎朝最著名的帝王，他的作品很多，其中有《十界孤魂国语文》，此作品也许是他根据佛教的《蒙山施食科》来写的，内容与之虽有出入，但意思相似。黎初只有此三人大致提到佛教的简单教义，这都说明黎初佛教在社会上完全被淘汰了。至于此时名僧，在史书上连一个人都未记载。

二　佛教复兴时期（南北纷争时期，1527—1802）

（一）社会背景与复兴原因

到 16 世纪初叶，因黎朝皇帝们荒淫无度、政治腐败，致使国内动乱，莫氏乘机肆行篡位。黎朝虽已失去王位，但人心仍感念太祖圣宗恩德，便再度辅佐黎朝子孙在南方中兴，即在清化、又安地区另建朝廷，以与莫氏相抗衡，双方互相攻伐。南北割据就从此产生。莫阮纷争时期，黎氏在北方，因得到郑氏的帮助灭掉莫氏，但郑氏和阮氏又生猜忌之念，引发仇怨，遂各自雄踞一方。从莫阮纷争变为郑阮纷争，但郑氏和阮氏都事黎氏为帝，自称为王，史称黎末时期或南北朝时期。从此南北两朝经常发动战争，争夺土地和民众，致使社会动荡，人心不稳，人民遭受无穷无尽的磨难。人们厌恶儒教的繁琐礼仪和束缚人心的教条，从此人们意识到佛教教

---

①　后黎朝分成黎初和黎末，黎初从 15 世纪初到 16 世纪初，黎末从 16 世纪初到 19 世纪初。

义所说人生是苦海、动荡、离乱，世间是无常、冤枉、忍辱等。因此佛教的慈悲救苦、因果业报等观念在民间得到发挥，这是佛教得到复兴的第一个原因。

郑阮纷争时期，为了得到广大人民的维护，郑阮各王首先设法利用人民对佛教的信心，后来他们本身又皈依佛教，成为佛教徒，甚至南朝王阮福周（1691—1725 年在位）成为曹洞宗的传承人，南朝几乎整个王府的官吏们都皈依受在家菩萨戒。北朝诸帝诸王跟南朝一样都大力支持佛教的发展，这就是佛教得到复兴的第二个原因。

中国 17 世纪中叶正处于明末清初，很多人因为对清朝不满而逃亡到越南谋生或避难，其中有不少僧人趁此机会到越南弘法传禅。还有些著名禅师被越南王朝亲自邀请到越南弘法传禅。他们都对越南佛教复兴与发展起了重要作用。

众所周知，陈朝灭亡后，由陈朝创立的竹林禅派随之解体。但只是在形式上的解体，而不等于没有名僧，只是他们不露面，只在山林或农村隐姓埋名地生活并传禅，待遇到机会他们会再入世继续传禅。其中，著名的有真严禅师①（16 世纪初）。而且佛教在此时也意识到自己对社会的重任，自身更加努力。这是佛教复兴与发展的第四个原因。也许还有别的原因。下面我们研究佛教在民间的发展。

（二）佛教民间作品

当时，民间佛教有很多作品出现，有的还记载了作者，如李济川的《越甸幽灵集》、陈世法的《岭南摭怪》、黎有喜的《徐道行大圣事迹实录》、真源的《禅宗本行》；有的已经缺名，如《观音氏敬传》《南海观音事迹演歌》②等。阮世法、李济川、黎有喜都是当时的名儒，至于缺名作品肯定都是当时名儒或名僧写的。内容虽然涉及一般老百姓的生活情况、道德观念和宗教信仰，但这些作品绝不是平民所能创作出的，这些作者有很高的文学修养，但很可能不参与政治机构，而是和老百姓一起生活，跟老百姓同甘共苦。这些作品的内容都满足当时广大人民在精神生活上的需要，得到群众接受、赏识而成为民间文学作品，代表作品有《观音氏敬传》《南海观音传》两传，这两传既反映出佛教信仰思想，又反映

---

① 真严住持崇光寺（今越南海阳省锦江县春兰社），1550 年刻印《圣灯录》。

② 黎孟挞在《真源禅师全集》中认为此作品是真源禅师写的。

出社会的动荡、离乱，同时还反对封建制度的苛刻政策和儒教的烦琐礼教，宣传佛教是一种用来补救当时社会的行动方式。从这里我们可以看出佛教在社会、民间中拥有相当影响并开始发挥作用。

《观音氏敬传》用字喃和六八诗体来写的，共有 786 句，其内容是讲氏敬的冤枉。

氏敬是一个才貌双全的少女，跟崇氏善士结婚，他们成为一对幸福美满的夫妻。善士是书生。有一天晚上，他看书累了便打盹，氏敬在他身边正在缝补衣服，看见善士的颈上有一根逆长的胡子，便用剪刀来剪，没想到此时善士醒过来，以为氏敬想谋杀他，便呼唤起来，大家都跑过来，氏敬无法解释，便被赶走。氏敬不敢回娘家，只好到别的地方，改扮男装出家，改名为敬心。此寺院的村里又有一个少女，是村中富翁的女儿，名叫氏牟，爱上了敬心，想跟敬心结婚。但敬心一直拒绝，氏牟便设法跟自家的一个奴仆通奸。有孕后，村民叫氏牟来问罪。氏牟说是跟敬心通奸，敬心不承认，村民罚敬心 100 鞭打。住持和尚可怜敬心，用钱来赎敬心的罪，但怕别人笑话，只好把敬心安置在寺院的三关外居住。不久氏牟生下一个男孩，交给敬心，敬心可怜无罪的小孩，便把他抚养长大。小孩会说话的时候，敬心的心力也枯竭了。临死时，她写了一封信，把事情始末清楚地说了出来。此时村民才知道敬心是女人，从前经历过的事是冤枉的。村民与寺院给敬心举行超度法会时，天空五色云中如来佛祖显现，授记敬心为"观音菩萨"。

《观音氏敬传》的主题是忍辱、忍耐、忍受，即在社会生活当中遇到任何逆境、麻烦和冤枉都要忍辱，并用真诚而又纯洁的心来对待，那就能消除所有烦恼与冤枉。忍辱是大乘佛教"六度"之一，即帮助人们度脱生死苦海达到涅槃。敬心因为修忍辱行，所以成为"观音菩萨"。同时《观音氏敬传》也控诉当时混淆黑白、颠倒是非的社会。敬心的冤枉代表当时所有妇女的冤枉，只能用佛教的忍辱来回答、挽救。《观音氏敬传》的慈悲忍辱思想成为当时社会道德伦理的需要，并说明儒教的教义在此时不太适应社会道德伦理。

《南海观音传》或叫《南海观音事迹演歌传》也是用字喃和六八体诗来写的，据黎孟挞的《真源禅师全集》认为其作者是真源禅师（1647—1726），全传共有 1426 句，内容强调佛教的"仁"和"孝"。

兴林国妙庄王为了有一位王子继承王位，到西岳庙求嗣，但生下来三位公主：妙音、妙声和妙善。跟两位姐姐的性格不同，妙善羡慕空门。长大后，妙音、妙声都跟不贤的驸马结婚。父王失望，想把王位交给妙善的驸马，但妙善坚决不结婚，反而到白雀寺出家，父王一怒之下便到白雀寺烧寺杀僧，并把妙善处死，此时有一只老虎来把妙善拉到香迹山里，从此父王认为妙善被老虎吃掉了。妙善在昏迷中，她的灵魂到十八层地狱中观看，醒过来时又遇到释迦佛来试探她是否坚决出家。后来释迦佛指导修行方法。妙善得道后，度善才童子和龙女作为弟子。不久父王患重病，御医说，此病只能用香迹山仙姑的眼睛和手制药才能治好，妙善便把自己的眼睛和手来做药给父王吃，父王病好后，心中非常感谢那位仙姑，便跟王后到香迹山谢礼。路上遇到妖精来害，朝中发生篡位的事情。妙善都派人妥当地解决了，父王到香迹山发现那位仙姑就是妙善，从此全家都发愿出家修佛。玉皇上帝敕封妙善为"大慈大悲救苦救难观世音菩萨"，父王、王后、妙音、妙声都封为菩萨。

其实《图说观音菩萨》也有类似的故事，但是用散文体写的。其内容大体上是相同的，但在细节上有些出入，反映了当时越南社会和佛教的背景，同时也反映了当时越南人民在精神生活上的需要。

《南海观音传》是儒、佛、道三教思想融合的作品，反映当时三教的关系状况。这里玉皇上帝是道教所称天上最高的神，也叫玉帝，玉皇上帝敕封妙善和她的全家为菩萨的事件，也许反映出当时道教比佛教更为发展，地位更高。史载当时在民间出现"柳杏公主"信仰。"柳杏公主"信仰发展得很快，范围很广，其影响非常深远。到目前为止，在北方几乎每座寺庙都有"柳杏公主殿"，又叫圣母殿，"柳杏公主"信仰成为越南民间的道教信仰。

《南海观音传》的思想主题是强调人与人之间的关系应该用"仁"和"孝"二德来制约。但这里的"仁"和"孝"不是像儒教的"仁"与"孝"那样狭窄了，都变成佛教的"仁"和"孝"："孝是救度双亲，仁是度脱种种沉沦众生。"这是佛教的"仁"和"孝"的观点，相当于自度、度他的佛教精神，也许是儒教对佛教进行攻击而产生的结果。在儒教独尊时期，"仁"和"孝"肯定被提到首位，是儒教思想体系的理论核心，"仁"是"五常"中最高的一常，孔子以"仁"为自己学说的最高范畴和基本内容，是儒教社会政治、伦理道德的最高理想和标准。"孝"也是儒教的伦理范畴，但是主要以血缘关系为主要内容。孟子说："不孝有三，无后为大。"① 从这观点出发，儒教认为出家是大不孝的事，所以佛教才提出这样新的"仁"和"孝"。

妙善虽有很安稳的生活，但她仍然想出家，父王把白雀寺的僧尼杀光，把白雀寺烧毁，连自己的女儿都不放过，都说明当时的离乱战争使人民受到无穷无尽的痛苦和冤枉，连寺庙和僧尼都难逃厄运，这也反映出佛教在社会上的地位。作者写妙善的灵魂到十八层地狱所看见种种境遇、种种罪恶、种种冤屈，如"贪残暴虐"、"轻蔑僧尼"、"毁坏人民的生活"、"诈骗良民"、"毁坏文化遗产"、"叫外国来侵略本国"等罪恶果报，都是反映当时的社会背景。

针对社会的悲惨情况，作为一个有眼睛、有手的人，为什么不用自己的手和眼睛来拯救当时的社会呢？也许正是因为他们缺少佛教的"仁"、"孝"之心。十八层地狱虽然只劝诫人们要去恶行善，但也反映当时的社会状况。作者希望不再有十八层地狱，这样人生才不再受各种痛苦。最后作者又劝诫应该像妙善那样，出家修行，遵守佛教的"仁"、"孝"之心，用自己的手和眼睛来报答父母的恩德，帮助人民，拯救社会。

总之，上边所提的两个作品都有自己的特色，且都满足于当时人民在思想和心理上的需要。中心人物都是妇女，说明当时妇女是受痛苦和冤屈最深的人。这两个作品都在民间影响深广，到现在还发挥着作用。民间的文艺活动，如古戏、嘲戏（越南民间戏剧之一）、改良戏（越南剧种之一）经常用上述题材来表演，它们都是用字喃来写的作品，对越南民族思想史和民间文学起着重要作用。

（三）中国禅师向越南传禅

莫阮纷争中（1528—1593），阮潢到中部镇守顺化之后，便大力支持佛教的发展。1601 年，在香茶县河溪乡建天姥寺。1602 年盂兰盆会，他到天姥寺举行斋坛并给穷人发赈、布施，同时建崇化寺（顺化），1607 年，建宝林寺（顺化），1609 年，建敬天寺（广平）、兴隆寺（广南）等。特别是 1695 年，南朝阮福周写信派人到中国广东请石镰（大汕）和尚到顺化给僧尼佛子授戒，弘传曹洞宗，阮福周得传心印，成为曹洞宗第 35 代传承。皇太后和朝廷大臣贵族们都皈依受在家菩萨戒。北朝郑王多次新建佛寺或重修旧寺，1719 年，郑纲重修福隆寺（嘉定），1727 年，

---

① 《孟子·离娄上》。

建禅西寺（今永富省）和独尊寺（今太原省）。郑江在 1730 年重修琼林寺（广宁）和崇严寺，1736 年建湖天寺（京北镇，宝禄县），1737 年在琼林寺又造大佛像，并命朝廷大臣们轮流到琼林寺拜佛求"国泰民安"。永佑年间（1735—1739）命湛公和尚到中国顶胡山拜见金光和尚，请《大藏经》回来安置在乾安寺（今河内）等。这些都说明南北两朝国王们都崇尚佛教，都以佛教为当时的精神靠山。明清之际（17 世纪中叶），由于中国社会、政治的动荡，很多中国禅师到越南避难并传禅，比较著名的有如下几位。

圆景和圆宽禅师：香海禅师（1629—1715）还没有出家时，1652 年到广治省召封县当知府官，在此期间跟圆景、圆宽这两位中国禅师学佛习禅。

觉风禅师（生卒年不详），广东人，到顺化开创天寿寺，即含龙山报国寺。了观禅师（？—1743）曾从觉风禅师受教。

法宝禅师（生卒年不详），福建人，到广南省开创祝圣寺，其弟子正贤和安沾把祝圣寺扩大为当时的大丛林。

慈林禅师（生卒年不详），到顺化开创慈林寺（阳春乡）。1697 年，了观禅师跟从他受比丘戒。

兴莲国师（生卒年不详），广东人，法名果弘，是石廉的弟子，阮福漆年间（1687—1691）到广南省开创三台寺，把曹洞宗向南朝弘化。阮福周赐号"国师"。

法化禅师（1670—1754）俗名黎灭，福建人，20 岁时到广义省，在天印山开创天印寺。1716 年，阮福周赐"天印寺"额。

济圆禅师（？—1689）到富安省开创会宗寺，了观禅师 12 岁时曾跟他学佛。

明弘子容禅师（生卒年不详），广东人，是临济宗第 34 代传承。跟元韶禅师一起到南朝顺化省，建印宗寺（今慈昙寺），了观是他的嗣法弟子。

元韶禅师（1648—1728）俗姓谢，字唤碧，属临济宗第 33 代传承，广东人，19 岁出家。1677 年到南朝平定省建十塔弥陀寺，他跟了观在南朝弘临济禅最有影响，成立元韶派和了观派。

玄溪禅师（生卒年不详），广东人，属临济宗第 35 代传承，从海道到顺化法云寺居住（今天福寺）。

石镰和尚（1632—1704），江苏人，号大汕。1695 年，应南朝国王阮福周的邀请到顺化禅林寺给 3000 多名戒子授戒，阮福周和朝臣都参加受在家菩萨戒，石镰和尚跟兴莲国师在南朝弘曹洞禅，创建南朝曹洞宗。

拙拙禅师（1590—l644），是临济宗第 34 代传承，福建渐山人，俗名李天祚，法名圆炆。1630 年，他离开中国先到南朝。1633 年到北朝，得到郑壮国王（1623—1657）、黎神宗皇帝（1619—1643）和廷臣们的尊重。拙拙跟其弟子们明行、明良等在北朝弘扬临济禅，使竹林禅派得到复兴。

明行禅师（1596—1659）法名在在，江西建昌府人，是拙拙的最著名弟子之一，跟拙拙到越南传临济禅，对竹林禅派的复兴起了重要作用。

总之，由于社会原因，此时中国禅师到越南传禅肯定还有很多，只不过史书不尽记载或失落而已，他们都对越南禅宗的复兴事业起了重要作用。但起决定性的作用还是他们的后代传承人，如明良、真源、香海、了观等，都成为很大的宗派，对当时社会与佛教影响很大。

三　佛教在儒教再独尊时期（1802—1945）

（一）阮朝社会与佛教的大概情况

南北朝末期，朝中的政事混乱，朝外农民起义不断发生，由阮惠领导的农民起义最终统一了国家。1787 年，后黎朝失帝位。1788 年，阮惠继帝位，建立西山朝（1788—1802），定都在富春城，结束了近 300 年的纷争。1783 年，南朝阮王托伯多禄（法国人）带领皇子景赴法国乞援。1801 年，阮映打败西山朝，收复富春城。1802 年，阮映继帝位，建立阮朝（1802—1945）。阮映在这种情况下建朝，在人民的心目中是不得人心的朝廷，只好在顺化定都。而且，阮朝统治在历史上国土最广、人口最多，且经济不发达、交通不方便，这样的情况很容易发生内乱、分裂、割据等问题，因此在政治社会上他们实行专制制度和苛刻政策。他们直接掌握立法权、行政权、司法权、监察权等。他们还提出四条规定叫"四不"（不立宰相职、不取状元位、不立皇后位、不封外族王爵），又把大城市分为多个小城，把全国领土分为 29 省，由朝廷直接管理。对任何对抗势力都严厉地镇压。在政治、文化、思想、信仰等方面，阮朝采取儒教学说作为自己的思想体系来管理。他们强调儒教的"三纲五常"思想，强调帝位的最高权力，使之成为"神权"。他们对其他宗教进行打击，天主教活动被禁止。这样儒教自然走上独尊地位。

　　阮朝对佛教的政策，一般是限制与缩小佛教对社会的影响。不允许盖新寺庙、铸新佛像、说讲佛经等，50 岁以下的僧人都得跟老百姓一样参加劳役活动。趁此机会，儒家纷纷批评佛教是不忠、不孝，对国家是有害之道。阮朝儒家批评佛教的论调也没有什么新鲜的，但阮朝对佛教的政策使佛教受到一定的影响。"自从国运变换，佛教开始走上衰退的地步了。"① 佛教虽受到一定的损害，在政治上不能再起到什么作用，但其自身还是相当稳定的。佛教的教义仍然支配当时广大人民的精神生活上，甚至深入儒教未能深入的地方，如皇室、大臣和贵族家庭里。太后、皇后、公主、皇子、大臣们表面上是儒教家庭，实际上，他们都信仰佛教，都是佛教徒，因此促使国王、皇帝们也信仰佛教。阮初的几位皇帝重修旧寺，如明命帝于 1815 年重修天姥寺（顺化），1816 年重建圣缘寺（顺化）。据《大南会典事例》载：1830 年，明命帝诏全国高僧五十位回京城（顺化）赐戒刀和度牒，其中有福田和尚（河内僧）。但这些只是一种安抚民众与佛教的手段，到阮中期（19 世纪中叶）皇帝们才真正信仰佛教。据福田的《大南禅苑继灯略录》载："王公大臣府内都造一小寺……至赞公署，设立宝完，白檀金相二十尊，香灯不绝。"② 据《大南禅苑传灯辑录》载：1844 年，嗣德帝把顺化市一些大寺的住持位置敕封为僧纲，如天姥、觉皇、圣缘、三台等寺。寺院的僧纲由政府发给工资。1853 年，嗣德把土地赐给天姥、妙帝、灵佑、龙光、三台、应真、圣缘等寺。明命、绍治、嗣德等诸帝都多次在大姥寺和佛迹寺（河西省）举行斋坛与法会，皇帝们都直接参加这些活动。

　　贵族、大臣、官吏们更加信佛，建寺、造像、铸钟、归依、受戒对于他们都是常有的事，据《大南禅苑继灯略录》载："北宁、太原两省总督大兴佛法，王政佛心，并行不悖，现宰相身，行沙门事……持八关斋、受菩萨戒，妻子眷属，受三归八戒，晨昏讽诵持咒，礼佛忏悔……""又安总督……开创古寺，造像铸钟……刊经，放生布施，持斋戒杀""河内总督……造莲池海会大禅寺……新造报天寺""清化省督部尊室静，布

---

　　① ［越］释密体：《越南佛教史略》，西贡明德出版社 1960 年版，第 215—216 页。

　　② 《大南禅苑继灯略录》，第 90 页。

政山西时，全家请福田和尚受八戒持六斋"①。诸如此类，不可胜数。阮朝君臣的这些活动对佛教的发展影响很大。但没有多久，1885 年越南国土沦为法国治下，阮朝虽然还是存在的，但没有实权。法国殖民主义又维护天主教，从此越南佛教又一次进入衰退时期。直到 20 世纪初佛教界发动振兴佛教的运动，对恢复佛教起到了一定的作用。但不久全国又进入抗法、抗日战争时期，佛教无法继续发展，直到当代才开始发展起来。

（二）阮朝著名禅师

前文已经提过，儒教独尊时期，有时佛教受朝廷或儒家的镇压和打击。但这只是表面现象，实际上，阮朝佛教还是相当有发展的。除了建寺、造像、铸钟、印经、皈依、受戒等事之外，出现很多名僧，虽然没能成立自己的禅宗派别，但其影响不小，主要代表人物有如下几位。

密弘禅师（生卒年不详），平定省人，属元韶法系，1815 年嘉隆帝赐"僧纲"品位，命住持国恩寺（顺化），曾重修十塔弥陀寺（平定省）。

普净禅师（生卒年不详），法名明道，广南省人，属了观法系。1808年，宪康皇太后请住持天寿寺（今顺化报国寺），一定禅师是他的弟子。

一定禅师（1783—1847），法名性天，广治省人。幼时跟普净出家受沙弥戒，后跟国恩寺密弘禅师受比丘戒。嘉隆帝命住持天寿寺。1833 年，明命帝命住持灵佑寺（顺化）。1839 年，又奉诏住持觉皇寺。1847 年圆寂，其弟子很多，著名的有良缘、刚纪、灵机等禅师。

妙觉禅师（1805—1896），法名海顺，12 岁跟本觉禅师出家。1835年，明命帝赐戒刀度牒，曾跟一定禅师习禅得旨，住持妙谛寺。其弟子很多，著名的有心广、心体、心传、心净等禅师。

寂传禅师（1746—1816），法名金莲，河内人，幼时跟莲宗寺海琼禅师出家受戒。后到云斋寺（河内）住持，得法弟子有照宽禅师。

照宽禅师（1741—1830），法名祥光，河内人，幼时跟寂传出家习禅得旨，修头陀行，住持云斋寺，到处劝人修福，如布施、放生、写经、讲经等事。得法弟子有普净禅师。

普净禅师（生卒年不详），河内人，先跟福田和尚出家，后跟照宽受戒，住持大雄山天光寺（此寺由福田建造）。

其余还有通荣禅师（生卒年不详），海阳省人，是福田的弟子。了通

---

① 《大南禅苑继灯略录》，第 89—94 页。

禅师（1753—1840），法名真觉，清化省人，到嘉定开创奉山寺。圆光禅师（生卒年不详），富安省人，修头陀行，1839 年，明命帝命住持妙谛寺。纲纪禅师（生卒年不详），法名海绍，是一定禅师的弟子，住持慈孝寺。志诚禅师（生卒年不详），广南人。妙严禅师（生卒年不详），住持慈光寺（富安省），其作品有《事仪律要略》《事仪归元》。圆悟禅师（？—1846），1806 年出家，1808 年建兰若寺（嘉定）。了彻禅师（？—1882），承天省人，住持国恩寺。

阮朝最著名的禅师是福田、安禅、清淡禅师。

清淡禅师（生卒年不详），法名明正，住持碧洞寺（宁平省）。1807年出家，1810 年受比丘戒，是觉林禅师的弟子，属曹洞宗第 42 代传承人。有学者认为清淡属临济宗，但据《大南禅苑继灯略录》曹洞宗在北方传法如下：中国曹洞宗一派传越南"第一祖水月和尚……下六传宽翼和尚，下七传觉林禅师，下八传明正清淡禅师，下九传明达禅师……"清淡明正是属曹洞宗传承人，阮朝皇帝赐给他戒刀和度牒，作品有《提案参禅》《般若直解》《法华提纲》，这些作品体现了当时研究佛学的状况和水平，对研究当时的佛学很有帮助。

福田和尚（生卒年不详），俗姓武，河内山明乡人。12 岁到大悲寺（河内）出家，20 岁住持法云寺（北宁），曾新建蒲山寺（北宁）、开化应福寺（北宁）、富儿寺（山西）、莲花寺（河内）、报天寺（河内）等，明命帝曾在顺化组织"佛教经义考试"，福田参加，明命帝赐戒刀度牒。后来福田住持莲宗寺（河内）并重修此寺，成为当时的佛教中心。

福田的弘法事业主要是建寺、造塔、印经、培训僧才，特别是考订刊刻佛教作品，如《华严经》《大戒牒》《禅苑集英》《佛祖继灯旧版》《护法论国音版》《竹林国音版》《禅林宝训国音版》《诸佛事迹》等。在当时和现在对研究佛学都做出了很大贡献。这些作品都在蒲山寺（北宁）和莲宗寺（河内）进行刻印。福田的作品有《放生戒杀文》《禅苑继灯略录》《沙弥律仪解义》。

《放生戒杀文》是福田用汉语写的，共有 20 页，内容劝人对佛教三归、五戒、十戒等严密遵守。其文辞易懂，说服力强，对当时佛教界很有帮助。

《沙弥律仪解义》由明代云栖袾宏（1535—1615）撰，福田用字喃来讲解。共有 372 页，1861 年在河内天福寺刻印。

《大南禅苑继灯略录》，又称《禅苑继灯略录》，是福田最重要的作品，共有 146 页，后部分有字喃。此书的内容涉及很多方面，从佛教的历史、文化、传承体系到名山古寺，从北方到中部再到南方各地都有记载，此书对研究越南佛教史很有价值。福田的思想实际上也没有什么新意，在修行方法上，他承认儒、佛、道三教同源、同行，以及禅、净、密三教同修的观点，最终目的是达到觉悟，觉悟之后，各种学说、各种宗派都"获圆通"，他的《示寂偈》明确指出：

> 各说陈悟入，以悟获圆通。
> 道外元无道，空中元不空。
> 于今传正法，自昔衍真宗。
> 以无所得故，不在个言中。①

福田的思想，可以说代表了当时佛教的思想，他的弟子安禅对此思想进行了深入发挥。福田一生所为有三个突出特点：①建寺、造塔、铸钟。越南北方现有的很多大寺院都是由他新建或重修的。②培训僧才。他到处演讲佛典，鼓励发展僧才。他曾培训出很多著名的弟子，如通荣、普净、安禅等禅师，他们都对当时佛教起了很大作用。③保存佛典事业。福田对佛教典籍特别是越南佛典的保存事业做出了巨大的贡献，现在研究越南佛教书都是由他刻印、考订、编撰的。他的思想和贡献影响深远。

安禅禅师（生卒年不详）住持北宁蒲山寺，是福田最著名的弟子，其作品有《道教源流》三卷，又称《三教通考》，1845 年刻印，第一卷共有 329 页，包括如下几部分。

《大南禅苑初起》：佛教在公元前 2 世纪—前 1 世纪从印度开始直接向越南传播。此部分是按《岭南摭怪》来写的。

《雄王梵僧》：印度僧名丘陀罗在汉灵帝时（168—189 年在位）已经到交趾传播佛法了。

《大南佛塔》：越南最早的事业是由毗尼多流支禅派开始的。此部分是按照《禅苑集英》《报极传》来写的。

《无言通传法》：说明无言通禅派在越南传禅的历史。

---

① 《大南禅苑继灯略录》，第 82 页。

《名振朝廷》：记载丁、前黎、李、陈著名禅师对朝廷的影响。

《雪窦传法》：记载李朝草堂禅派的传承。

第二卷共有 333 页，669 个题目，说明儒教与孔子的来历和事迹。

第三卷共有 331 页，174 个题目，主要是关于道教的出现与其来历，后面还有佛学名词、神话故事等。

《道教源流》中，安禅认为三教是同一性的。他说："道本一贯，何有三教而可言哉？无有对者为一，有对者为三。"[1] "圣人应化随机而说教之。"[2] 这显明是"三教同源"的思想。

安禅的《三教通考》按内容分类编排，虽文字不太连贯、辞藻不太华丽，但由于涉及面比较广，对当时和现在研究佛教史来说还是很有帮助的。阮登楷[3]在《三教通考序》中写道："虽其语类不甚联络，文理不甚赡丽，而博采群书，搜集众见，合成一编……亦足为禅净二门日用要诀矣。"

总之，阮朝虽是儒教再独尊时期，佛教也受到一定的打击，但还是保持了一定的稳定和发展，出现很多名僧，上边只是提到一些代表人物，他们都对当时社会与佛教有一定的影响和贡献，至于还没有提到，或史书不载或失记的名僧肯定很多，如新发现的有全日禅师，他大约 18 世纪中叶出生，30 岁跟妙严（1726—1798）出家，43 岁得旨，即他活动时间主要在阮初期。他本来是当时的著名学者，作品很多，共有 20 多种，其中《许史传》用字喃六八诗体来写，多达 4486 句，内容很丰富，时代性很强。全日反对"尊君主义"，强调儒教"君、师、父"的"师"在社会上的作用，"师"比"君"和"父"还重要。他还认为：只有通过劳动才能创造感情和智慧，用此智慧去认识真理，这样才使人的生活有意义。他还认为：佛教是慈悲之道，但这种慈悲要用智慧来指导，用武力去实现，这样才能达到真正的慈悲。全日这种说法，对当时佛教是很新鲜的观点，对社会与佛教发展都有巨大的影响。在全日这种思想影响下，19 世纪末至 20 世纪初法国侵略越南时，很多僧人带领群众参加游行、示威抗法运动，有的还直接率领群众、率领游击队进行起义，比较有代表性的如

---

① 《道教源流小引》。

② 同上。

③ 阮登楷：阮朝进士，著名学者。

王国正禅师 1898 年在河内起义；武著禅师 1898 年在富安起义；阮有智居士 1916 年在西贡起义；其余还有黄文同禅师、善照禅师、李少军居士等，都直接率领群众和佛子参加抗法战争。他们都为民族与佛教的繁荣与发展而牺牲，成为国家与民族的英雄烈士。也许他们还受到陈朝竹林禅派入世思想的影响，这就是越南佛教的一个重要特点。

四　佛教在越南独立时期（1945—）

（一）第二次世界大战后的抗法时期（1945—1954）

第二次世界大战后，印度支那地区成为国际斗争最激烈的地区之一，越南成为举世关注的热点地区。1945 年 3 月 9 日，日本打败法国，成立以陈忠金为首的傀儡政府。日本军队已经夺走法国在该地所有的权力。当时，所有革命党派都联合成一体，结为大越国家联盟。这段时间，佛教基本上没有什么活动，佛教学院都纷纷关闭。

1945 年 8 月 14 日，日本战败投降。越南人民发动"八月革命"，夺得全国政权；9 月 2 日，胡志明主席在巴亭广场宣读了越南"独立宣言"，宣布成立越南民主共和国；9 月 29 日，法国殖民者跟着英国又来到西贡（现为胡志明市），利用各种手段干涉越南的政治与军事。在这种情况下，越南所有的宗教都受到了战争影响。

越南独立同盟会（简称为越盟）得到广大百姓的支持，因为越盟提出的"打西抗日"（打击西方殖民者，反抗日本）口号符合全国人民的愿望。那时候人人都在为了救国而斗争，没有什么人关注到宗教。佛教组织也都在追随革命活动，寺庙变成革命根据地，寺庙所拥有的田地都供给革命，连金属佛像也可以用来锻造武器，大部分僧尼都在宣传革命救国的理想。

1946 年年底，在越南北、中、南三个区域，佛教学校开始陆续重建起来。在越南南部的西贡，智净法师和广明法师给僧众建起专事学修的学堂，名为连海佛学堂；之后还有梅山学堂、应光学堂等。后来，善和和尚把几个学堂合成一体，称为南越学堂。智净法师翻译了很多佛教经典，如《华严经》《般若经》《涅槃经》等。1948 年，统一越南佛教徒协会成立，并在越南北方的河内活动。许多佛教杂志和佛教书籍的越文译本纷纷发行。在越南中部的顺化，觉仙大长老和学者黎亭探在竹林寺创立佛教学院；之后又于慈光寺创立安南佛教会，以及两所为佛教僧众和尼众而设的佛教学校。学者黎亭探对越南佛教的复兴做出了很大的贡献。他传播佛教的教义，创立各种佛教青年组织，并将《楞严经》翻译成越南文。他是当时越南佛教复兴运动的精神领袖。

1949 年 8 月 28 日，在河内，素莲大师召集一百多名僧尼，成立"北越整理僧尼协会"，素莲大师为会长，总部在河内馆使寺。此协会开讲唐僧玄奘的唯识佛学，并出版《方便与菩提新清》杂志。同年，"越南北越佛教协会"成立，裴善机先生为会长，总部也设在河内馆使寺。在素莲、智海大师的领导下，越南佛教界重修寺院，整顿制度、创办佛学院，并确立体制严格、统筹全面的佛学院制度，又推动恢复翻译、著作、出版等佛教文化工作，设立慈善机构，如此等等，法事兴盛。其间，很多佛教宗派成立，如护宗和尚创立的原始佛教僧伽教会，由明灯光尊师创立的越南乞士僧伽佛教教会，以及天台教宗、华严宗佛教等诸多教派。其中，越南乞士僧伽佛教教会具有浓厚的越南佛教特色，此宗是明灯光尊师将北宗和南宗佛教的精华融合而成的，选择中道，主张乞食，过午不食，吃素，提倡读通研究北宗、南宗的各种经典，强调保持佛教的纯洁，戒律精严，平等对待男众、女众（越南佛教南宗不吃素，南宗尼众只受十戒修行，在教会没有地位）。越南乞士僧伽佛教教会爱国爱民，特别是尼界乞士佛教教会黄莲尼长，曾经参加过当时的爱国抗美运动、妇女抗美运动。国家和平统一后，黄莲尼长受到国家和政府的尊重，成为越南第六届国会成员（1976）、越南妇女委员会委员，同时还担任越南佛教教会理事委员会的监督委员等职务。

1950 年，中越、北越成立联合性的新佛学会，致力于统一佛教、普及教理等活动。当年，越南佛教成为世界佛教协会创立者之一，以及世界佛教协会在越南的支部，素莲大师是世界佛教执行委员会的代表人。

1951 年 5 月，第一次国家佛教会议在顺化召开，大会成立了"越南佛教总会"，目的在于统一所有佛学协会，重新组织佛教教会的活动，以释静洁和尚为僧总。几年后越南佛教总会被批准参加世界佛教徒联谊会（1950 年在科伦坡即斯里兰卡首都创立）。1952 年 9 月 7 日，越南全国僧伽大会开幕，越南北、中、南三方的代表都来参加，统一以慧藏先生为上手（管理三方的僧伽）。从以上可以看出，虽然越、法之间的战争还没有真正结束，但是从 1949 年以来，越南佛教的各种协会纷纷成立，组织并参加了很多活动，佛法事业是积极有为的。1954 年，《日内瓦协定》将越南分裂为两个部分，越南北方与南方佛教之统一发展因而受阻。

（二）佛教在南方被掌权者歧视（1954—1963）

1954 年，南越首相吴庭艳（后来成为总统）信奉天主教，吴庭艳的哥哥在越南中部的顺化省做总主教，他想让越南百分之六十的人口信奉天主教，以便得到梵蒂冈教廷的承认，成为越南的红衣主教。所以，吴庭艳对佛教采取差别政策，越南佛教界遭受了宗教歧视。南越佛教徒无论在宗教生活上还是在社会文化上都处于极其困难的境地。首先，吴庭艳暗暗对佛教界的发展设阻，百般刁难佛教徒，特别是政府公务员中的佛教信徒。到了 1960 年，吴庭艳的阴谋日渐显露，激起广大民众的愤怒。1962 年 2 月 20 日，越南佛教总会会长寄给吴庭艳一封书信，要求吴庭艳停止对佛教的歧视和非难，但吴庭艳不仅不加悔改，反而变本加厉，其目的就是要消灭佛教，以天主教为国教。

据 1954 年的《日内瓦协定》，两年之后，即 1956 年，越南南北要召开总选举，不过吴庭艳掌权之后就宣布越南南方不签署《日内瓦协定》。吴庭艳与其家族专权，政治渐趋腐败，走向军事警察之体制，对民众的压迫也愈演愈烈。因此，在民间，打倒吴氏政权的运动也在不断地发生。

1958 年，在越南北方，各个佛教组织统一成为"越南统一佛教会"，由释志度和尚为首。

1963 年，佛教徒挺身而出，非暴力的佛教反抗运动在整个国家范围内展开。在军警镇压下，牺牲生命的佛教徒众多，其中亦有僧侣当街自焚之行为。释广德菩萨自焚及其后教徒的牺牲，他们用这种惨烈的方式表达自己的强烈不满，形成了长达十个月的激烈斗争，导致军事政变的爆发，推翻了吴庭艳的独裁政权。

（三）抗美时期（1963—1975）

1964 年 1 月 4 日，越南的十一个佛教会在西贡舍利寺统一为一个"统一佛教教会"，对政府进行长期而严厉的批判，同时各宗派之新兴教团亦极力发展组织，推动弘法活动。在这一年，统一佛教教会已经被政府批准其宪章，成立大学高等院，成立菩提学校，建设广德中心大楼，出版《正道日报》等，取得了很多成果。

这段时间越南南方的政局非常混乱，美国同意继续给新政府援助，不过佛教的权力也在扩大。阮庆首相和杨文明中将曾经一起到舍利寺和印光寺敬香。因为佛教得到老百姓的信任和支持，所以掌权者都很尊重佛教界，第一是为了安定舆论，第二是希望得到佛教徒的支持。阮庆首相还批准捐给统一佛教教会两千万越币来建设一座国寺。这一时期，越南的战事也愈演愈烈。在西贡，暴乱不停地发生；政界之间的矛盾、信徒之间的矛盾、信徒对政府的不满（基督教徒怨恨政府）、知识分子要求政府改革宪章、各个势力争夺权力等，已导致社会动荡、经济受损。新政府不能同时满足各种不同的要求，1964 年 10 月，阮庆辞职，新政府成立，由陈文香为首相。陈文香以美国作为后盾，不再支持佛教。他宣布要把政治与宗教分开，不许宗教（针对佛教）进入政府机构。[1]

到 1965 年，战争更严酷。美国全面卷入越南战争，开始了以美军为主力的局部战争。美国把通过援助南越军队进行的特种战争转变为出动海空军事力量和地面部队的直接作战，使越南战争"美国化"。越南人民更为困苦，物价猛涨，人命如草，生离死别，俨为常态。在如此困难的情况下，佛教还在坚持发展。统一佛教教会开始建设万行大学院，建设孤儿院收养孤儿，建设各种社会文化机构。

越南佛教在 1966 年遇到很多困难。南越政府不停压迫僧尼佛子，进攻越南国寺，禁止僧尼佛子向政府提出的实施全国民主的要求。越南佛教面临两个敌对势力：第一是掌权者；第二是佛教内部的一些不良分子，他们为了个人利益而不惜毁掉佛教的发展。因此，佛教界内部的矛盾也不少。1967 年 1 月 2 日，原始僧伽教会决定离开统一佛教教会，统一佛教教会内部的关系更为松散。不过，佛教整体上还是一直站在老百姓一边的，与民众合力抗美。

虽然美国竭力推进、扩大战争，使用各种战略并投入大量金钱，但终于还是未能阴谋得逞。1973 年 1 月 27 日，美国不得不与越南在巴黎签订《关于结束战争恢复和平的协定》。根据协议，同年 3 月 29 日，美军撤出越南南部。1975 年春，越南的抗美斗争取得决定性的胜利。4 月 30 日，越南南方全境解放，抗美救国战争胜利结束，这为实现国家的统一创造了条件。

随着历史的前进，越南佛教的发展也是起伏不平的。经过战争的洗礼，越南佛教的入世精神得到极大的发挥。大部分佛教僧侣都跟随革命参加卫国战争，也有一小部分仍旧保留原始精神，不参加政事，专心修行佛

---

① ［越］云清：《越南佛教史略考》，佛教学院，西贡，1974 年，第 369 页。

法。不过，这段时间越南佛教还没有统一的协会。

（四）全国统一至今

统一之后，越南全国都在尽力修复战争造成的创伤，开始建设社会主义事业，发展经济成为第一目标。刚经历过一段动荡时期，佛教界的活动显得杂乱无章，内部也四分五裂。当时，越南北方佛教只有越南统一佛教会，在南方除了统一佛教会之外还有几个小的佛教组织。因此，在越南共产党的指导下，1980 年，佛教界开始筹备成立统一佛教组织，由释智取和尚为首，目的是统一全国所有佛教宗派和组织。1981 年，越南佛教教会成立了，这是越南唯一合法的佛教组织。

越南佛教教会第一办事处设在首都河内馆使寺，第二办事处设在胡志明市舍利寺（现搬到广德禅院）。越南佛教教会由三个宗派组成，即北宗（统一越南佛教教会、南越佛教教会、临济派、净土宗、古山门、华严宗教会、六合僧、天台宗、古传佛教教会等）、南宗（原始佛教僧伽教会、高棉原始佛教教会）、乞士（越南乞士佛教教会、越南尼界乞士佛教教会）。

越南佛教教会的第一法主释德润和尚批准、颁布了越南佛教界的"行动纲领"，此纲领旨在达成所有佛教宗派的合作与和睦，为了更好地传播佛法以便最广泛地使世界了解越南佛教的特性，为了建设越南僧伽教育系统，以及发展越南佛教与世界上佛教组织的友谊，亦为了世界和平而做出努力。

1984 年、1992 年、1996 年，胡志明市、河内、顺化市先后建立了佛教学院，其目的是教育新一代的有良好素质的僧生、尼生，以使他们能有效地服务于越南佛教教会和国家的各种活动。三院的学制均为四年，教学内容包括内典和外典的课程，外典的课程是按越南教育培训部规定的越南语、历史、哲学等大学教育课程，内典的课程是佛教协会规定的佛学课程。僧生和尼生学习佛学的三个主要内容：原始佛教（Theravada）、一切有部（Sarvastivada，多元实在论）和大乘佛教（Mahayana）。

学生学习四年期满，考试合格者获得越南佛教界内部承认的学士学位（称"佛学举人"）。目前，三院的学历已经得到缅甸、斯里兰卡、印度等国家大学的承认。毕业生可以到这些国家攻读硕士学位。中国学校也承认这一文凭，但要通过汉语水平六级到八级考试才能就学。毕业的学生也可以继续在国内或国外深造，学习成绩优秀者有可能成为越南佛教研究院（建立于 1989 年）的研究员。

　　此外，越南还在胡志明市、巴地头顿省和芹苴省三地设有三所佛教大专学校，在 31 个省市办有佛教基础学校。佛教基础学校的僧尼除了修学佛学课程之外，还修学普通中学课程，毕业后可以报考佛学院及国民教育系统的大学。因此，很多佛学院僧尼同时也在各大学上学，毕业后同时持有国民教育系统的大学学位及佛学院授予的学位。

　　越南佛教教会佛学研究院的责任着重于阐明佛教教义，强调对佛法的创新与传播，以及与新时代社会、科学的进步相一致。它还尽最大的努力拓宽世界佛教的活动，推广越南佛教文化与世界其他国家的佛教文化相互交流。越南佛教教会还有其他分部，如佛教僧事部、教育部、弘法部、国际部、文化部、慈善部等。此外，有翻译和出版越南文大藏经的委员会，翻译出版工作包括将巴利文、英文和中文的佛教经典翻译成越南文，同时出版越文的三藏经典。译经、印经的工作早在 1991 年就已经开始了。

　　越南佛教教会（VBS）的代表出席了第六届和第七届亚洲佛教和平会议（APCP），释明珠博士长老被推选为亚洲佛教和平会议的副主席和越南亚洲佛教和平会议国家中心的主席。1984 年，越南佛教教会代表出席了在新德里召开的圆桌会议。值得一提的是越南佛教教会和越南亚洲佛教和平会议国家中心于 1985 年在河内主办了亚洲佛教和平会执行理事会议。1986 年是国际和平年，主题为"佛教与和平"的研讨会在河内和胡志明市召开。2008 年，卫塞节（Vesak）在越南首都河内隆重举行。

　　最近几年，许多越南佛教教会代表出席了在世界各国如印度、斯里兰卡、日本、澳大利亚、罗马、法国等举行的研讨会或会议。

　　目前，越南佛教的主要修行法门是禅宗和净土宗。安居时，僧尼们集中在当地几个大寺共同修学；安居后，举行以省为单位的传戒法会，但要向越南佛教教会申请。僧阶制度管理遵照越南佛教教会规定设置如下：①行者：正式出家前的考验和锻炼阶段，时间为 1—3 年；②沙弥、沙弥尼：通过考验和锻炼后才受沙弥戒；③大德、师姑：遵守沙弥戒 3 年后受比丘戒；④上座、尼师：戒腊满 20 夏，40 岁以上的僧尼；⑤和尚、尼长：戒腊满 40 夏，60 岁以上。

　　在历史上，越南佛教界积极参加越南民族解放事业和抵抗帝国主义侵略的斗争，现在又积极投身于慈善事业，为社会的稳定发展做出了伟大贡献，越南佛教得到了越南政府的积极支持，目前，佛教就是在越南影响最大的宗教。

第二节　陈朝之后禅宗各派复兴与发展

越南禅宗在陈朝之后，在 100 多年的时间内，几乎没有多大影响，竹林禅派只传到第三代就无声无息，特别在黎初儒教独尊时期，禅宗只能在民间下层活动。到南北朝和郑阮纷争时期（1533—1788）禅宗开始兴起，史称"佛教复兴时期"，当时名僧出现很多，特别是中国明清之际，从中国到越南传禅的禅师特别多，传承的宗派也多起来，可以说，在这个阶段中国禅师到越南传禅是历史上最多的。

一　北朝竹林禅派的复兴

（一）拙拙禅师（1590—1644）

拙拙禅师俗名李天祚，法名圆炆，福建省漳州府海澄县①渐山乡人，是临济宗 34 代传承人，他"三教九流无所不知"②。有一天他看到《金刚经》《六如偈》③，便舍俗投南山寺跟陀陀和尚出家。陀陀和尚是明朝名僧，明世宗（1522—1567 年在位）曾诏赴闽"拜为状元僧，赐号匡国大师"④。拙拙得法于陀陀后，到处开化弘传法要。1630 年，拙拙跟弟子们离开中国，先到越南南方嘉定省，后到义安省开化天象寺、清化省开化泽林寺。1633 年，到升龙（河内）住看山寺，在此"大说法要，王公贵人，向化不可胜纪"⑤。此时黎神宗⑥（1607—1662）、郑壮王（1623—1657）及王公贵族们都很敬重他，都来跟他皈依受戒，事他为师，后来拙拙到北宁省仙游县住持佛迹寺。郑氏玉竹皇后（黎神宗的皇后）和郑氏玉缘公主（黎神宗的公主）到佛迹寺跟拙拙出家，郑壮命重修宁福寺（北宁）并请拙拙到宁福寺住持。拙拙带来不少佛典，但郑壮王还想要更多佛经，

---

① 《越南佛教史论》卷二和《越南佛教史》都认为海澄是拙拙的法号，这不正确，海澄是中国县名，属福建。

② 《大南禅苑继灯略录》，第 22 页。

③ 即："一切有为法，如梦幻泡影，如露亦如电，应作如是观。"

④ 《御制禅典统要继灯略录》卷之左，第 39 页。

⑤ 《大南禅苑继灯略录》，第 22 页。

⑥ 《越南佛教史论》卷二、《越南佛教史》都认为是黎玄宗（1663—1671 年在位），笔者认为应该是黎神宗（1607—1662），因为 1644 年拙拙圆寂了。

拙拙命其弟子明行（1596—1659）回中国请经，安置在佛迹寺。拙拙的弟子很多，最著名有明行（中国人）和明良（越南人），这两位都对越南禅宗，特别是竹林禅派的复兴事业起了重要作用。1644 年拙拙示寂，黎真宗（1643—1649）赐号"明越觉广济大德禅师"。他留下一首《示寂偈》：

> 瘦竹长松滴翠香，流风疏月度微①凉。
> 不知谁往原西寺，每日钟声送夕阳。②

拙拙别出一首《传法偈》，从此其法子法孙们都用其来起法名：

> 明真如性海，金祥普照通。
> 智道成正果，觉悟证真空。

这首《传法偈》也许是拙拙上一代提出的，因为拙拙的法名是圆炆，跟圆宽、圆景（香海的师父）一样都属临济宗 34 代传承。他们本人已经采用了。拙拙在北朝传法如图 4 - 1 所示。

（二）明行禅师（1596—1659）

明行法号在，中国江西省建昌府人，是拙拙的著名弟子，是临济宗第 35 代传人。1630 年，明行跟拙拙离开中国，先到南朝，后到又安、清化两省建天象和泽林两寺。1633 年到河内城，后到北宁雁塔住持。1643 年，拙拙从佛迹寺到宁福寺住持，明行又到佛迹寺住持。1644 年，拙拙示寂后，明行又到宁福寺住持，他有两位得法弟子：真住和妙慧。妙慧住持佛迹寺（北宁）；真住住持安子山寺（广宁省），这里本是陈朝竹林禅派的大本营，真住又是真源禅师（1647—1726）的师父，明行和真住都对竹林禅派的复兴起了重要作用。但起决定性作用的要算是明良、真源和如澄。

（三）明良禅师（生卒年不详）

明良也许只是法名而不是俗名，他还有一个法名叫满觉，是河内山明

---

① 《大南禅苑继灯略录》，第 23 页作"徽"字。
② 《御制禅典统要继灯录》，第 40 页。

拙拙（中国临济宗）

明行（中国人）　　　　　　　明良（越南人）

真住　　　妙慧　　　　　　　真源

如随

如澄（麟角）　　　　　如现　　　如山　　如智
（河内莲派）　　　　　（海防月光）

性药　　性泉　　性岸　　　　性静

海迥　　　　　　武花

寂传　　　　　　寂预

照宽

普净　　　　　　普算

通荣

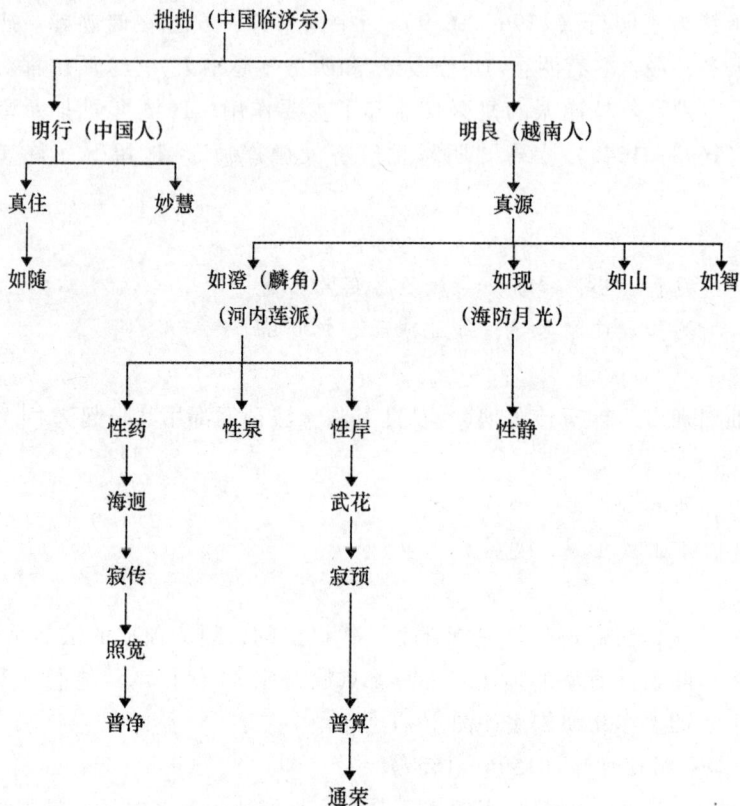

图 4-1　拙拙在北朝传法示意图

县①良多乡人。有一天，听说拙拙圆炆从中国来重兴佛迹寺，演解正法，传临济禅，门庭高峻，他便到拙拙面前顶礼。拙拙问："汝是何人？"他答："无人。"拙拙问："汝是佛否？"明行答："无佛。"拙拙问："汝既无人无佛，汝是何物？"明良答："某有一物在祖师心头上。"拙拙说："好底人物。"从此他侍奉祖师左右。得法后，明良回到昆岗山，住持扶朗寺②并在此寺重修和弘禅，会下僧众 300 多人。此时真源从安子山花安寺到扶朗寺跟明良习禅得旨，成为明良最著名的弟子。示寂时，他说偈付嘱真源：

---

①　今越南河西省应和县。
②　今越南永福省。

美玉藏顽石，莲花出淤泥。

须知生死处，悟得即菩提。①

明良直接培训真源，真源是复兴竹林禅派的中心人物。

（四）真源正觉禅师（1647—1726）

1. 真源生平

真源俗姓阮，名严，海阳省清河县前列乡人，临济宗 36 代传承。幼时从学儒业，19 岁到安子山跟真住出家。此时，真住便问："汝从何方来?"他答："本无去来。"真住知道他是"僧中法器"之类，给他起法名为慧灯。不久真住示寂，他又到扶朗寺跟明良习禅，有一天他问明良："几年久积裳中宝，今明当何靓面看?"明良只"四目相顾"，他就"领旨礼拜"，明良给他取法名真源。他回到安子山龙洞寺，开山破石构建大伽蓝，又住持琼林寺，得传竹林衣钵。1684 年，在琼林寺真源建九品莲花塔。1692 年，黎熙宗（1676—1705）诏赴阙，参问佛旨，帝钦其才德，赐号"无上公"。1722 年，黎裕宗（1706—1729）封其为"僧统"并赐号"正觉和尚"。1726 年真源示寂，黎裕宗命在琼林寺和龙洞寺给他建寂光塔（此塔现存，是石塔）。

真源的弟子很多，著名的有如现、如澄（麟角）、如山、如智等。如山奉诏撰《御制禅典统要继灯录》。如现得传竹林衣钵，住持安子山龙洞寺、琼林寺、月光寺②，1757 年，黎显宗（1740—1786）敕封其"僧统"并赐号"纯觉和尚"。其中如澄（麟角）是最优秀的，真源示寂时，把《心偈》传给如澄，后来如澄回到河内创建"莲宗派"，此派影响很大，成为竹林禅派的后身。

2. 真源的禅学思想

真源的作品有：①《安子山陈朝禅宗本行》，简称《禅宗本行》，其内容以《圣灯录》《课虚录》《三祖实录》为主，是用字喃来写的，强调陈太宗、陈仁宗对竹禅派的重要作用，同时也体现出真源的禅思想。②《悟道因缘》：是用汉字写的，也体现真源的禅思想。③《禅寂赋》：是用字喃写的，内容描绘龙洞寺景色，以及那里僧众的生活、修行。

---

① 《大南禅苑继灯略录》，第 24 页。

② 今越南海防市吴权郡东溪街。

据黎孟达的《真源禅师全集》认为，真源的作品还有：《尊师发策登坛授戒》《迎师阅定科》《龙舒净土文序》《龙舒净土论跋后序》《净十要义》《南海观世音事迹演歌》《达摩太子行》《红蒙行》。实际上，真源禅学并未超过陈朝禅学。棒击、斥喝、扬眉、瞬目等都是禅宗常用来作为接引学人的禅语。真源却常用"四目相顾"作为自己的禅语。真源自从安子山到扶朗寺投明良学禅后，有一天，真源问："几年久积裳中宝，今日当何靓面看?"明良只"四目相顾"，真源便领旨礼拜。此动作给真源留下了很深的印象，《禅宗本行》中，真源多次提到"四目相顾"：

> 四目相顾眼同，师弟心传灯烛交辉。
> 三世诸佛祖师，四目相顾以示禅机。
> 八字打开到今，四目相顾显露圆融。
> 化佛授记无边，四目相顾密传心宗。
> 三世诸佛如来，四目相顾万代证真。

《悟道因缘》中也提到"四目相顾"这个禅语：

> 一点心灯佛眼生，相传四目顾分明。
> 莲芳续焰光无尽，普付禅林授有情。

关于禅语，真源认为，为了断截众生妄想执著的认识才使用语言。语言是在禅门中不得已而用的方便。如果不根据众生不同的根机，那就没有教法，没有教法即没有佛、法、僧三宝，"三宝"已经没有也就没有说法人、听法人，也就无法可说。从因缘而生的教法只是一种使小儿停止哭啼而不真实的方便。愚夫需要多经典、多教法、多方便，智人只需要一个"斥喝"或"扬目"或"四目相顾"就可以顿悟自性了。

"真源"是他本人的法名，是明良起的。但他又用来代替"真如"、"真空"、"佛性"，还叫"真源湛寂"。《悟道因缘》中，他说：

> 万法空花皆不实，为度群迷假立权。
> 了了本来无一物，真源湛寂复还源。

或：

> 天地父母未生前，寂光圆湛是真源。
> 自觉觉他名曰佛，慈悲说法利人天。

关于行道方法，真源强调认识到自性的"湛圆"、"湛寂"即可觉悟。此时所有六根的动作、举指都是"神通"，即不可测而又无碍的力用，《禅宗本行》中，他说：

> 后学是否知道？心花应口说出一切语言。灵通到处都是道，六根运用都是神通。

在《示寂偈》中他写道：

> 显赫分明十二时，此之自性任施为。
> 六根运用真常见，万法纵横正偏知。

用语言来描绘"真如"、"佛性"、"觉悟"等都是永远达不到最终意义的，但也不能不用语言、方便来作为接引禅生的机语。问题是只能依靠语言方便来认识真理而不允许任何执著语言，或以语言为目的，他说：

> 有说皆成谤，无言亦不容。
> 为君通一线，日出岭东红。

根据真源这些思想，我们认为《南海观音传》中的最后部分玉皇上帝封妙善公主为"大慈大悲观世音菩萨"，她的全家都封为菩萨，这些肯定不是真源所写的，也许是后人儒家或道家加上的。

3. 真源对竹林禅派的复兴事业

真源除了上边所提他建寺、造塔、写书之外，他和他的弟子们还做了对竹林禅派的复兴起决定性作用的事。

刊刻李陈禅学作品：

《禅苑集英语录》由李朝通辨、常照、神仪开始保存资料，到陈初成书（13 世纪初），多次刻印，此书现在最早的刻本是在 1715 年由如智（真源的弟子）刻印。

《御制禅典统要继灯录》简称《继灯录》，由黎纯宗（1732—1735）资助，洪福寺如山（真源的弟子）著述。1734 年刻印，1859 年福田和尚重刻，1907 年此书在月光寺①再一次刻印。

《越南安子山竹林诸祖圣灯语录》简称《圣灯录》。此书也许很早就成书了，1550 年真严重刻，1705 年真源又重刻。1750 年性朗再一次重刻，并由性广题序。性朗和性广都是真源的再传弟子。

《陈朝慧忠上士语录》简称《上士语录》，是慧忠的主要思想和禅法，由法螺撰，仁宗考订，陈克终题跋，多次刻印。1763 年，由安子山龙洞寺慧源重刻。

《三祖实录》1765 年由真源的后传弟子重刻（不记载具体名字），1897 年、1903 年又两次重刻。

《课虚录》由陈太宗撰，在陈朝多次刻印。此书和《上士语录》都成为陈朝的佛学教科书。18 世纪，安子山花安寺慧贤（跟慧源同时代都是真源的后传弟子）重刻，1850 年、1943 年又两次重刻。

还有真源所撰的作品，如《禅宗本行》《悟道因缘》《禅寂赋》等都在此时刻印，真源和他的门派重刻李陈禅宗作品。对越南禅宗资料，特别是对竹林禅派的复兴起了重要作用。

真源的弟子：

跟真源在安子山龙洞寺学禅者共有 300 多人，其中最著名的是如澄（麟角）禅师。

如澄禅师（1696—1733）属临济宗第 37 代传承，字麟角，号救生上士。他本是郑氏的王公，即普光王之子，俗名郑拾。黎熙宗皇帝把自己的第四公主嫁给他。在河内市寿昌县白梅坊他有一座别墅，面积很大，里面有湖、山丘、花园、果园，还有种田的土地。有一天他派人挖土造一个小湖来放金鱼，忽然见到一个大莲藕，他认为这是出家之兆。因莲藕之瑞，他就化家为寺，名曰离尘院莲宗寺，并上疏愿舍俗出家，皇帝准奏后，当天他便到安子山龙洞寺跟真源禅师出家、受戒。真源说："宿缘高会何见之晚耶？"他答："师资会合，时至而出。"真源说："重兴佛祖，是汝一

---

① 今越南海防市东溪乡。属竹林禅派的寺院。

人。”如澄因此“旧夜研究三藏，无所不通”。得法后，他回到莲宗寺，并创建护国寺（河内）、含龙寺（北宁），命其弟子性嫡住持莲宗寺，性岸住持含龙寺。他又派其弟子性泉到中国广州鼎湖山庆云寺，用六年时间学佛请经，得封为“两国和尚”。性善、性岸的法子、法孙们很多，如寂预、武花、正心、普算、通荣、寂传、照宽等禅师。莲宗寺后改为莲派寺。此寺成为当时禅宗的中心，叫作莲派宗。护国寺、含龙寺、崇福寺、大光寺、福恩寺、云斋寺等都属此派的寺院。麟角主张禅净一致，以经教为佛眼，以禅为佛心，以阿弥陀佛为禅的“公案”，但实修上专念阿弥陀名号。他的作品有《五戒国音》《十戒国音》。1733 年示寂时，他叫性泉来付嘱《示寂偈》曰：

> 本从无本，从无为来。
> 还从无为去，我本无来去，生死何曾累。

此偈说明他的觉悟境界：不受任何东西所约束，体现出“八不空观”思想。

总之，真源及其弟子们在 17—18 世纪对越南禅宗特别是竹林禅派的复兴起决定性的作用。当时还有一位著名禅师对北朝禅宗的复兴与发展有巨大贡献，他就是香海禅师。

（五）香海禅师（1628—1715）

1. 香海生平

香海的四代祖名忠禄侯，义安省真福县①盆度乡人，在黎朝做官。黎英宗统治年间（1558—1571）跟端国公阮演入广南省，由于忠禄侯对国有功，黎帝赐号“起义竭节功臣”。香海出生在升花府②平安上乡。18 岁时，他考中举人，得以入南朝阮王府作官。25 岁时到广治省肇封县为知府。此时，他跟碌湖圆景禅师（中国人）学佛习禅，圆景给他起法名为明珠。后又跟大深圆宽（中国人）学禅。28 岁时，他辞官出家，到南海尖笔萝岛建三间小庵，勤修戒律，接众授徒。他在此八个月，由于有些问题，他又回到故乡，但尖笔萝岛人又请他回来居住，他从此驰名天下，众

---

① 今越南仪禄县。

② 今越南广南省升平县。

人敬仰。广南镇守纯郡公的夫人久病不愈，请他持经转咒，七日七夜病愈，遂全家皈依。福濒王（1648—1687）听到他的名声，请他入王府慰问，并派人在龟镜山（顺化）建禅净院，请他住持，国太夫人和三位公子（福濒王的妻儿）都跟他受戒、皈依。此时"官民兵卒，无不敬信，受归者一千三百余人"①。禅净院成为当时南朝的佛教中心。

此时，侍内监嘉郡公本是北朝嘉定瑞沛人，从军为福濒所执，得释，使出入府内教导内人，常来听香海说法。有人妒忌，对福濒王说他们阴谋逃遁回北朝。福濒王心生怀疑，查询不决，便要求香海回广南省居住，从此香海下定回北朝的决心。1682 年，他跟 50 位弟子坐船越海回北朝又安省。郑根王（1682—1709）派唐郡公将船往迎回京（河内），并派人查询其来历，知其实是盖度乡人，从此对其格外敬重，赐给他和弟子们资金礼物等。郑王使其先在镇馆居住，并命他"给广顺两处山水路程为图以进"②，后又派人在山南③建庵请他居住。1700 年，师弟们往月堂寺④住持。香海重修扩大月堂寺，其成为当时的佛教中心。

黎裕宗帝（1705—1729）常请香海入内殿立坛祈嗣并问修行方法，"帝尊礼之"。1714 年，郑刚王到月堂寺供养并题诗称赞。此时香海的弟子很多，法子共 70 多人，法孙更多了。1724 年，郑刚王又命扩大重建月堂寺，并赐 50 亩地。据《香海禅师语录》载，他的作品有：《解法华经》《解金刚经理义》《解沙弥戒律》《解佛祖三经》《解阿弥陀经》《解无量寿经》《解地藏经》《解心经大颠》《解心经五旨》《解心珠一贯》《解真心直说》《解法宝坛经》《解普劝修行》《解榜条一篇》《撰机缘问答并解》《撰理事融通》《撰观无量寿经国语》《撰供佛三科》《撰供药师一科》《撰供九品一科》。

香海还有一些诗、偈、禅语载在黎贵敦的《见闻小录·禅逸篇》中，至于《香海禅师语录》是由他的弟子在 1748 年撰写的。

2. 香海的禅学思想

跟当时其他禅师们一样，香海也受到净土宗和密教的深刻影响，但他

---

① 《见闻小录·禅逸篇》。
② 同上。
③ 今属越南海阳、太平、南河一带。
④ 今越南海阳省。

受密教的影响比其他禅师更多。《香海禅师语录》中多次提到他在尖笔萝岛时常用法术、符咒等方法来消除、驱逐那里的恶魔、妖精、鬼怪等。香海曾给广南纯郡公的夫人和花礼侯持经转咒，设大忏悔坛治病。这些都是密教的仪式。阮福濒给他建禅净院，意思是说禅宗和净土宗在修行方法上共同运用。香海还撰有《解阿弥陀经》《解无量寺经》《供九品一科》，这些都是净土宗经典。禅净密融合，不但是当时禅宗的特点，而且是越南禅宗的特点。香海本身是儒士修佛，他的思想带有儒、道、佛三教同源精神。他说：

> 原来三教同一体，任运何曾理有偏。①

又说：

> 儒源荡荡登弥阔，法海重重入转深。②

香海出家时代，阮朝内部在政治上不稳定，社会动荡，人心不安。广南镇守阮福棋去世后，他的妻子宋氏利用自己的姿色来迷惑阮福棋的弟弟阮福栏（1601—1648）和阮福忠。宋氏利用阮王的势力剥削良民，搜刮很多良民的财产作为自己的财产，使朝臣们非常愤怒。阮王又好杀，动不动就在大马路上杀人，使不少人受冤枉。阮福栏去世后，阮福忠听宋氏的话，阴谋政变，杀阮福濒，但这个阴谋败露后，不少人受连累，这种社会背景使香海生出了辞官投佛的念头，这或许是他出家的主要原因。

香海的禅学涉及很多禅学主要领域，如"见性成佛"、"即心即佛"、"忘二见"、"事理无碍"等。但他强调"无心"认识观点，"无心"这个思想在陈朝禅师们经常提出，但到香海才用来作为钥匙，打开所有人的妄情执著认识。"无心"就是真心离妄念，而不是"无心识"。《宗镜录》三十八曰："若不起妄心，则能顺觉，所以云：无心是道。"即道应该离开，除尽虚妄分别念想的认识。《传心法要》下曰："如今但学无心，顿

---

① 《香海禅师语录》，第 52 页。

② 同上。

息诸缘，莫生妄想分别，无人无我，无贪瞋，无憎爱，无胜负，但除却如许多种妄想，自性本来清净，即是修行菩提法佛等。"以"无心"观点为基础，香海提出：在认识真理上（心）不能逃避认识对象（境），不得"存一舍一"，不得"爱圣僧凡"等。因为"心"与"境"的本质都是"真心"。佛与众生之差只是有迷与悟之别而已。他们本是统一的："见物便见心，无物心不现。"即认识能力和认识对象在本质上是同一性的。善与恶之间的关系也是由心的认识之差而产生的：

> 善既从心生，恶岂离心有。
> 善恶是外缘，于心实不有。
> 舍恶送何处，取善令谁守。
> 伤嗟二见人，攀缘两头走。
> 若悟本无心，始悔从前咎。①

他认为，如果"心"达到"真心"，那"境"也回到"真境"，不需要躲避任何"境"。他说："凡人多于事碍理，境碍心。常欲逃境安心，遣事以存理，不知乃是心碍境，理碍事。只令心空境自空，理寂事自寂，勿倒自心也。"②

这里，香海禅又关系到"事理无碍"问题。"事理无碍"是华严宗所立"法界三观"③ 之一。即平等之真体为理，有为之形相为事。理如水，事喻波。放平等之理而有万差之事，或放万差之事而有平等之理，即事理交彻真俗圆融之义。这样"无碍"的认识也是"无心"的认识。对于真理的认识要自在融通而为一体，如灯光互相涉入。《往生论注》下曰："无碍者，谓知生死即涅槃，如是等入不二门无碍相也。"香海说：

> 妄身临镜照影，影与妄身不殊。
> 但欲去影留形，不知身本同虚。
> 身本与影不异，不得一有一无。

---

① 《香海禅师语录》，第 84 页。
② 同上书，第 59 页。
③ 法界三观：事理无碍观、周遍含容观、真空观。

> 若欲存一舍一，永与直理相疏。
> 更若爱圣憎凡，生死海里沉浮。
> 烦恼因心有故，无心烦恼何居，
> 不劳分别取相，自然得道须臾。①

他认为，对放戒、定、慧三学的最高境界应该是对"无心"、"无
碍"、"不增不减"等的认识：

> 一切无心自性戒，一切无碍自性慧。
> 不增不减自金刚，身去身来本三昧。②

达到"无心"的认识即达到"忘二见"的认识，即不受任何"二
见"的阻碍，就"见性成佛"，他说：

> ……真知无知，以知寂不二之一心，契空有双融之妙理。无住、
> 无著、莫摄、莫收。是非两忘，能所双绝，斯绝亦寂，则般若现前。
> 心心作佛，无一心而非佛心。处处成道，无一尘而非佛国，故真、
> 妄、物、我举一全收，心、佛、众生浑然齐致。③

这里"知寂不二"也就是"定慧等"的意思。

关于香海的禅法，黎裕宗（1705—1729 年在位）请他赴阙时，问："朕
闻师老怀远之僧，愿说法音令朕了悟。"香海奏曰：臣愿陛下，志心谛听，
偈云：

> 返闻自己每常观，审察思惟仔细看。
> 莫教梦中寻知识，相来面上睹师颜。④

---

①　《香海禅师语录》，第 60 页。
②　同上书，第 74 页。
③　同上书，第 68 页。
④　同上书，第 30 页。

　　接着黎裕宗又问关于"佛祖之意",香海用"无心"的形象来回答:

　　　　雁过长空,影沉寒水。
　　　　雁无遗迹之意,水无留影之心。①

　　他还回答黎裕宗的提问:"佛放众生有何恩德?"黎裕宗听后,很满意地说:"朕愿当生敬仰。"

　　香海也受到《坛经》的深刻影响。《香海禅师语录》中,很多地方连文字、句子都跟《坛经》相似,如:"欲求见佛,但识众生,只为众生迷佛,不是佛迷众生。自性若悟众生是佛,自性若迷佛是众生……凡夫即佛,烦恼即菩提,前念迷即凡夫,后念悟即佛,前念著境即烦恼,后念离境即著提。"②

　　现在有些学者认为香海明珠是竹林禅派的传承人,其根据是拙拙圆炆系派的《传法偈》:"明真如性海……"此偈后来成为竹林禅派的《传法偈》。香海明珠的传法系统也用此偈:

　　　　圆景—明珠—真理—如月……

跟拙拙圆炆的传承系统一样:

　　　　圆炆—明行—真住—如随……
　　　　圆炆—明良—真源—如澄……

　　因此他们认为圆景、圆宽都是越南竹林派的传承人,他们的前辈为了避开黎朝对陈朝的战争,而逃避到南方隐居传禅,到此时才敢出现,而且香海明珠的禅思想受净土宗和密教的深刻影响。此特点是竹林禅派的特征,所以圆景、圆宽都是越南竹林派的传承人。

　　我们认为,虽然史书上没有记载他们的具体来历,但圆景的"圆"和圆炆的"圆"也许同一个传法体系,在明清之际他们零散地到南方传

────────────────

① 《香海禅师语录》,第 30—31 页。
② 同上书,第 53—54 页。

禅，而史书上不尽记载。而且竹林派在复兴时期之前几乎没有过《传法偈》，他们很随意地便给弟子们起法名。因此，香海明珠的二位师父圆景、圆宽跟拙拙圆炆一样都是同一个临济法系的中国禅师，而不是越南竹林派的传承人。至于香海受密教和净土宗的影响，也不能完全代表竹林禅派的特征，因为这个特点在八九世纪就有了，直到现在仍然存在。其实竹林禅派的创始人如陈太宗、慧忠、陈仁宗几乎没有受到密教的影响。

不论圆景、圆宽是中国禅师还是竹林派隐居的禅师，都说明临济宗派传到南朝是从他们开始的，而不是等到元韶（1648—1728）传来才有的。

香海从南朝到北朝之后，得到君臣们的敬重与信任，跟他们的关系也很密切。香海曾给黎朝画广南、顺化两省的地图，曾为皇帝说法并教习禅，得到皇帝的赞赏，"愿当生敬仰"。同时北朝君臣们也多方帮助他们弘临济禅。这些都是入世精神的表现。入世精神是越南禅宗，特别是竹林禅派的特点。可以说，临济宗和竹林禅派的关系非常密切，只有临济禅传到越南才把竹林禅派复兴起来。

香海虽不是竹林派的传承人，但他在北朝活动，肯定对竹林禅派的复兴起了重要作用，因为香海禅是临济禅。

二　中国临济禅向南朝传播

一般学者认为，元韶是第一位把临济宗向南朝传播的人；了观把临济宗扩大了。但我们认为，他们二人都在南朝传临济禅，创建元韶派和了观派，都对南朝佛教影响很大，这是不可否认的。至于把元韶作为南朝临济禅的初祖则是不合适的。上边提过香海禅师 25 岁时，即 1653 年在广治省做知府官，曾跟圆景、圆宽学佛习禅，即 1653 年之前，他们俩已经到南朝了。他们曾培训出一位属临济宗的著名禅师：香海明珠，当然他们都属临济宗派。而且，元韶 1677 年才到南朝，比他们起码晚 24 年的时间。

1656 年香海出家，一出家他就很有名了，他在南朝弘临济禅得到南朝国王、大臣、官吏、贵族们的尊重和信任，对当时佛教影响相大。但为什么不说出圆景、圆宽最早把临济禅传到南朝呢？也许元韶的活动范围比较广，一到南朝就建很多大寺院，如弥陀十塔寺、国恩寺、荷忠寺等，又得到阮王的信任。至于圆景和圆宽都是香海的师父，他们当时也很有名了，否则香海不会跟他们学佛习禅。1682 年，香海从南朝逃到北朝后，得到黎帝的敬重和郑王的信任，香海又给郑王画广南、顺化两省的地图，因此，南朝肯定不承认他，至于圆景和圆宽或者已经去世，即使在世也会受到连累，所以史书上都未记载他们。能找到他们的一些来历主要是在《香海禅师语录》和黎贵敦的《见闻小录》中，这两本书都是北朝人撰写的。因此，我们认为圆景、圆宽都是把临济禅传到南方的始祖。但无论如何，元韶和了观对南朝临济宗的发展起了决定性的作用，这些都是不可否认的。

（一）元韶禅师（1648—1728）

元韶在第一节已经简略介绍过，他姓谢，字唤碧，中国广东省潮州府程兴县（广东省东部）人，属临济宗 33 代传承人。元韶 19 岁出家，1677 年到南朝平定省，在平定建弥陀十塔寺，后到顺化建荷忠寺、国恩寺、普同塔寺。他曾奉诏回中国请名僧、佛像和法器。1728 年，元韶在荷忠寺示寂，留下一首偈：

> 寂寂镜无影，明明珠不容。
> 堂堂物非物，寥寥空勿空。

阮福澎王赐号"行端禅师"，并写了一首碑文来称赞他的品行：

> 优优般若，堂堂梵室。
> 水月优游，戒持战栗。
> 湛湛孤坚，卓立可必。
> 观身本空，弘法利物。
> 偏覆慈云，善照慧日。
> 赡之严之，太山屹屹。

元韶跟明弘子容、明海法宝等中国禅师以及他们的弟子在南朝弘临济禅，成为很大的禅派，叫元韶派。他有三位著名弟子：成等禅师（1704—1774）、成乐禅师（生卒年不详）和明物一智禅师（？—1823），他们都成为元韶派的支派，传承体系很长，至今还在传承。但把临济宗在南朝扩大影响，发展成最大的派别还是了观禅师。

（二）了观禅师（1677—1742）

了观禅师俗姓黎氏，讳实妙，富安省同春县白马乡人。了观 6 岁时母亲去世，父亲把他送到会尊寺（富安）跟济圆禅师（中国人）受教。了观

13 岁时，济圆禅师示寂，他又到顺化报国寺跟觉风禅师（中国人）受教。一年后，因父亲老病他回家侍候父亲。1695 年，父亲去世后，他又到顺化跟石镰和尚（即大汕，中国人）受沙弥戒。1697 年，了观又跟慈林禅师（中国人）受比丘戒。1702 年，到龙山印尊寺（今顺化慈昙寺）跟明弘子容①（中国人）习禅，明弘教他参"万法归一，一归何处"这话头，他参了七八年的时间而不得悟。有一天他看《传灯录》到"指物传心，人不会处"忽然得悟。1708 年，他到龙山印尊寺向明弘呈"指物传心"这话头的结果。明弘又说："悬崖撒手，自肯承当，绝后再苏，欺君不得。"他便鼓掌呵呵大笑。明弘说："不对。"了观说："抨锤元是铁。"明弘又说："不对。"第二天，他走过明弘面前，明弘说："昨天的事还不行，请继续说吧！"了观便说："早知灯是火，饭熟已多时。"明弘非常赞赏。1712 年，明弘到广南省，了观向他呈《浴佛偈》，明弘问："祖祖相传，佛佛授受，未审传授个什么？"了观便说："石笋抽条长一丈，龟毛拂子重三斤。"明弘说："高高山上行船，深深海底走马。"了观接着说："折角泥牛彻夜哄，没弦琴子尽日弹。"了观这些答话，使明弘非常满意。

　　了观建寺庙比元韶还多，如富安省的会尊寺、古林寺、宝净寺，顺化省的禅尊寺、圆通寺等。南朝阮王们都很敬重他，多次请他赴阙，但了观都辞退了，因此，阮王多次到圆通寺看他。从 1733 年到 1735 年，他共有四次参与由顺化官吏们组织给僧尼佛子授戒的戒坛，这些都说明了观活动的范围很广，其影响也非常深远。1742 年，了观示病，叫其弟子们来付《示寂偈》：

　　　　七十余年世界中，空空色色亦融通，
　　　　今朝愿满还家里，何必奔缦问祖宗。

　　不久了观示寂，阮王赐号"正觉圆悟"。了观是临济宗第 35 代传承，他别出《传法偈》：

　　　　实际大道，性海清澄。
　　　　心源广润，德本慈风。
　　　　戒定福慧，体用圆通。

---

① 属临济宗第 34 代传承。

　　永超智果，密契成功。

　　传持妙理，演畅正宗。

　　行解相应，达悟真空。

　　现在从中部到南方，所有临济派的寺院、僧人，几乎都属了观派。他的弟子很多，最著名有四位：祖训禅师、湛观禅师、济仁禅师、慈照禅师。这四位又发展成为四个支派，直到现在影响都很大（参见图 4 - 2)①。

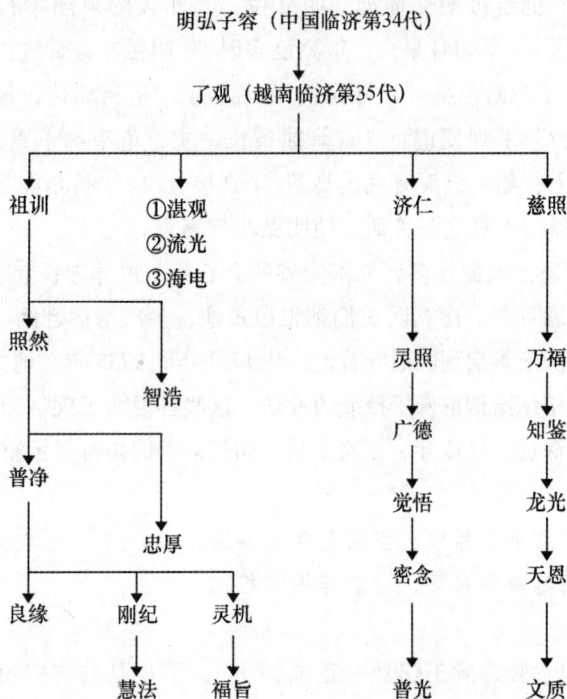

明弘子容（中国临济第34代）

了观（越南临济第35代）

祖训　　①湛观　　济仁　　慈照
　　　　②流光
　　　　③海电

照然

智浩

灵照　　万福

普净

广德　　知鉴

忠厚

觉悟　　龙光

良缘　　刚纪　　灵机

密念　　天恩

慧法　　福旨

普光　　文质

图 4 - 2　了观禅派示意图

①　参见《越南禅师》，第 448 页。

三　中国曹洞宗向越南传播

（一）曹洞宗的来源及其主张

中国禅宗从慧能（638—713）传给青原行思（？—740），行思传给石头希迁（700—790），希迁传给药山惟俨（750—834），惟俨传给云岩昙晟（782—841），昙晟传给洞山良价（808—869）。良价及其弟子曹山本寂（840—901）创建曹洞宗。

良价俗姓俞，越州诸暨（浙江诸暨）人。先在本村本寺出家，诵念《般若心经》，至"无眼、耳、鼻、舌、身、意"之句，忽以手扣面问："某甲有眼、耳、鼻、舌、身、意，何故经言无？"院主不能答，遂引去婺州（浙江金华）五泄山剃度。20 岁时到嵩山受具足戒，由此游方，先参偈南泉普愿，值马祖道一之讳辰，普愿问众："来日设马祖斋，未审马祖还来否？"众皆不对，良价便说："待有伴即来。"普愿赞扬他说："此子虽后生，甚堪雕琢。"良价说："和尚莫压良为贱。"从此名播天下，呼为作家。次参沩山灵佑（771—853）后因沩山推举，投于云岩昙晟门下，便问："无情说法什么人得闻？"昙晟答："无情得闻。"良价问："和尚闻否？"昙晟答："我若闻，汝即不闻吾说法也。"良价问："某甲为什么不闻？"昙晟竖起拂子问："还闻么？"良价答："不闻。"昙晟问："我说法汝尚不闻，岂况无情说法乎？"良价问："无情说法该何经典？"昙晟答："岂不见《弥陀经》云：水鸟树木皆念佛念法。"良价于是有省，后来良价辞去云岩山，心有犹疑，后因过一水睹水中之影大悟。大中末年（860）居新丰山，后转豫章高安（江西高安）洞山，聚徒五百，嗣法弟子有 26 人，其中最著名的有道膺（？—902）、休静（生卒年不详）和本寂（800—901）。道膺及其后传弟子们在 12 世纪对兴洞宗的复起重要作用。本寂继承和发展良价理论，成为一宗，叫曹洞宗。[①]

本寂（840—901），俗姓黄，泉州莆田（福建莆田）人，其邑儒学甚盛，号小稷下。小时从儒学，道性天发，本寂的思想一定受此文化背景深刻影响。本寂 19 岁时投福州唐县灵石山出家，25 岁登戒。寻参洞山良价得悟。盘桓数年，因受众之请，去抚州住吉水山开法，改山为曹山，学侣

---

① 参见《宋高僧传》卷十三，《景德传灯录》卷十五。

满堂，法席大盛。①

曹洞宗提出"正偏五位"的主张，是该宗接引学人的特殊方法：

"正"是中正的意思，代表体、理、空、本质。"偏"是偏倚的意思，代表相、事、有、现象。

本寂认为，"正位"即空界本来无一物，是万有的本体，真空的妙理，喻暗、水、金、阳、君。"偏位"即色界，有万形象，是万有之相，妙有之事相，喻明、波、器、阴、臣。本寂说：

> 正位即空界（理）本来无物；偏位即色界，有万象形；正中偏者，舍理就事；偏中正者，舍事入理；兼带者，冥应众缘，不堕诸有，非染非净，非正非偏，故曰虚玄大道，无著真宗。

"正"相当于宗密所谓的"理法界"，"偏"相当于"事法界"，二者同是孤立的存在，因此不论是"背理就事"还是"舍事入理"都是片面的，只有"冥应众缘"即理应众缘、众缘应理，达到"兼带"的状态，才是合乎"大道"的"真宗"。理事"兼带"，相当于华严宗的"理事互彻"，所以识必"事理双明"，行必"事理俱融"。② 在应用方面上本寂解释为"君臣五位"的关系：君是止位，属空界，本来无物。臣是偏位，属色界，有万形象。臣向君是偏中正，舍事入理。君视臣是正中偏，背理就事。君臣道合是兼带语，冥应众缘，不随诸有，非染非净，非正非偏，最妙最玄。本寂解释：

> 如何是"君"？妙德尊寰内，高明朗太虚。如何是"臣"？灵机弘圣道，真智利群生。如何是"君视臣"？妙德虽不动，光烛本无偏。如何是"臣向君"？不堕诸异趣，凝情望圣容。如何是"君臣道合"？浑然无内外，和融上下平。

本寂还用"五相"来表示。有时还用《周易》的封象相配，称"五位旨诀"。

---

① 参见《五灯会元》卷十三，《宋高僧传》卷十三，《景德传灯录》卷十七。
② 参见杜继文、魏道儒《中国禅宗通史》，江苏古籍出版社 1995 年版，第 340 页。

正中偏：全正而偏，即体而相，理事相融，喻全水而波，即金而为金器，是"君位"，喻"巽卦"。

偏中正：全偏而正，即相而体，事理相融，喻全波而水，即金器而为金，是"臣位"，喻"兑卦"。

正中来：正穷而通偏，体正为体时，相自现。穷理时，事在其中，喻阳之极所。阴兆于此是"君视臣"，喻"大过卦"。

偏中至：偏穷而通正，相正为相时，体自见。穷事时，理在其中，喻阴之极所。阳兆于此，是"臣向君"，喻"中孚卦"。

兼中到：正偏回互而非正非偏，体相回互而非体非相，理事交加而非理非事，水波泯融而非水非波，喻唯是一大海，是"君臣合"，喻"重离"。

理事、体相关系是曹洞宗全部理论讨论的基本问题，此关系应用于很多方面，如宾主、父子、一般个别等关系，这些关系只是一种手段、一种方便，目的在于指导禅生在认识绝对真理上应该"虽体空寂然，不乖群动"，所以良价在《玄中之旨》归结为："用而无功，寂而虚照，事理双明，体用无滞。"

到 17 世纪中国曹洞宗向越南南北两朝传播。此时，它和临济宗的禅法几乎没有多大差别。

（二）曹洞宗传到北朝

水月禅师（1636—1704），俗名登甲，号通觉，是曹洞宗第 36 代传承。籍贯太平省先兴县清潮村，先在雄岭山寺出家，1664 年到中国湖州凤凰山（浙江省北部）参一句智教和尚（曹洞宗第 35 代传承），得旨。1667 年回国，住在任安山望老寺（广宁省东潮县）。他常到昆山资福寺和任阳山寺（广宁省东潮县）弘道。在湖州凤凰山时，一句智教问："汝甚么处安身立命？"水月答："水中风发处，波上水安然。"一句问："日夜保任时如何？"水月答："午时星斗现，半夜日头红。"智教又问："安身立命汝如是，那个面目子如何？"水月答："影草挥竿，箭锋当发。"智教听到这答话，非常赞赏说："莫放过一曲两头蛇，穿得蛇鼻，谨慎谨慎，此洞家好儿孙，付汝法名通觉，绍吾正脉。"后水月开堂示众，远近僧众云集，把曹洞宗旨传给其弟子宗演，并留下一首偈：

山织锦水画图，玉泉涌出白酏酥。

岸上黄花莺弄语，波中碧水蝶群呼。

月白堂堂渔父醉，日红耿耿茧婆晡。①

宗演（？—1709）嗣法后成为曹洞宗第 37 代传承，法名真融，东山②人。他很早就出家了，听水月在望老寺弘曹洞禅，他来参学，正好遇到水月休息的时间，水月说："如我当息，行何时出个消息。"法演便答道："正午影当圆，寅时日露半。"水月觉得奇怪便问："保任时如何？"宗演自白偈曰：

应有万缘有，随无一切无，

有无俱不立，日炅本当晡。

水月禅师听此偈后，出来尽言赞美："曹洞合君臣，绍隆吾派。"水月以偈咐嘱曰：

一切法不生，一切法不灭，

佛佛祖祖传，蕴空莲头舌。③

宗演得法后，回到东山行道。黎熙宗永治年间（1676—1750）镇压佛教，要求僧尼都得回到山林或农村修习。宗演非常不满，他直接到朝廷上疏，三个多月后，黎熙宗才允许其入朝。黎熙宗问他关于治国的策略，他回答流利，熙宗非常满意，说："佛教是一块珍贵的宝玉，难道不使用？僧尼是劝人做善去恶的人，为什么放弃他们？僧尼对民众的开化，也是对朝廷治国的好方法，为什么不尊重？"从熙宗这些答话可以看出，当时镇压佛教不是熙宗的主张，也许是一些儒臣提出的。由于宗演的上疏，这次镇压没有成功。

熙宗皇帝请他住持京都报恩寺以便谈论佛理，太上皇要求皇帝请宗演自由入宫说法，黎熙宗收回之前下的诏书，从此僧尼自由弘道。后来黎熙

---

① 参见《御制禅典统要继灯录·水月通觉传》。

② 今越南海兴、兴安、河南一带。

③ 《御制禅典统要继灯录》卷之右，第 43 页。

宗深信佛教，赐"御前之君"和锦袍，宗演只接受锦袍。回到洪福寺[1]，他把洪福寺重修扩大，同时着手刻印《华严经》和《法华经》。[2] 示寂时，他叫其弟子净觉禅师来咐《示寂偈》：

> 花开春方到，叶落便知秋。
> 枝头霜莹玉，萼上雪连珠。
> 清晨云散产龙甲，白日霞光裸象躯。
> 豹文虽见一，凤众体全俱。
> 达摩西来传何法，芦花涉海水浮浮。

宗演得法于水月之后，进行弘法，他这些弘法活动对当时社会与佛教影响很大，成为北朝曹洞宗派。据《大南禅苑继灯略录》载，到福田为止，此派传到第九代，又分成三个支派，每支派都传到四代。其中第八代是清谈明正禅师（第一节介绍过），他是阮朝著名禅师。

总之，水月和宗演二位禅师对越南禅宗，特别是北朝曹洞宗的发展起了决定性的作用，对当时社会影响很大。到现在，几代佛教最高领导人都属于曹洞宗人。现在宁平的碧洞寺，河内的含龙寺、洪福寺、镇国寺等都属于曹洞宗的寺院。

（三）石濂与南朝曹洞宗的发展

1. 石濂生平

石濂禅师（1632—1704），法名大汕，号广翁，是曹洞宗第 34 代传承，江苏吴县人，俗姓徐。落发于觉浪道盛。初居燕之西山，后历住吴门竹堂、嘉兴水西、吴兴广福诸刹。清康熙六年（1667）扫塔曹溪。应请主狮子林及广州长寿诸刹。康熙三十三年（1695）春正月十五日应越南南朝王阮福周的邀请，往南朝说法，人见信重，为人所贵。作品有《海外纪事》《金刚直疏》《离六堂集》。[3]

2. 石濂的禅学思想

根据《海外纪事》我们可以概括石濂的思想：禅净双修，临曹综合，

---

① 今越南河内槐街坊。
② 参见《越南禅师》，第 381 页。
③ 参见《济诗纪事初编》卷二、《正源略集》卷八、《海外纪事》。

佛儒一致。

（1）禅净双修即禅宗和净土宗配合在一起，净土宗的念佛法门成为行禅的方法，阿弥陀佛成为人人的自性，见阿弥陀佛即见自己的本性（见性）。离开南朝回广东之前，国王阮福周与国母宋氏（国泰夫人）设斋请石濂参与并请说法。石濂说：

> 国母但有常行善事，一心念佛，无有间歇，即长相亲近也。若念起念灭，征逐尘劳，即老僧镇日对面，犹隔万里，穷何益哉？①

国母大喜，请石濂在纸上写成《自性弥陀说》，愿生生世世得常亲近，他写道："修行捷径，无如念佛，所贵诸缘屏绝，六字单提，心不散乱，念必精诚，朝念暮念，直使不念而念，念到无念，念念不间，念成一片，莫不道合体同，与天同高，与地同厚，与日月星辰同明……既与万物一体，则弥陀原非别有，就在不乱心中流出，谁言弥陀在西方……须见色不染，闻声不住，动静二相，了然不生，遍虚空唯心净土，尽法界自性弥陀，弥陀既是自性，老僧何曾离却……"②"念到无念"、"与万物一体"、"不住"、"动静二相、了然不生……"都是禅宗的主张，即达到主体念和对象念浑然一体。石濂给她起法名为兴信，同时写了一首诗，诗中有句曰：

> 弥陀老朽不同时，同时坐卧孰相离。
> 若谓相离互相失，楚王之弓谁得之。

（2）佛儒一致的观点。阮福周安排石濂在禅林寺以便组织戒坛，他在此寺大门口写了一副对联：

> 释氏持律，儒者理中，总要修身诚意，自然镜直乎内，义方乎外。
> 君子敕机，禅人习定，同归见性明心，端犹戒慎不睹，恐惧

---

① 《海外纪事》，第 78 页。
② 同上书，第 79 页。

不闻。

这对联很明显说明他的佛儒一致观点。石濂是一位广见多闻的禅师，他对二教的教义非常精通，1695 年四月八日，阮福周受菩萨戒时，石濂为他写《护法金汤》曰：

> 世出世间，道无二致，儒教唐虞言中，孔子言一，中庸言诚，名称不同，而要源则一。一者何？即心而已，得乎一而心正，则以之修身而身修，以之齐家而家齐，以之治国而国治……天得一而清，地得一而宁，君得一而天下平，正此道也，惟我大雄世尊……特设以教则脱尽根尘，不立文字，直指人心，见性成佛，以心印心……所谓归源性无二，方便有多门也……①

这段话涉及儒佛二教的重要经典、重要人物、重要观点，高度地体现了儒佛一致的思想。《海外纪事》中，他还多次提出儒教的重要概念：忠、仁、克己、礼……他还要求阮福周建国子监，收藏儒典，请名儒给学生教导儒学等。

(3) 临曹综合的观点。石濂虽是曹洞宗第 34 代传承人，但在他的禅语中，几乎没有提出曹洞宗的"偏正五位"、"君臣五位"、"父子五位"等禅法，反倒经常提出临济宗的禅法，在《护法金汤》中，他还教阮福周参"如何是我主人翁"话头：

> 老僧别无巧妙，惟请看个话头，无梦无想，如何是我主人翁？不得将意识卜度，不得将义理论解，把这个没滋味、没下手的话头顿在心头，昼三夜三日，愤悱地定要讨个着落。无论坐朝理政事时，炷香拜佛时，乃至饮茶时，触境遇缘时，或好或恶时，独居暗室时，侍奉母亲时……不得须臾放舍。莫道没滋味，没滋味中，正绝好滋味。莫道没下手，没下手处，正绝好下手，看来看去，日久月深，蓦然回地一声，摸着娘生鼻孔，方知原来在面上。②

---

① 《海外纪事》，第 58 页。
② 同上书，第 59 页。

石濂的禅法虽然没什么特别，但他对当时南朝阮王及大臣贵族们影响很大。他们几乎都跟石濂受戒成为弟子，特别南朝的曹洞宗把他当作始祖。现在南方的曹洞宗寺院都尊奉他。

3. 石濂在南朝的弘法活动

石濂和随从人员 100 多位（僧众约 50 位，商人约 50 位）于 1695 年正月十五日晚坐船离开广州，二十七日到尖笔萝岛（广南省）。阮福周命三千多人在三天三夜之内建好一座方丈楼，请石濂与僧众居住，石濂在南朝弘法期间，最突出的是给僧众与信徒授戒。此戒坛达到三千多人，其中一千四百多人受出家戒（比丘和沙弥戒）。受戒的程序如下安排：

三月二十四日，出家戒子入戒坛行持忏悔。

四月初一，石濂给僧众授沙弥戒。阮王设斋坛，请石濂上堂说法。阮福周"亲到拈香"听法，派人别记他的法语。

四月初六，授比丘戒"国母王兄设斋，法语别录"。

四月八日上午，石濂给阮福周、国母、公主及后宫眷属授菩萨戒。他又把自己写的《护法金汤》传给国王。下午在禅林寺，石濂"为王兄醴泉侯、韶阳侯，并该伯众官传菩萨戒"①。

四月九日，给僧众授菩萨戒。王兄、公主、诸戒子、阮福周请石濂上堂说法。

四月十二日，石濂与兴莲国师率领新戒子，共有一千四百多人排成两行在顺化市"行古佛乞食法"，并到阮王府"谢王成就功德"。阮王命在王府设斋供养。此戒坛的戒刀和度牒都有石濂和阮福周共同盖上印章。了观也参加了授沙弥戒仪式。

七月七日，在会安（广南）十塔弥陀寺又组织戒坛给僧众三百多位授戒。此戒坛的戒刀度牒也有石濂和阮福周共同盖上印章。他打算当年七月回广州，但由于天气不顺，只好留在南朝（广南），阮福周又派人迎回顺化天姥寺居住。到第二年（1696）六月二十四日才上船回广东去。

石濂这些弘法活动给僧众、阮王及大臣贵族们留卜深刻印象，其影响深远。阮福周得传心印，成为曹洞宗第 35 代传承，从此他对佛教大力支持，使南朝佛法大兴，其影响直到现在。

---

① 《海外纪事》，第 60 页。

(四) 阮福周与佛教

阮福周 (1675—1752),号兴隆,法名天纵道人,这个法名是石濂给他起的。阮福周 17 岁即位,一年后,他在翠山重修美庵寺。他两次写信请石濂到南朝弘法,自己也受菩萨戒,得传心印,他非常崇敬佛教,钦佩石濂的才智和品格。阮福周打算举行 "焰口仪式",时间已经确定了,但这天下大雨,大汕念咒,大雨马上停止。阮福周想学念咒方法,石濂说,重要的不是咒文而是持咒人。又有一次在禅林寺,阮福周立 "大悲坛场"请诸僧来念咒,他亲自斋戒来参与,石濂说:"斋者非徒洁口体思虑而已,必举国家上下清理整齐,无一人一事不得其所,始满王斋戒分量。"趁此机会,石濂提出要求:"当清冤狱,释系囚,赈贫乏,起幽滞,弛厉禁。恤商惠工,济人利物之政,一一举行。"[1] 其余的时间,石濂跟阮福周谈话都是 "缓刑尚德爱军厚人通商薄敛"[2] 之类,阮福周都很遵从石濂的教导,放释囚人,赈济贫乏等,他说:"非老和尚爱我,将不得闻此言。"[3] 石濂还写《立国政约十八条》交给阮福周。他在府门前刻榜以 "晓喻文武军民人等得知悉,另设牌二十四面,分类标明如有违条犯法者……无论王亲国戚,文武军民,安法问罪,永为国政"[4]。石濂还要求消除当时使用的酷刑,如象刑,即 "犯人重者,发象抛起数丈,仰齿插之,洞胸穿服,须臾麻烂"[5]。王都听从。

1710 年他在天姥寺铸一个重 3285 斤的大铜钟,1714 年重修天姥寺,又派人到中国请《大藏经》。但为什么阮福周不请正在南朝弘法的中国禅师或越南禅师,而又派专使到广东请石濂呢?是否当时国内佛教不太发达,僧人不够?还是阮王想用 "以外激内" 的办法来促进国内佛教的发展呢?众所周知,石濂到南朝之前,很多中国禅师已经到南朝弘禅,甚至成为一个很大的派别,对当时佛教影响很大,如元韶禅师成立元韶派,其弟子们又分成三个支派,对临济宗禅派在南方发展起决定性作用。圆宽和圆景曾经培训出香海明珠,对于北朝临济宗影响巨大。我们认为其原因根本上有三个:第一,当时南朝佛教还是相当发展,很可能内部发生过一些

---

① 《海外纪事》,第 65 页。
② 同上。
③ 同上书,第 67 页。
④ 同上书,第 67—68 页。
⑤ 同上书,第 67 页。

矛盾，谁也不服谁，兴莲本是石濂的弟子，从中国来后不久，得到阮王的欣赏和尊重，赐号"国师"。当时，只有他得封"国师"号，表明他得到了朝廷的信任，但也有不少人（包括中越僧人）对他不满或妒忌。至于石濂到南朝弘禅的事情肯定是由兴莲跟阮王提出意见。第二，在政治上，阮王也想通过佛教这个渠道跟清朝沟通取得正统的地位，因为南朝政府一直被北朝视为伪朝，阮福周曾写疏文委托石濂带回向清廷上疏，清朝都不准。第三，阮王也想多增佛教宗派，即曹洞在南朝的传播。

目前对石濂本人有很多不同的意见，但他对当时越南南朝佛教与社会发展都起了重要作用，这点是应该肯定的。

总之，从 15 世纪初到 20 世纪中叶，是越南很复杂的一段历史：胡篡陈位（1400—1406），后陈朝（1407—1413），属明时期（1414—1427），黎朝统一时期（独尊儒教时期：1428—1527），莫阮纷争时期（1527—1592），郑阮纷争时期（1593—1788），西山朝（1788—1802），阮朝（1802—1945）；其中还经历抗明（1418—1428）、抗清（1788—1789）、抗法、抗日（1885—1945）等重大事件，不但对社会，而且对佛教都影响很大。在这段时间，越南佛教义经历过两次"儒教独尊"时期，当时对佛教是很大的打击，特别是第一次（1428—1527），佛教完全失去它在社会、文化、政治上的地位，由陈王朝成立的竹林禅派杳无音信。此时期佛教只能在民间活动，跟老百姓一起生活，等到 16 世纪初才有机会发展起来，竹林禅派也得到了复兴的机会，但无论如何也不能跟陈朝时期的佛教相比。南北朝诸帝诸王后来虽相信佛教，皈依、受戒、得传心印，或大力重修、新建寺院，但也不能跟陈朝帝王们对佛教的相信与支持相比。禅师们虽多次刻印佛典，保存佛教的文化遗产，但也不能跟陈朝刻经事业相比。至于在家居士也没有人能敢跟陈朝慧忠和太宗、英宗相比。但无论如何，佛教复兴时期对当时和以后佛教的发展起了重要作用，可以说，没有佛教复兴时期，就没有现在的越南佛教。佛教复兴时期也是中越两国佛教特别是禅宗交流的成果。

结　论

　　佛教从公元前后经海道向越南传播，到公元 1 世纪末 2 世纪初赢楼中心已成为汉地的三大佛教中心之一。当时此中心学术相当活跃，包括儒、佛、道三教，大、小二乘佛学，印、中两国文化。其中佛学是得到大发展的，代表者有牟子和康僧会，他们的作品都反映出这些特点。康僧会是禅数学大家，但偏重于大乘思想，主张大乘化禅，曾使中国江南禅学大发展，当然他也使交趾禅法大兴，其影响非常深广。他到建业弘禅的事件成为佛教从海道传入中国内地的具体根据。牟子和康僧会的作品成为研究中越两国佛教的必读之书。但此时越南佛教主要还是受印度佛教与文化的影响，此影响体现在越南"四法信仰"中，即"法云"、"法雨"、"法雷"、"法电"。此信仰既有印度佛教（包括密教因素）色彩，又有越南本地信仰，同时也反映了越南人民在日常生活上的需要。公元 5 世纪起，越南有个很突出的特点是信奉《法华经》。《法华经·药王品》把焚身供佛作为最上供，影响深远，直到现在还在影响。《弘赞法华传》载，交州陆平某信士，"因诵《法华》，仰药王之迹，自焚之后，出现奇迹"。据《高僧传》载，黄龙县弘适交趾之仙山寺亦于山上聚薪自焚。① 据《禅苑集英》载 11 世纪宝性和明心（属无言通禅派）二位禅师"常持诵《法华》为业，逾十五载……每至药王品，辄流涕……天成七年（1034）四月，二师焚身"。13 世纪末，陈仁宗出家时（1299），超类寺僧智通燃臂供养仁宗。仁宗示寂后，他到安子寺奉侍舍利宝塔，明宗时（1324—1329）自焚。据《上士语录·略引禅派图》载，陈朝还有石头禅师"得法衣后焚身"，密藏禅师"得法焚身"，到后黎和阮朝都有。1963 年，释广德禅师

---

　　① 参见《梁高僧传》卷十二。

和七八位南方禅师为了反对美国对越南人民和佛教采取野蛮的政策而自焚。听说，他们专持《法华经》，这也许体现出"入世精神"的一个侧面。此时还有释慧胜和道禅二位越南禅师到中国传禅，声播内地。

自6世纪起越南佛教主要受到从中国传来的禅宗的影响。580年，毗尼多流支禅师到越南传禅，他本人是南天竺国人，先在印度出家习禅，后到中国跟三祖僧璨习禅得旨。听三祖所指导到越南传禅，成为越南第一大禅派。他的禅法既受印度禅影响又受中国禅特别是南宗禅的影响，主张"面壁观"即渐悟禅是达摩禅观的传统，后改为"顿渐双修"即接近于南宗禅法。此派有一个突出的特点是灵活地把密教信仰和本地信仰结合在一起，但不是用来迷惑人民、威胁朝廷的，而是为民族和国家的繁荣、昌盛、独立做出巨大贡献。特别是在北属末期和独立初期，密教和本地信仰成为当时的热潮，此派能用密教和各种本地信仰来推翻当时残酷的黎朝，建立起李朝，给民族和佛教带来和平、稳定与发展。此派又培养出一位明君：李太祖（李公蕴），使越南社会和王朝从动荡到稳定、从残暴到仁慈、从不幸到幸福。在动荡历史阶段，此派又跟无言通派在政治、军事、外交、文化等方面共起重要作用。这都说明当时佛教在社会上的影响和地位。无言通禅师是中国人，曾跟怀海习禅得旨。820年他到越南建初寺传禅，创建越南第二大禅派：无言通禅派。此派主要是南宗顿悟禅，曾给为佛教培养出一位得法皇帝李太宗及其朝廷其他官员。李末期为竹林禅派的成立打好了基础，同时提出新的思想理论："帝王禅"。此理论的特征是"入世精神"，代表人物有常照、现光、道圆，到陈朝有陈太宗、慧忠等，此派在三大禅派当中影响最深远。可以说，无言通禅派是陈朝竹林禅派的前身。

李朝稳固后，从中国又传来草堂派（1069），得到朝廷君臣们的支持，成为当时的三大禅派之一，李圣宗、李英宗、李高宗都是此禅派的得法者。其中李圣宗是此禅派的创立者。到12世纪时，三大禅派互相影响，其中无言通派少受密教的影响。它们都对陈朝禅宗和文化起了重要作用，起决定性作用的是无言通派。道圆和陈太宗的"心"是"帝王之心"，即"以天下之心为心"，太宗接受此"心"成为他习禅和治国的指导方针。常照所提的"随俗"精神又与慧忠从《老子》所强调的"和光同尘"思想结合起来，比"随缘"更增加了"帝王禅"的入世成分。

太宗还提出夷平道俗"僧俗不异"的主张："不拘僧俗，只要辨心。"

"心"是越南禅学的主要理论，太宗呼唤修行者应该"回家"、"到自家"。"回家"即回"如来藏"、"菩提心"，是此禅的最后归宿。此"心"即"菩提心"、"随缘"之心、"随俗"之心。道圆和太宗的"心"是"帝王禅"的重要理论。"入世"是此禅的一个行动思想。13世纪从中国传来的临济禅，跟当时的越南禅学、文化、社会背景结合起来成为竹林禅派。竹林禅是越南特有的禅法，虽然它还是继承越南传统禅和中国临济禅的，但它又有自己的禅特色即"入世精神"。实践证明，竹林禅派一成立，就带动全国人民，上至皇帝下到老百姓都向往竹林禅派。大家都支持竹林禅派，竹林禅派又为民族做出了巨大的努力和贡献。可以说，竹林禅派的思想对当时社会和佛教起支配与指导作用。此禅派很快解体，但它的名声影响非常深远。到目前为止，一谈到越南佛教，没有人不提到竹林禅法和它的特殊性。如果没有竹林禅派，越南禅宗很难区别于中国禅宗。虽然李朝的三大禅派和后黎朝的曹洞宗、临济宗都很兴盛，但它们的特点不太明显，让人觉得平淡。

竹林禅派解体后，越南佛教衰退到极点，直到16、17世纪由于各种理由，特别是中国临济宗再次传入越南，它才复兴起来，成为当时最大的禅派，但也没有陈朝那么兴盛。后发展成为河内莲宗禅派，人们常把此派叫做竹林禅派的后身。

总之，越南佛教主要以禅宗为主，越南禅宗最突出的是竹林禅派的成立与其影响，代表此禅派的特点是"帝王禅"和"入世精神"。"帝王禅"之所以成为"帝王禅"，是因为除了上边所提的特点以外，它还有一个突出特点是：越南共有15位皇帝是佛教徒（包括李朝、陈朝和后黎朝），其中10位得传心印，2位出家，3位创建了禅派。这个数目真的不小，这反映出越南"帝王禅"的突出特征，此特征在世界禅史上是罕见的。

主要参考文献

一　汉文文献

任继愈主编：《中国佛教史》（三卷），中国社会科学出版社1997年版。

杜继文主编：《佛教史》，中国社会科学出版社1995年版。

杜继文、魏道儒：《中国禅宗通史》，江苏古籍出版社1995年版。

印顺：《中国禅宗史》，江西人民出版社1999年版。

汤用彤：《汉魏两晋南北朝佛教史》，北京大学出版社1997年版。

姜义华主编：《胡适学术文集》，中华书局1999年版。

杨曾文：《唐五代禅宗史》，中国社会科学出版社1999年版。

《大乘起信论全译》，杜继文译，巴蜀书社1992年版。

吕澂：《中国佛学源流略讲》，中华书局1998年版。

吕澂：《印度佛学源流略讲》，中华书局1998年版。

汤用彤：《隋唐佛教史稿》，中华书局1982年版。

《安般守意经》，杜继文校释，佛光山印行。

《华严金师子章校释》，方立天校释，中华书局1996年版。

魏道儒：《中国华严宗通史》，江苏古籍出版社1998年版。

杨曾文：《神会和尚禅话录》，中华书局1996年版。

《六祖坛经》（敦煌新本），杨曾文校释，上海古籍出版社1995年版。

《坛经校释》，郭朋校释，中华书局1997年版。

方立天：《魏晋南北朝佛教论丛》，中华书局1995年版。

《中国禅宗大全》，长春出版社1995年版。

《三论玄义校释》，韩廷杰校释，中华书局1998年版。

（吴）康僧会：《六度集经》，吴海勇注译，花城出版社1998年版。

《禅宗十三经》，国际文化出版公司1995年版。

中国佛教协会编：《中国佛教》（四卷），1996 年 1 月。

（梁）慧皎撰：《梁高僧传》，汤用彤校注，中华书局 1997 年版。

（唐）道宣：《续高僧传》。

（宋）赞宁撰：《宋高僧传》（二卷），范祥雍点校，中华书局 1996 年版。

楼宇烈编：《中国佛教思想资料选编》，中华书局 1987 年版。

（清）石濂：《海外纪事》。

（梁）僧祐：《出三藏记集》，中华书局 1995 年版。

（宋）释本觉：《释氏通鉴》。

（唐）义净：《南海记归内法传》，中华书局 2000 年版。

（唐）义净：《大唐西域求法高僧传》，中华书局 2000 年版。

（宋）志磐撰：《佛祖统纪》，江苏广陵古籍刻经社 1992 年版。

何国铨：《中国禅学思想研究》，文津出版社 1987 年版。

［日］忽滑谷快天著：《中国禅学思想史》，朱谦之泽，上海古籍出版社
　1994 年版。

（唐）道宣撰：《广弘明集》。

（宋）道元：《景德传灯录》，台湾佛陀教育基金会出版。

楼宇烈编：《东方哲学概论》，北京大学出版社 1997 年版。

《金刚经》。

《楞伽经》。

《祖堂集》，上海古籍出版社。

《禅苑集英》。

《重刻大南禅苑传灯略录》。

［越］陈太宗：《课虚录》。

［越］如山和尚撰：《御制禅典统要继灯录》。

［越］福田：《大南禅苑继灯略录自陈诸祖卷下》。

［越］黎贵惇：《见闻小录》。

《香海禅师语录》。

《三祖实录》。

《三祖行状》。

安禅：《三教源流》。

《慧忠上士语录》。

《陈朝禅宗本行》。

〔越〕吴仕莲:《大越史记全书》。

〔越〕武琼:《岭南拢怪列传》。

〔越〕明峥:《越南史略》,范宏科、吕毅译,生活·读书·新知三联书店
　　1958 年版。

越南社会科学委员会编:《越南历史》,北京人民出版社 1971 年版。

《越南列传前编》。

〔越〕吴时士:《越史标按》。

〔越〕陶唯英:《越南古代史》,刘启文译,科学出版社 1959 年版。

〔越〕陈重金:《越南通史》,商务印书馆 1992 年版。

(唐)玄奘、辩机撰:《大唐西域记校注》,季羡林校注,中华书局 2000
　　年版。

〔越〕黎则:《安南志略》,武尚清点校,中华书局 2000 年版。

(后秦)鸠摩罗什译:《大智度论》,《大正藏》第 25 册。

(隋)费长房撰:《历代三宝纪》,《大正藏》第 49 册。

(宋)普济撰:《五灯会元》,中华书局 1984 年版。

(宋)克勤撰:《碧岩录》,《大正藏》第 48 册。

(宋)赜藏集《古尊宿语录》,中华书局 1994 年版。

(清)彭定求等编:《全唐诗》,上海古籍出版社 1986 年版。

(宋)蕴闻集《人慧普觉禅师语录》,《大正藏》第 47 册。

(宋)绍隆等集《圆悟佛果禅师语录》,《大正藏》。

(唐)智昇撰:《开元释教录》,《大正藏》第 55 册。

(姚秦)鸠摩罗什译:《妙法莲华经》,北京中央刻经院本。

(唐)佛陀多罗译:《圆觉经》,《大正藏》第 25 册。

　　二　越文文献

〔越〕阮郎:《越南佛教史论》(三卷),越南文学出版社 1992 年版。

〔越〕阮才书主编:《越南佛教史》,越南社会科学院出版社 1988 年版。

〔越〕释密体:《越南佛教史略》,北越佛教会出版 1942 年版。

越南社会科学院主编:《李陈诗文》(四集),越南社会科学院出版社
　　1977 年版。

〔越〕黎孟挞:《牟子研究》,万行修书,1982 年。

〔越〕黎孟挞:《康僧会全集》,万行修书,1975 年。

《课虚录》，陶唯英译，越南社会科学院出版社 1984 年版。

［越］武琼：《岭南摭怪》，裴文元译，越南社会科学院出版社 1993 年版。

［越］《吴时任诗文》，高春辉译，越南社会科学院出版社 1978 年版。

［越］吴仕连撰：《大越史记全书》，吴德寿译，越南社会科学院出版社
　1998 年版。

［越］释清慈：《越南禅师》，胡志明市佛教会出版社 1995 年版。

［越］阮灯熟：《越南禅学》，顺化出版社 1997 年版。

［越］吴德寿译：《禅苑集英》，越南文学出版社 1990 年版。

越南佛学研究所编：《陈朝禅学》，越南佛教会出版社 1992 年版。

［越］阮灯熟：《越南思想史》，胡志明市出版社 1998 年版。

后　记

　　度过九年奋力挣扎的岁月，留下许多刻骨铭心的记忆，到了今天，《世界佛教通史》终于出版了！

　　在这里，我首先代表本课题组所有成员，也就是本部书所有作者，向关心、关怀、指导、帮助我们工作的领导、前辈、同事和朋友表示衷心感谢。

　　从 2006 年 11 月 7 日到 2006 年 12 月 24 日，在我筹备成立课题组，为争取立项做准备工作期间，世界宗教研究所党委书记曹中建先生最早表示全力支持，卓新平所长最早代表所领导宣布批准我申报《世界佛教通史》课题。前辈杜继文先生给了我最早的指导、鼓励和鞭策。王志远先生在成立课题组方面提出了原则性建议，并提议增加《世界佛教大事年表》。同事和好朋友尕藏加、何劲松、黄夏年、周齐、郑筱筠、华方田、纪华传、周广荣、杨健、周贵华、王颂等人从不同方面给我提出具体建议，提供诸多帮助。没有这些领导、前辈、同事和朋友最初的厚爱、最可贵的指教、最温暖的援手，成立课题组就是一句空话。时间已经过去 9 年了，每次我回忆那些难忘情景的时候，眼前总会出现他们当时脸上流露出的真诚和信任。

　　2007 年 11 月，课题组筹备工作完成，正式进入研究工作阶段。我在分别征求课题组成员的意见之后，聘请中国社会科学院世界宗教研究所所长卓新平研究员、党委书记兼副所长曹中建先生、副所长金泽研究员、中国社会科学院荣誉学部委员杜继文研究员、中国社会科学院荣誉学部委员杨曾文研究员为课题组顾问。八年来，三位所领导和两位前辈关心、关怀课题的进展，从不同方面为课题的顺利进行创造条件。

　　2012 年 12 月 31 日，在《世界佛教通史》课题结项时，中国社会科学院学部委员卓新平研究员、世界宗教研究所副所长金泽研究员、北京大学姚卫群教授、中国人民大学张风雷教授、北京师范大学徐文明教授应邀出席答辩会。他们在充分肯定本书学术价值和现实意义的同时，为进一步修改完善献计献策，提出了许多有价值的修改意见。

中国社会科学出版社赵剑英社长非常重视本书的编辑和出版工作，自始至终关注本书的运行情况，组织了责任心强、专业水平高的编辑和校对人员进行本书的编校工作，并为项目的落实四处奔走，出谋划策。黄燕生编审从本课题立项开始就不间断跟踪，在最后的审校稿件过程中，她让丈夫在医院照顾 96 岁高龄患病的母亲，而自己到出版社加班加点编辑加工书稿。其他编辑也是这样，如孙萍编辑经常为本书稿加班到夜晚才回家。

从本课题正式申请立项到最终完成，我们一直得到了中国社会科学院前任和现任领导的关心、关怀和支持，得到院科研局前任和现任领导的具体指导和帮助。科研局的韦莉莉研究员长期关心本课题的进展，为我们做了许多具体服务工作。

我们这个课题组是一个没有任何行政强制条件的课题组，是一个纯粹由深情厚谊凝结起来的课题组。在共同理想、共同追求的支撑下、促动下，我们终于完成了这项最初很少有人相信能完成的任务。回忆我们一起从事科研工作的八年岁月，回忆我们相互切磋、相互学习、相互鼓励、相互促进的学术活动经历，回忆我们在联合攻关、协同作战过程中品尝的酸甜苦辣，总会让人感到真诚的可贵，情义的无价。

在课题组成员中，有两位青年同事帮我做了较多的科研辅助性工作。杨健在 2007 年到 2012 年，夏德美在 2013 年到 2015 年分别帮助我整理、校对各卷稿件，查找要核对的资料，补充一些遗漏的内容，处理与课题申报、检查、汇报等有关的事宜。他们花费的时间很多，所做工作也不能体现在现行的年度工作考核表上。

八年来，本课题组成员几经调整，变动幅度比较大，既有中途因故退出者，也有临时受邀加入者。对于中途因故退出的原课题组成员，我在这里要特别为他们曾经做出的有益工作、可贵奉献表示衷心感谢。中国社会科学院学部委员史金波前辈、西北大学李利安教授等学者是在课题组遇到困难时应邀参加的，他们为了保证本课题按时结项，不惜放下手头的工作。

《世界佛教通史》是集体创造的成果，是集体智慧的结晶。作为本课题负责人,我对每一位课题组成员都充满了感谢、感激之情。由于自己学术水平所限,本部著作还存在着许多不足之处,所有已发现和以后发现的错误,都应该由我承担责任。

　　本课题是迄今为止我负责的规模最大的项目,我曾为她振奋过、激动过、高兴过,也曾为她沮丧过、痛苦过、无奈过。我的家人总是在我束手无策时,给我注入精神能量。我要感谢我的妻子李明瑞:三十多年来,她的操持家务,能够让我自认能力有限;她的鼎力相助,能够让我不敢言谢;她的体贴入微,能够让我心生惭愧。

魏道儒

2015 年 11 月